Prüfungstraining

telc Deutsch B1+ Beruf

Hörtexte
Lösungen
Wortfelder
Redemittel
Antwortbogen

Cornelsen

Modelltest 1

Hörverstehen Teil 1

Aufgabe 2
Heute möchten wir mit unseren Studiogästen über ihre Meinung zu den Ladenöffnungszeiten in Deutschland sprechen.
Die Regelungen sind in jedem Bundesland etwas anders. Aber allgemein gilt: Sonntags sind die Geschäfte geschlossen, mit Ausnahme von einigen wenigen Sonntagen pro Jahr, an denen verkauft werden darf.

Aufgabe 3
Moderatorin: *Liebe Hörerinnen und Hörer, in unserer Sendung „Geschichten aus der Berufswelt" haben wir Mitarbeiter einer großen Firma gebeten, ihren Arbeitsalltag zu beschreiben und uns zu erzählen, womit sie in ihrem Beruf zufrieden sind und was sie stört.*

41. Ilona Schneider, Bürokauffrau:
Ich arbeite gern mit Zahlen und auch am Computer. In unserer Firma habe ich die Möglichkeit, in verschiedenen Abteilungen zu arbeiten, im Einkauf, Verkauf, in der Buchhaltung und im Personalwesen. Außerdem habe ich regelmäßigen Kontakt zu den Kunden. Meine Freundinnen finden Büroarbeit langweilig, weil sie meinen, man macht immer dasselbe, aber das stimmt nicht. Ich hätte früher auch nie gedacht, dass sie so abwechslungsreich sein kann, aber es ist so!

42. Martin Weiß, Fachlagerist:
Früh morgens stehen schon die ersten LKWs in der Einfahrt. Die müssen ausgeladen werden. Gleichzeitig müssen wir unsere eigenen LKWs beladen. Danach gehen die Bestellungen ein; die Waren, die an diesem Tag noch geliefert werden müssen, müssen im Lager nach vorne gesetzt werden; der frei gewordene Platz muss dann mit anderen Produkten gefüllt werden. Naja, Lagerarbeit war immer schon hektisch und anstrengend, aber heute hat ein Lagerist viel mehr Aufgaben als früher. Neben der harten körperlichen Arbeit müssen wir auch noch Spezialisten in der Lagerverwaltungssoftware sein. Und das mit immer weniger Mitarbeitern!

43. Erika Bleibtreu, Laborleiterin/Chemieingenieurin:
Meine Arbeit macht mir Spaß. Schon als Kind habe ich Chemie, Physik und Mathematik geliebt. Heute arbeite ich in der Abteilung Verfahrensentwicklung als Laborleiterin. Ich bin für die Organisation des Labors zuständig. Darüber hinaus besteht mein Berufsalltag aus Planungsarbeit: Was ist der beste Weg, um ein bestimmtes Produkt herzustellen? Welche Kosten fallen an? Das ist eine interessante Arbeit, bei der mir auch mein Studium hilft, denn dort habe ich gelernt, strukturiert zu arbeiten.

44. Georg Baum, Wartungstechniker:
Ja, mein Arbeitstag … Ich bin Mädchen für alles. Wenn etwas nicht funktioniert, holt man mich. Wartung und Reparatur aller Geräte und Anlagen sind meine Aufgaben. Dazu muss ich Tag und Nacht erreichbar sein, geregelte Arbeitszeiten gibt es nicht. Für meine Familie ist das ein großes Problem. Ich finde, meine Arbeit wird in unserem Betrieb viel zu wenig anerkannt. Oft behandelt man mich wie einen Hausmeister, auch wenn man mir immer neue, gut klingende Titel gibt: Georg Baum, Service Support Spezialist. Lange werde ich hier nicht mehr arbeiten.

45. Laura Schmitz, Kantinenleiterin:
Als Kantinenleiterin bin ich für Einkauf, Lagerung und Zubereitung von Speisen und Getränken zuständig. Das habe ich gelernt. Mit dieser Arbeit habe ich keine Probleme. Gut finde ich, dass ich geregelte Arbeitszeiten habe. Früher war das anders. Als Köchin in einem Restaurant musste ich Schicht arbeiten, die Wochenenden hatte ich so gut wie nie frei. Ich bin sehr froh, dass diese Zeiten vorbei sind.

Hörverstehen Teil 2

Aufgabe 1
Interviewer: *In den letzten Jahren gab es die Vermutung, dass das Buch durch die Entwicklung der elektronischen Medien große Probleme bekommen wird. Wie sieht die Entwicklung wirklich aus? Darüber sprechen wir mit Frau Schulz vom Kaufhaus Mitte. Frau Schulz, wie macht sich das Buch im Weihnachtsgeschäft?*

Frau Schulz: *Nach dem Handyboom in den vergangenen Jahren steht heute wieder das Buch auf Nummer Eins in der Hitliste der beliebtesten Weihnachtsgeschenke.*

Interviewer: *Und was sind die Gründe?*

Frau Schulz: *Wir haben eine Umfrage gemacht. Aus der Sicht unserer Kunden kombiniert das Buch mehrere Vorteile in einem: Es ist persönlich, gleichzeitig aber auch ein einfaches Geschenk, bei dem nicht viel schiefgehen kann. Außerdem ist ein Buch die beste Möglichkeit, wenn man spontan ein Geschenk braucht, und im Vergleich zu anderen Geschenkvarianten auch preiswert.*

Interviewer: Was meinen Sie mit anderen Geschenkvarianten?

Frau Schulz: Ich meine damit Weihnachtsgeschenke wie Handys, elektronische Geräte, Parfümerie- oder Sportartikel, diese Produkte werden natürlich auch weiter geschenkt. Aber hier haben unsere Kunden gesagt, dass für sie das Buch das persönlichste Geschenk ist, lediglich Schmuck wird noch mehr Emotionalität zugeschrieben.

Interviewer: Und wie wird die Entwicklung weitergehen?

Frau Schulz: Die sieht leider nicht so gut aus. Eine Umfrage in ganz Deutschland zeigt, dass der Umsatz im traditionellen Buchhandel – also ohne den Internethandel – um 2,8 Prozent gesunken ist. Nur 16% der Buchhändler erwarten dieses Jahr ein Umsatzplus.

Aufgabe 3
B = Frau Bauer, L = Herr Lehrbach

B: Guten Tag, Herr Lehrbach, schön, dass wir uns kennenlernen. Ich bin Gabi Bauer, die Pflegedienstleitung hier beim Pflegedienst Altona.

L: Guten Tag, Frau Bauer. Ich freue mich auch, Sie kennenzulernen! Und natürlich freue ich mich sehr darüber, dass ich bei Ihnen arbeiten kann. Und ich habe schon viele Fragen.

B: Na, dann schießen Sie mal los.

L: Nun, ich soll ja ab morgen den Patienten Herbert Groß betreuen, was sind da genau meine Aufgaben als Pfleger?

B: Ganz kurz, Herr Lehrbach, wir sprechen in unserem Pflegedienst nicht von Patienten, sondern von Kunden und die Pfleger heißen bei uns Helfer.
Herr Groß kann nicht laufen und sitzt im Rollstuhl. Neben der Sorge für den Haushalt sollen Sie ihn waschen, ihm zu essen und zu trinken geben, darauf achten, dass er seine Medikamente nimmt, allgemein: ihn im Alltag begleiten. Ganz wichtig: Sie dürfen auf keinen Fall die Zusammensetzung der Medikamente verändern oder Spritzen geben, das ist dann meine Aufgabe als Fachkraft. Aber das wissen Sie ja bestimmt.

L: Frau Bauer, ich habe aber eine Ausbildung als Gesundheits- und Krankenpfleger. Deshalb sind die notwendigen Spritzen für mich kein Problem.

B: Ja, ich weiß. Trotzdem ist das leider nicht möglich, denn Sie sind bei uns als Helfer angestellt.

L: Na gut. Und was mache ich, wenn etwas passiert, wenn er sich zum Beispiel verletzt?

B: Kleine Verletzungen dürfen Sie versorgen, aber nur nach Anweisung. Rufen Sie mich dann an oder fragen Sie im Büro nach. Sie müssen sich immer absichern, ob Sie etwas tun dürfen oder nicht.
Wichtig ist noch die ordentliche Führung des Pflegeberichts. Nach jedem Dienst müssen Sie eintragen, ob es Probleme bei der Pflege gab und welche Maßnahmen Sie ergriffen haben.

L: Können Sie mir noch etwas zur Persönlichkeit von Herrn Groß sagen?

B: Herr Groß ist ein sehr angenehmer Kunde. Dass er nach einem schweren Verkehrsunfall nicht mehr laufen kann, hat er inzwischen mehr oder weniger akzeptiert. Er beschwert sich kaum.
Oft klagt er allerdings darüber, dass seine Ex-Frau, mit der er vor seinem Unfall wieder Kontakt hatte, und seine Kinder ihn nur sehr selten besuchen. Aber daran können wir natürlich nichts ändern.
Vielleicht könnten Sie den Speiseplan von Herrn Groß ein wenig verändern, damit er sich etwas gesünder ernährt. Das wäre wirklich hilfreich! Er möchte nämlich immer nur Fleisch und Wurst essen.

L: Ich werde es versuchen, aber es könnte schwierig werden. Ich kann nicht so besonders gut kochen.

B: Vielleicht klären Sie das mit Ihren Kolleginnen und Kollegen. Jemand anders könnte ja vorkochen und Sie machen dann etwas mehr im Haushalt. Oder Sie arbeiten sich ein, Kochbücher sind vorhanden.

L: Gut, das kriegen wir schon hin. Wie geht es jetzt weiter?

B: Wir müssen einen Einarbeitungstermin beim Kunden ausmachen. Dann erkläre ich Ihnen noch ein paar Dinge, z. B. wie der Patientenlifter funktioniert.

L: Das wäre gut, so etwas habe ich lange nicht bedient.

B: Herr Groß hat einen Lifter, mit dem Sie ihn vom Bett in den Rollstuhl umsetzen können, den zeige ich Ihnen dann. Genauso wie den Hebestuhl, mit dem Sie ihn in die Badewanne bringen können.

L: Frau Bauer, ich habe noch eine Frage: In meinem Dienstplan sind für nächste Woche drei Nachtdienste eingetragen. Kann man das nicht noch ändern? Ich habe Familie und für mich ist so häufige Nachtarbeit ein Problem.

Hörtexte

B: Für diesen Monat lässt sich da offiziell nichts mehr machen. Sie müssen in Zukunft immer an den Dienstbesprechungen teilnehmen, da legen wir die Dienste fest. Jetzt gibt es nur noch die Möglichkeit, dass Sie versuchen, Ihren Dienst mit anderen Kollegen und Kolleginnen zu tauschen. Es gibt einige, die ganz gerne nachts arbeiten, fragen Sie mal rum!
Gut, wenn Sie keine weiteren Fragen haben, schlage ich vor, dass wir uns morgen Nachmittag um 14 Uhr – das war doch Ihr erster Dienst? – beim Kunden treffen.

L: Ja, gerne.

B: Einen letzten Hinweis muss ich Ihnen noch geben, auch wenn ich annehme, dass das für Sie selbstverständlich ist: Für Sie gilt absolute Schweigepflicht außerhalb Ihrer Arbeit. Wir nehmen die Privatsphäre unserer Kunden sehr ernst.

L: Ja, das ist mir klar.

B: Dann freue ich mich auf die Zusammenarbeit.

L: Ich mich auch, bis morgen Nachmittag.

Hörverstehen Teil 3

Aufgabe 2
Am Flughafen Frankfurt hören Sie die folgende Lautsprecherdurchsage:
Letzter Aufruf für Passagiere für den verspäteten Lufthansa-Flug LH 199 nach Berlin. Bitte begeben Sie sich zum Gate 12. Das Flugzeug ist zum Einsteigen bereit.

Aufgabe 3
56. Zu Hause hören Sie auf dem Anrufbeantworter die folgende Nachricht:
Guten Tag, Frau Heine, hier Hans Gebauer von der Firma Schulz & Partner. Frau Heine, wir haben doch morgen einen Termin für Ihr Vorstellungsgespräch. Leider bin ich diese Woche geschäftlich unterwegs. Wir müssen den Termin also verschieben. Passt Ihnen nächste Woche Mittwoch um 9 Uhr? Ich bitte Sie um eine kurze Rückmeldung. Melden Sie sich bitte bei Frau Schmidt, Sekretariat, Telefon 1233, Durchwahl 676. Vielen Dank und auf Wiederhören.

57. Sie fahren geschäftlich nach Eisenhüttenstadt. Im Zug hören Sie folgende Durchsage:
Meine Damen und Herren, in Kürze erreichen wir Berlin Hauptbahnhof auf Gleis 12. Unser Zug hat 30 Minuten Verspätung. Wir bitten um Ihr Verständnis. Es besteht aber noch planmäßiger Anschluss an den Regionalexpress nach Eisenhüttenstadt, Abfahrt 14:10 Uhr vom selben Gleis. Achten Sie bitte auch auf die örtlichen Lautsprecherdurchsagen.

58. Im Büro hören Sie auf dem Anrufbeantworter die folgende Nachricht:
Guten Tag, Frau Steinbach. Gerne möchte ich Ihnen den Gesprächstermin mit Herrn Krause am kommenden Mittwoch, 14 Uhr, in unserem Haus bestätigen. Herr Krause möchte sich noch einmal entschuldigen, dass der Termin letzte Woche nicht stattfinden konnte. Wir erwarten Sie also am kommenden Mittwoch und freuen uns auf Ihren Besuch.

59. Auf einer Betriebsversammlung hören Sie den Beitrag eines Mitarbeiters:
Liebe Kolleginnen und Kollegen, aus gegebenem Anlass möchte ich heute über das Thema Arbeitssicherheit sprechen. Unser Bauleiter Herr Schumann hat gerade mitgeteilt, dass es wieder einen Unfall gegeben hat. Ein Kollege, der die vorgeschriebenen Sicherheitsschuhe nicht trug, ist in einen spitzen Nagel getreten und hat sich am Fuß verletzt. Und das ist kein Einzelfall. Zwölf Arbeitsunfälle gab es bereits in diesem Jahr, weil kaum jemand die Sicherheitsvorschriften befolgt. Wir sollten darüber diskutieren, was wir tun können, damit sich das ändert.

60. Sie rufen bei Ihrem Reisevermittler an und teilen Folgendes mit:
Guten Tag, hier Anna Seegers von Schmitz & Partner. Wir hatten bei Ihnen zwei Flüge nach München gebucht, Lufthansa-Flug LH 098 am 12. Dezember, Buchungsnummer XT34443, und würden gerne einen der Flüge stornieren. Ein Mitarbeiter ist überraschend erkrankt und kann die Reise leider nicht antreten. Ich hoffe, dass eine Stornierung zum jetzigen Zeitpunkt noch möglich ist!

Modelltest 2

Hörverstehen Teil 1

Moderatorin: *Liebe Hörerinnen und Hörer, in unserer Sendung „Arbeit und Beruf" wollen wir heute mit Menschen sprechen, die sich vor kurzem selbstständig gemacht haben.*

41. Holger Baumann, Ingenieur:
Nun, ich habe vor einem halben Jahr angefangen, meinen Beruf selbstständig auszuüben. Ich bin Ingenieur und irgendwann habe ich mich mit meinem Chef einfach nicht mehr verstanden, wir waren zu oft anderer Mei-

nung. Jetzt habe ich ein eigenes kleines Büro. Die Selbstständigkeit hat viele Vorteile. Vor allem kann ich meine Zeit frei einteilen. Weniger schön ist es, dass ich oft am Wochenende arbeiten muss und dann viel weniger Zeit für meine Frau und die Kinder habe als früher.

42. Yasmin Özdemir, Sprachlehrerin:
Ich komme aus der Türkei, habe dort gelernt, Türkisch zu unterrichten, und habe mir dann in Deutschland gedacht: Normale Sprachschulen sind so teuer, als selbstständige Lehrerin kann ich den Unterricht viel billiger anbieten. Und dort, wo ich wohne, bietet kaum jemand Türkischkurse an. Es läuft ganz gut. Ich gebe jetzt viele Kurse in einer deutsch-türkischen Firma. Allerdings ist diese Firma mein einziger großer Kunde. Tage und Uhrzeiten, an denen der Unterricht stattfindet, kann ich nicht selbst wählen, das bestimmt mein Kunde. Aber trotzdem gefällt es mir, selbstständig zu arbeiten. Ich muss nur versuchen, noch viel mehr Menschen für die türkische Sprache zu begeistern!

43. Eva Pflug, Friseurin:
Ich habe einen eigenen Friseursalon. Das Wichtigste ist für mich, dass ich endlich mal richtig bezahlt werde für meine Arbeit. Früher habe ich sehr schlecht verdient, heute läuft es finanziell besser. Problematisch finde ich die Sozialversicherung. Die private Rentenversicherung ist sehr teuer. Als Selbstständige bin ich zwar nicht verpflichtet, eine Rentenversicherung zu haben, ich habe aber trotzdem einen Vertrag abgeschlossen, sicher ist sicher. Auch die Beiträge zur Krankenversicherung sind in Deutschland für Selbstständige sehr hoch. Aber ich komme schon klar!

44. José Gonzalez, Elektriker:
Mit meinem Bruder habe ich vor kurzem einen Handwerksbetrieb für Elektroinstallationen gegründet. Am Anfang hatten wir Angst vor der großen Konkurrenz. Wir arbeiten aber sehr gut und zuverlässig und sind auch etwas preiswerter als viele andere. Es ist sicher ein Risiko, sich selbstständig zu machen, aber ich bin optimistisch, dass es weiter gut läuft. Inzwischen planen wir sogar, noch Mitarbeiter einzustellen.

45. Sonja Stankovska, Catering-Service:
Meine Erfahrungen sind leider etwas anders. Als ich vor drei Jahren mit meinem Catering-Partyservice begann, lief es zuerst ganz gut, aber inzwischen kann ich mit der Konkurrenz nicht mehr mithalten. Heute habe ich viele Schulden und denke, dass ich bei der Existenzgründung große Fehler gemacht habe. Ich hätte zum Beispiel eine Schulung bei der IHK machen können. Kurz und gut, ich überlege, mir wieder eine feste Anstellung zu suchen. Ich brauche die Sicherheit, jeden Monat ein festes Gehalt zu bekommen.

Hörverstehen Teil 2

B = Herr Brecht, S = Frau Schmidtbauer

B: *Guten Tag, Frau Schmidtbauer. Schön, dass Sie gekommen sind. Herzlich willkommen bei der Bäumler KG.*

S: *Guten Tag, Herr Brecht. Vielen Dank für die Einladung. Entschuldigen Sie, dass ich etwas zu spät komme. Aber der Zug hatte Verspätung.*

B: *Kein Problem. Freut mich, Sie kennenzulernen. Wie war die Reise?*

S: *Danke, gut. Wie gesagt, der Zug hatte etwas Verspätung, aber es hat ja alles gut geklappt.*

B: *Darf ich Ihnen etwas zu trinken anbieten?*

S: *Im Augenblick nicht, vielen Dank. Hat sich am Programm für heute irgendetwas geändert?*

B: *Ja, es gibt eine Änderung. Herr Kraus, unser Vertriebsleiter, ist heute Vormittag leider verhindert. Wenn es Ihnen recht ist, können Sie ihn gegen 15 Uhr sprechen. Die Werksbesichtigung würden wir dann vorziehen. Wir möchten Ihnen unsere verschiedenen Fertigungsverfahren vorstellen. Durch unsere neuen Maschinen sind wir in der Lage, schnell auf die Kundenwünsche zu reagieren und innerhalb weniger Stunden zu liefern.*

S: *Das finde ich sehr interessant. Wie ich mit Herrn Kraus telefonisch besprochen habe, hätte ich auch Interesse an einer Präsentation der Lagerverwaltungssoftware. Ist das auch vorgesehen?*

B: *Ja, nach dem Mittagessen. Gegen 13:30 gehen wir in unser Betriebsrestaurant. Dort lernen Sie auch unsere EDV- und Organisationsleiterin Frau Mohnhaupt kennen. Sie wird Ihnen schon viele Fragen beantworten können. Nach dem Mittagessen können wir dann gemeinsam unsere Lager besichtigen. Frau Mohnhaupt wird dann bei der Besprechung mit Herrn Kraus, die, wie gesagt, gegen 15 Uhr stattfinden soll, auch anwesend sein.*

S: *Wäre es vielleicht möglich, auch einen Mitarbeiter Ihrer Rechtsabteilung kennenzulernen? Wenn wir uns auf eine Zusammenarbeit verständigen können, was ich sehr hoffe, wäre es ja sinnvoll, gleich einige juristische Fragen zu klären.*

B: Ich schlage vor, dass wir diese Fragen auch bei unserem Termin um 15 Uhr besprechen. Ich werde mich darum kümmern, dass ein Vertreter der Rechtsabteilung an dem Gespräch teilnimmt.

S: Herr Brecht, ich habe noch eine Frage. Mit der Unterbringung ist alles geregelt?

B: Oh, entschuldigen Sie, dass ich vergessen habe, Ihnen das zu sagen. Wir haben für Sie ein Zimmer im City-Hotel reserviert. Das liegt in der Altstadt, sehr zentral und ruhig.

S: Wunderbar, ich möchte mir, wenn ich schon mal in Leipzig bin, natürlich auch die Altstadt anschauen. Ich bin nämlich noch nie hier gewesen.

B: Dazu können wir Ihnen später gern noch einige Tipps geben. Übrigens: Wir wollten Ihnen vorschlagen, heute Abend gemeinsam im Ratskeller zu essen, der liegt auch in der Altstadt. Wenn Sie noch nichts anderes vorhaben?

S: Sehr gerne. Vielen Dank für die Einladung.

B: Dann reserviere ich gleich einen Tisch. Für 19 Uhr?

S: Ja, vielen Dank. Ich hätte aber noch eine Bitte. Ich würde gern mein Gepäck vor dem Abendessen ins Hotel bringen und mich etwas frisch machen. Schaffen wir das bis 19 Uhr?

B: Nun, das könnte etwas knapp werden. Vielleicht ist es besser, das Abendessen auf 20 Uhr zu verschieben. Dann hätten Sie etwas mehr Zeit.

S: Ja, das wäre mir lieber.

B: Gut, dann machen wir das so. Haben Sie sonst noch einen Wunsch?

S: Nein, vielen Dank für den freundlichen Empfang.

B: Dann können wir, wenn Sie möchten, gleich in unseren Tagungsraum gehen. Dort haben wir ein Video vorbereitet.

S: Gerne, ich bin sehr gespannt.

Hörverstehen Teil 3

56. Sie hören folgende Nachricht auf Ihrem Anrufbeantworter:
Guten Tag, Frau Burkhard, hier spricht Gabi Tutta von der Spedition Meister. Wir haben Ihre Bewerbungsunterlagen erhalten und würden Sie gern zu einem Vorstellungsgespräch einladen. Bitte rufen Sie mich unter der Nummer 030 223 45 678 zurück, am besten vormittags zwischen 9 und 12 Uhr, damit wir einen Termin für das Gespräch ausmachen können.

57. Im Betrieb hören Sie folgende Durchsage:
Achtung! Sicherheitshinweis für alle Mitarbeiter. Auf unserem Betriebsgelände hat es einen Störfall gegeben. Eine schwach giftige Rauchwolke ist ausgetreten. Schließen Sie bitte die Fenster und Türen und schalten Sie die Lüftungs- und Klimaanlagen aus. Verlassen Sie das offene Gelände und gehen Sie in die Betriebsgebäude. Sobald die Gefahr vorbei ist, werden Sie über Lautsprecher informiert. Es besteht kein Grund zur Panik!

58. Sie hören folgende Nachricht auf Ihrem Anrufbeantworter:
Guten Tag, hier ist Ilona Kraft von der Kosmos KG. Herr Schmidt, ich wollte Sie nur darüber informieren, dass die Lieferung, auf die wir so lange gewartet haben und wegen der wir auch schon mehrere Male reklamiert haben, gerade bei uns eingegangen ist. Der Fehler lag beim Kurierdienst. Vielen Dank und auf Wiederhören.

59. Auf einer Präsentation hören Sie die folgende Mitteilung:
Meine Damen und Herren, schön, dass Sie so zahlreich erschienen sind. Bevor wir mit der Besucherführung beginnen, möchten wir Ihnen einen unterhaltsamen und informativen Kurzfilm mit Wissenswertem zu unserer Produktpalette präsentieren. Anschließend gibt es einen kleinen Imbiss und danach werden wir mit Ihnen das Werk besichtigen. Für Fragen steht Ihnen der Leiter unserer Verkaufsabteilung, Herr Berger, jederzeit zur Verfügung.

60. Sie hören folgende Nachricht auf Ihrem Anrufbeantworter:
Hotel Sonnenschein, Lehmann. Guten Tag, Herr Kaltenberg, wir haben für Sie wunschgemäß vier Einzelzimmer für heute und morgen, also für den 9. und 10. August, ohne Frühstück reserviert. Außerdem steht Ihnen morgen unser Konferenzraum zur Verfügung. Falls Sie doch noch am Frühstücksbuffet teilnehmen möchten, reicht es, wenn Sie das bei Ihrer Anreise an der Rezeption anmelden. Für das Buffet berechnen wir 14 Euro pro Person.

Modelltest 3

Hörverstehen Teil 1

Moderatorin: Liebe Hörerinnen und Hörer, in unserer Sendung „Mobil in Arbeit und Beruf" haben wir Studiogäste eingeladen, mit denen wir über das Thema Dienst- und Geschäftsreisen sprechen wollen. Frau Bauer, sind Sie in Ihrem Beruf viel auf Geschäftsreise?

41. Rebecca Bauer, Verlagsmitarbeiterin:
Ja, ich arbeite für einen international tätigen Verlag und wir haben oft Konferenzen in verschiedenen Städten, nicht nur in Deutschland. Ich finde es toll, viel unterwegs zu sein. Man lernt neue, interessante Leute kennen, manchmal können sogar Freundschaften entstehen. Es gefällt mir auch, immer wieder andere Städte zu sehen. Ich finde, dass Geschäftsreisen den Arbeitsalltag abwechslungsreicher machen. Und wenn ich am Wochenende auf Geschäftsreise bin, kann ich mir dafür später zwei Tage frei nehmen.

42. Georg Hagenbusch, Außendienstmitarbeiter im Chemiegroßhandel:
In meinem Beruf sind Dienstreisen selbstverständlich. Ich habe mich daran gewöhnt, obwohl das für die Familie natürlich nicht so ideal ist. Aber am Wochenende bin ich fast immer zu Hause und ich verdiene auch sehr gut. Probleme gibt es allerdings manchmal mit den Abrechnungen. Welche Kosten muss der Arbeitgeber übernehmen? Gilt die Fahrzeit zum Einsatzort als Arbeitszeit, auch wenn ich mit dem Zug fahre, werden Taxifahrten ersetzt oder muss man öffentliche Verkehrsmittel nehmen? Hier ist mir manchmal nicht ganz klar, wie das gesetzlich geregelt ist.

43. Petra Lunkewitz, Vertriebsassistentin:
In meiner Arbeit habe ich vor allem mit Auftragsabwicklung und Erstellung von Angeboten zu tun. Als ich angefangen habe, hier zu arbeiten, hieß es, dass ich hauptsächlich im Innendienst arbeiten soll. Inzwischen muss ich immer häufiger bei Geschäftsreisen dabei sein. Oft sind die Besprechungen aber nicht wirklich notwendig. Vieles könnte man auch per E-Mail klären. Die vielen Überstunden für An- und Abreise werden ja doch nicht wirklich bezahlt. Das überzeugt mich natürlich nicht so richtig.

44. Sabine Maurer, Bankangestellte:
Wenn ich auf das eingehen darf, was Sie gerade gesagt haben, Frau Lunkewitz: Ja, es stimmt, eigentlich braucht man heute nicht mehr so viele Geschäftsreisen. Meine letzte Geschäftsreise liegt zwei Jahre zurück. Bei uns werden immer häufiger Videokonferenzen abgehalten. Die Mitarbeiter sitzen an verschiedenen Orten und tauschen sich über Video aus. Das spart Reisezeit und Reisekosten. Es gibt allerdings noch einige technische Probleme. Ich glaube aber, dass Videokonferenzen zunehmen werden. Gerade heute, wo Betriebe immer mehr auf die Kosten achten müssen.

45. Horst Grimbach, Monteur:
Geschäftsreise oder Videokonferenz? Ich glaube, das kann man nicht miteinander vergleichen. Es hängt von der konkreten Tätigkeit ab. Als Monteur kann ich ja schlecht meine Arbeit über Video machen. Und wenn mein Chef mit Kunden über konkrete Aufträge verhandelt, muss er sich die Baustelle vor Ort ansehen. Per Videokonferenz kann man natürlich interne Angelegenheiten besprechen. Aber ob Videokonferenzen wirklich billiger sind? Die technische Ausstattung können sich doch nur Großbetriebe leisten.

Hörverstehen Teil 2

I= Interviewerin, K = Attiya Khan

I: Wenig Gehalt, ständige Rückenschmerzen und trotzdem die Liebe zum Job. Was Erzieherinnen brauchen, um ihren Job wieder gerne auszuüben, erzählt Attiya Khan in unserem Interview.
Sie hat für ihre Doktorarbeit am Institut für Arbeitsmedizin der Technischen Universität Dresden eine Methode für den besseren Gesundheitsschutz von Erzieherinnen und Erziehern entwickelt. Mit uns spricht sie nun über die Ergebnisse dieser Studie.
Frau Khan, Erzieherinnen fordern besseren Gesundheitsschutz und mehr Gehalt. Worunter leiden sie besonders?

K: Eine Studie an der TU Dresden und zahlreiche andere Untersuchungen haben ähnliche Ergebnisse gezeigt: Fast jede zweite Erzieherin hat Rückenschmerzen, weil sie oft auf zu kleinen Stühlen sitzen und viel heben müssen. Aber auch psycho-vegetative Beschwerden sind häufig. Die kommen wahrscheinlich vom Lärm. Festgestellt haben wir auch hohe Anspannung, Kopfschmerzen und Erschöpfung.

I: Ist das Burnout-Syndrom unter Erzieherinnen häufig?

K: Nein, das gerade haben wir weniger als erwartet feststellen können. Ich glaube, das hängt damit zusammen, dass viele Erzieherinnen sagen, sie lieben ihren Beruf und es macht ihnen Spaß, mit Kindern zu arbeiten.

I: *Trotz der Belastung?*

K: Genau. Die Bindung an den Beruf ist sehr hoch. Das finde ich wirklich interessant, denn diese Kombination gibt es nicht so häufig.

I: *Was muss denn passieren, damit Erzieherinnen ihren Job, den sie lieben, auch wieder gern ausüben?*

K: Ganz klar wünschen sich Erzieherinnen kleinere Gruppen, eine bessere Ausstattung und mehr Zeit für die Vor- und Nachbereitung. Schließlich sollen sie auch die Entwicklung der Kinder dokumentieren. Das wird ja jetzt immer stärker gefordert, aber die äußeren Bedingungen dafür stimmen einfach noch nicht. Und insgesamt wünschen sich Erzieherinnen mehr Anerkennung.

I: *Die müsste sich dann natürlich auch am Gehalt zeigen.*

K: Genau. Sie werden einfach zu schlecht bezahlt. Aber es geht nicht nur ums Geld. Ich habe ja die Methode der Gesundheitszirkel erforscht. Bei dieser Methode werden die Erfahrungen aller Mitarbeiterinnen genutzt, um ihre Arbeitsplätze besser für die Gesundheit zu machen. Dabei sammeln die Erzieherinnen zusammen mit Moderatoren alle Probleme, die es bei ihnen gibt. Dann wird darüber gesprochen, wie die Probleme gelöst werden könnten. Ich war damit schon in vielen Kindergärten erfolgreich. Oft zeigt sich, dass schon durch kleine Änderungen die Arbeitsbedingungen verbessert werden können.

I: *Viele Erzieherinnen klagen aber auch über die Eltern. Sie wären oft sehr anspruchsvoll und gleichzeitig würden sie die Erziehung ihrer Kinder aber am liebsten an den Kindergarten abgeben. Wie kann man mit diesem Problem umgehen?*

K: Das ist schwierig, vor allem, wenn Eltern nicht erreichbar sind. Ich glaube, ein Problem ist, dass Erzieherinnen nicht ausreichend dafür ausgebildet wurden, mit schwierigen Eltern umzugehen. Deshalb kommt es dann oft dazu, dass sie glauben, sich gegenüber den Eltern verteidigen zu müssen. Die Erzieherinnen fühlen sich häufig angegriffen.

I: *Werden Sie doch auch!*

K: Das mag sein. Aber ich glaube, Erzieherinnen könnten sich auch anders präsentieren. Sie machen eine sehr wichtige Arbeit, die Eltern vertrauen ihnen ihre manchmal noch sehr kleinen Kinder an. Erzieherinnen haben ja täglich Kontakt mit den Eltern, wenn die Kinder gebracht und abgeholt werden. Das ist eine gute Möglichkeit, um ihre Kompetenz im Umgang mit Kindern deutlich zu machen. Ich finde, Erzieherinnen könnten offensiver auftreten.

I: *Das würden sie bestimmt auch gern, aber dafür wiederum brauchen sie auch mehr Anerkennung.*

K: Ja, das hängt miteinander zusammen. Ein positiver Ansatz dafür ist meiner Meinung nach der Ausbau von Kindergärten zu Familienzentren. Dort könnten zum Beispiel abends Kurse für Eltern angeboten werden, eventuell sogar von Erzieherinnen geleitet. Sie würden dadurch als kompetente Gesprächspartner gesehen werden. Aber natürlich müssten Ausbildung und Arbeitszeit dann auch dazu passen.

Hörverstehen Teil 3

56. Am Telefon hören Sie folgende Mitteilung:
Guten Tag, Herr Schmidt, hier Mohnhaupt, Zentrale. Herr Schmidt, ich habe hier Herrn Peters aus Bremen am Apparat. Der Kunde wartet schon über eine Woche auf die Lieferung eines Heißgetränkeautomaten. Er braucht das Gerät dringend. Können Sie ihm weiterhelfen? Ich verbinde Sie.

57. Auf einer Präsentation hören Sie die folgenden Hinweise:
Und noch kurz einige Informationen zur Bedienung unseres Sitz/Steh-Tisches ergo 2000. Die Höhe können Sie leicht verstellen, indem Sie auf die Pfeiltaste nach oben bzw. unten drücken. Wenn Sie die Tischhöhe, die Sie für Ihre Arbeit benötigen, speichern wollen, drücken Sie auf die Taste M, halten Sie die Taste 3 Sekunden gedrückt und geben Sie danach eine Zahl zwischen 1 und 9 ein. Dann können Sie die Tischhöhe, die zu Ihnen passt, immer wieder aufrufen.

58. Auf Ihrem Anrufbeantworter hören Sie die folgende Nachricht:
Guten Tag, Herr Maier. Hier Kaufmann von der Mohntextil KG. Ich wollte Sie nur ganz schnell informieren, dass sich unsere Tagungsadresse morgen geändert hat. Wir treffen uns nicht im Steigenberger Hotel in der Innenstadt, sondern im InterCity Hotel direkt am Hauptbahnhof. Nehmen Sie den Ausgang Süd, direkt gegenüber finden Sie das Hotel. Dort haben wir den Konferenzraum Bremen angemietet. Beginn wie vereinbart 9 Uhr.

59. Sie sitzen im ICE Frankfurt-Köln. Sie wollen nach Essen und hören folgende Durchsage:
Sehr geehrte Fahrgäste. Wegen einer Signalstörung hat unser ICE augenblicklich 20 Minuten Verspätung. Wir werden Düsseldorf Hauptbahnhof leider erst um 18:22 erreichen. Der Anschlusszug nach Essen, RE 10133, Abfahrt 18:24 von Gleis 18, wird erreicht. Die anderen Anschlusszüge können leider nicht warten. Bitte achten Sie auf die örtlichen Lautsprecherdurchsagen.

60. Sie rufen bei einem Zulieferer an und hören folgende Nachricht:
Herzlich willkommen bei der Arona GmbH. Sie rufen außerhalb unserer Geschäftszeiten an. Sie erreichen uns montags bis freitags von 7:00–18:00 Uhr und samstags von 9:00–14:00 Uhr. Wenn Sie eine Bestellung aufgeben möchten oder eine Frage zu unseren Produkten haben, nennen Sie uns bitte Ihren Namen, Ihre Kundennummer und Ihre Telefonnummer, dann werden wir Sie schnellstmöglich zurückrufen. Oder schicken Sie eine E-Mail an post@arona.de. Vielen Dank für Ihren Anruf. Auf Wiederhören.

Modelltest 4

Hörverstehen Teil 1

Moderatorin: *Weite Wege zur Arbeit – immer mehr Arbeitnehmer pendeln jeden Tag von ihrer Wohnung zur Arbeit. Oft sind sie viele Stunden täglich unterwegs. Das bedeutet dann, morgens und abends im Stau zu stehen oder jeden Tag zwei lange Zugfahrten in Kauf zu nehmen. In unserer Sendung „Lange Wege zum Arbeitsplatz" hören Sie jetzt einige Meinungen.*

41. Jens Hübner, Maschinenbautechniker:
Ich habe einen sehr weiten Weg zur Arbeit. Zweimal 90 Minuten bin ich jeden Tag unterwegs. Ich fahre immer mit meinem Auto. Allerdings nutze ich auch die Möglichkeiten, die Park & Ride bietet. Ich stelle mein Auto dann auf einem Parkplatz außerhalb der Stadt ab und steige in die S- oder U-Bahn um. So muss ich morgens und abends im Berufsverkehr nicht auch noch durch die Innenstadt fahren und spare Zeit.

42. Nicole Roth, Hotelfachfrau:
Ich habe das Verkehrsmittel gewechselt und bin vom Auto auf den Zug umgestiegen. Im Zug kann ich noch etwas schlafen oder lesen. Ein Nachteil ist, dass die Züge oft sehr voll sind. Oft haben sie auch Verspätung und es dauert manchmal etwas länger, bis ich bei der Arbeit bin, als mit dem Auto. Trotz aller Nachteile bin ich aber viel ausgeruhter, wenn ich bei der Arbeit ankomme. Ich denke, meine Entscheidung war richtig.

43. Heinz Sittin, technischer Angestellter:
Auch ich habe einen sehr weiten Weg zur Arbeit. Ich habe aber einen sehr verständnisvollen Chef, einen Chef, mit dem man reden kann. Wenn die Dienstpläne gemacht werden, kann ich meine Wünsche äußern. Ich kann jetzt Arbeitsbeginn und Arbeitsende so verschieben, dass ich eine günstigere Bahnverbindung habe. Es besteht sogar die Möglichkeit, dass ich ab und zu mal einen Tag von zu Hause arbeiten kann.

44. Rebecca Lorenzo, Angestellte in einer Spedition:
Früher hatte ich einen sehr weiten Weg zur Arbeit. Das war sehr anstrengend und auf keinen Fall eine Dauerlösung. Für mich gab es nur die Alternativen: entweder eine neue Arbeit suchen oder umziehen, in die Nähe des Arbeitsplatzes. Da ich froh bin, dass ich eine gut bezahlte Arbeit habe, und mir die Arbeit auch Spaß macht, wollte ich auf keinen Fall etwas anderes suchen. Also bin ich umgezogen. Ich wohne jetzt in der Stadt, nicht weit von meinem Arbeitsplatz entfernt und mir geht es gut.

45. Karsten Baumberger, Chemielaborant:
Einen weiten Weg zur Arbeit habe ich auch. Ich muss das Auto nehmen, die Bahn- und Busverbindungen hier auf dem Land sind sehr schlecht. Seit ich aber mit zwei Kollegen eine Fahrgemeinschaft gebildet habe, ist es besser. Die täglichen Staus sind zwar weiterhin stressig, aber wir fahren jetzt zu dritt, alle drei Tage fährt ein anderer und die anderen können im Auto noch schlafen. Das ist weniger belastend für den Einzelnen.

Hörverstehen Teil 2

G = Frau Groß, H = Herr Heine

G: *Herr Heine, haben Sie einen Moment Zeit?*

H: *Natürlich, Frau Groß, was gibt's?*

G: *Wir müssten über den Auftrag von Öko-Tourista sprechen, einem neuen Kunden. Ich habe jetzt eine genauere Anfrage bekommen.*

H: *Ach, wegen des Messestands auf der Tourismusmesse, richtig? Den wir planen und bauen sollen?*

G: *Ja, genau.*

H: *Gut, was genau wünscht denn der Kunde?*

Hörtexte

G: Naja, Öko-Tourista als Reiseveranstalter legt, wie der Firmenname ja schon sagt, besonderen Wert darauf, dass der Messeauftritt umweltfreundliches Reisen repräsentiert. Sie wünschen sich vor allem eine freundliche und angenehme Beleuchtung mit verschiedenen Licht-Installationen. Außerdem hätten sie gern Vorschläge, wie man den Stand kundenfreundlich aufteilen kann, 25 qm sind ja nicht sehr viel.

H: Das stimmt. Auf jeden Fall sollte man neben einer Präsentationsfläche einen abgetrennten Besprechungsraum für Geschäftspartner und andere professionelle Messegäste planen. Morgen hätte ich Zeit, dann könnte ich einen Plan machen. Wie sieht es denn mit den Terminen aus?

G: Die Pläne sollten bis Ende nächster Woche fertig sein.

H: Oh, ich fürchte, das könnte ein Problem mit unserer Schreinerei geben. Der Schreiner hat, soweit ich weiß, erst in zwei Wochen wieder Kapazitäten frei. Aber wenn ich jetzt zum Beispiel Regale aus besonders umweltfreundlichem Material plane, muss die Schreinerei uns natürlich mitteilen, wie teuer die Herstellung wird. Sonst kann ich nicht sagen, wie viel der Messeaufbau kosten wird. Ich kann also schon Pläne machen und dem Kunden Lösungen vorschlagen, aber eine genaue Kostenschätzung bis Ende nächster Woche wird schwierig.

G: Die Messe ist ja erst in zwei Monaten. Wir zeigen dem Kunden erst einmal unsere Ideen und teilen ihm dann in drei oder vier Wochen die konkreten Kosten mit. Ich denke, das dürfte kein Problem sein. Jetzt sollten wir besprechen, wer von uns welche Aufgaben übernimmt. Ich könnte den Kundenkontakt und die Organisation übernehmen.

H: Prima. Und ich setze mich an die Pläne. Dann spreche ich mit unserem Elektriker. Wir müssen überlegen, welche Lichteffekte am Messestand möglich sind und wo und wie die Anschlüsse für die Laptops am besten gelegt werden.

G: Und der Techniker hat im Moment Zeit?

H: Ja, er ist heute noch auf einer Baustelle beschäftigt, aber für morgen habe ich sowieso einen Termin mit ihm ausgemacht.

G: Und ich werde mich mit der Messeleitung in Verbindung setzen. Der Kunde möchte nämlich etwas von der Decke über seinem Stand herunterhängen. Seine Idee war, dass große Sonnenblumen als Werbung gut aussehen könnten.

H: Da bin ich mir nicht sicher. Es könnte sein, dass der Stand dann zu voll wird.

G: Und ich muss sowieso erst nachfragen, ob man überhaupt etwas an die Hallendecke hängen darf. Oft ist das ja gar nicht erlaubt.

H: Noch mal zum Messestand. Mir fällt gerade ein: Wir haben doch vor zwei Jahren auf der Lebensmittelmesse in Köln für einen Kunden einen Messestand im Landhausstil gebaut.

G: Ja. Ich erinnere mich – Essen wie auf dem Bauernhof, oder?

H: Genau. Der Kunde hat uns den Stand überlassen, er wollte das Material nicht mehr haben. Es waren schöne Bretter aus Naturholz. Die müsste man noch einmal verwenden können. Das sollte sich dann unsere Schreinerei mal anschauen.

G: Gute Idee! Noch etwas für die konkrete Planung des Messestands: Hier ist eine Werbebroschüre der Öko-Tourista. Es ist vielleicht nicht uninteressant, dass alle Katalogseiten einen sanften Blauton haben, was denken Sie?

H: Dann ist das die Farbe, mit der die Firma auftritt. Wir müssen uns also eine Standausstattung überlegen, die zu blau passt. Ich schau mir gleich mal den Internetauftritt der Öko-Tourista an. Es ist immer wieder spannend, etwas für einen neuen Kunden zu entwickeln!

Hörverstehen Teil 3

56. Auf Ihrem Anrufbeantworter hören Sie die folgende Nachricht:
Hallo, Johannes, leider kann ich den Wartungsauftrag morgen für die Firma Groß KG nicht erledigen. Ich bin mit der Arbeit auf der Baustelle in der Schmidtstraße noch nicht fertig. Das wird auf jeden Fall noch bis übermorgen dauern. Könntest du zur Firma Groß gehen und die Heizkörper überprüfen? Das wäre ganz toll. Das nächste Mal mache ich auch wieder was für dich.

57. Sie bekommen folgenden Anruf von der Zentrale:
Hallo, Frau Fischer, Herr Stein von der Firma Hombach hat vor einer Stunde versucht, Sie zu erreichen. Er wollte keine Nachricht hinterlassen. Er hat mich aber gebeten, Ihnen zu sagen, dass Sie ihn bitte sofort anrufen sollen, wenn Sie wieder da sind. Ich habe das Gefühl, dass es sehr dringend ist, er war sehr nervös.

58. Auf einer Teamsitzung teilt Ihr Chef Folgendes mit:
Liebe Kolleginnen und Kollegen, bevor wir anfangen eine kurze Information: Frau Remscheidt, die heute nicht hier sein kann, wird uns nächsten Monat verlassen und ihren verdienten Ruhestand antreten. Wir sollten als ersten Punkt besprechen, wie wir ihre Verabschiedung feiern könnten, sie war ja immerhin 30 Jahre hier in der Firma.

59. Am Flughafen hören Sie folgende Durchsage:
Achtung, Achtung: Frau Gerber, angekommen mit Lufthansa Flug LH 193 aus Berlin, bitte kommen Sie zum Hauptinformationsschalter der Lufthansa, Schalter 210 in Halle A, Terminal 1. Dort liegt eine Nachricht für Sie.

60. Im Radio hören Sie folgende Meldung:
Es folgen die Wirtschaftsnachrichten: Nach Angaben der Gewerkschaft IG BAU und des Bundesinnungsverbands Gebäudereiniger-Handwerk sollen mehrere Hunderttausend Gebäudereiniger in Deutschland ab dem 1. Januar 2012 mehr Geld erhalten. Außerdem wurde vereinbart, dass Beschäftigte in Ost und West ab dem 1. Januar 2019 gleich viel verdienen. Beide Seiten zeigten sich mit dem Ergebnis zufrieden.

Modelltest 1

Leseverstehen Teil 1

Seite 9, Aufgabe 1
Beispiel:
Gabi Stein muss den Termin absagen und meldet sich wieder.

Seite 9, Aufgabe 2
Betreff b passt.

Seite 13, Schritt 4

2. Sehr geehrte Frau Kraus, vielen Dank für Ihre Anfrage. <u>Wir können</u> die KL 77 Armenia Registrierkassen in der gewünschten Menge ab sofort zum Stückpreis von 139 € netto <u>liefern</u>. Mit dem beigefügten Service-Bestellformular erhalten Sie die Ware innerhalb von 48 Stunden. <u>Sie bestellen</u> zu unseren AGB. <u>Wir freuen uns auf Ihren Auftrag</u>. Mit freundlichen Grüßen

3. Lieber Herr Hochstädter, <u>für die Bezirksleiterkonferenz</u> am 03. und 04.12. <u>würde ich für Sie gerne folgende Züge buchen</u>: …

4. Sehr geehrter Herr Kohlmann, … <u>Können Sie mir noch mitteilen, welcher Termin</u> im Herbst <u>Ihnen für den Beginn der Arbeiten am besten passt</u>? Dann richten wir uns nach Möglichkeit danach. Mit freundlichen Grüßen

5. Liebe Frau Halsberg, da ich Sie telefonisch nicht erreichen kann, versuche ich es per Mail. <u>Morgen um 16 Uhr passt mir unser Treffen leider nicht gut</u>. Ich habe noch einen Kundenbesuch. Wie lange sind Sie morgen im Büro? <u>Könnten wir uns etwas später treffen, so gegen 17 Uhr</u>? Danke für eine Nachricht. Viele Grüße

Leseverstehen Teil 2

Seite 15, Aufgabe 1
Sehr geehrter Herr Bauerjahn,
<u>wir warten immer noch auf die Lieferung</u> der bestellten Falzmaschinen. Sollten sie bis morgen Nachmittag nicht bei uns eintreffen, werden wir vom Kauf zurücktreten und einen anderen Lieferanten beauftragen.
Peter Glück, KGS GmbH

Lösungen

Herr Bauerjahn schrieb:
> Sehr geehrter Herr Glück,
> danke für Ihre Bestellung. Auftragsgemäß liefern
> wir Ihnen 2 Falzmaschinen F 100 zum Preis von
> 105,50 Euro pro Stück + MwSt.
> Mit freundlichen Grüßen
> Ludwig Bauerjahn, Büro-discount

Seite 15, Aufgabe 2
Antwort b ist richtig.

Seite 17, Schritt 1
Beispiel:
Die Druckerpatrone, die Frau Bauer bei Printerstar bestellt hat, druckt nicht so viele Seiten, wie sie eigentlich sollte.

Seite 17, Schritt 2
7. Sie möchte
   a die kostenlose Lieferung einer Ersatzpatrone.
   b einen neuen Toner bestellen.
   c technische Unterstützung beim Wechseln des Toners.
8. Herr Castorf von der Firma Pinterstar schreibt,
   a dass der von Frau Bauer genannte Fehler nicht neu ist.
   b dass Frau Bauer das Gewicht des Toners überprüfen soll.
   c dass Frau Bauer ihren Drucker überprüfen soll.
9. Die Firma Printerstar
   a lehnt ein Engegenkommen ab.
   b macht den Vorschlag, Frau Bauer zu entschädigen.
   c möchte, dass Frau Bauer ihr die reklamierte Patrone zuschickt.
10. Herr Castorf von der Firma Printerstar schreibt,
    a dass es Tonermodelle gibt, die eine geringere Leistung haben.
    b dass Frau Bauer den Drucker vermutlich falsch bedient hat.
    c das Printerstar für das Problem nicht verantwortlich ist.

Leseverstehen Teil 3

Seite 19, Aufgabe 1
1. b; 2. e; 3. c; 4. d; 5. a

Seite 19, Aufgabe 2
Anzeige b passt.

Seite 23, Schritt 5
12. Sie suchen für Ihr Unternehmen neue Drucker und Monitore.
13. Ihr Unternehmen möchte die Betriebskantine renovieren.
14. Sie suchen neue Möbel für Ihr Unternehmen.
15. Sie arbeiten als Buchhalterin und möchten Ihr Fachwissen verbessern.
16. Sie möchten Ihre Englischkenntnisse für den Beruf verbessern.
17. Sie möchten lernen, Produkte Ihres Unternehmens besser und sicherer vorzustellen.
18. Sie möchten lernen, wie man PC-Probleme selbst lösen kann.
19. Sie suchen eine Firma, die den Umzug Ihrer Büroräume übernimmt.
20. Sie suchen Interessenten für Ihre alten, nicht mehr gebrauchten Computer.

Hörverstehen Teil 1

Seite 32, Aufgabe 1
Thema: Gesetze zu den Ladenöffnungszeiten in Deutschland

Seite 34, Schritt 1
42. Für Herrn Weiß hat der Stress in den letzen Jahren zugenommen.
43. Erika Bleibtreu arbeitet sehr gern in ihrem Beruf.
44. Herr Baum ist mit seiner Arbeit sehr unzufrieden.
45. Frau Schmitz hat keine Probleme mit Schichtarbeit.

Thema: Zufriedenheit im Beruf

Hörverstehen Teil 2

Seite 36, Aufgabe 1
1. auf Nummer 1 in der Hitliste der beliebtesten Weihnachtsgeschenke stehen
2. preiswert
3. andere Geschenkvarianten
4. der Umsatz ist gesunken

Seite 36, Aufgabe 2
1. +; 2. +; 3. –; 4. –

Seite 38, Schritt 1
47. Herr Groß bekommt andere Medikamente als früher.
48. Herr Lehrbach ist gelernter Gesundheits- und Krankenpfleger.

49. Er soll nach jedem Dienst im Büro anrufen.
50. Herr Groß klagt oft über den Pflegedienst.
51. Herr Groß hat seine Essgewohnheiten geändert.
52. Herr Lehrbach kennt die technischen Hilfsmittel beim Kunden noch nicht.
53. Frau Bauer ist für die Dienstpläne nicht allein zuständig.
54. Nachtdienste sind sehr unbeliebt.
55. Herr Lehrbach darf außerhalb der Arbeit mit niemandem über seine Kunden sprechen.

Thema: Erstes Gespräch zwischen Chefin und neuem Mitarbeiter

Hörverstehen Teil 3

Seite 41, Aufgabe 1
Fluggäste, die nach Frankfurt fliegen wollen, sollen zum Ausgang 12 gehen.

Seite 41, Aufgabe 2
Die Aussage ist falsch (–).

Seite 42, Schritt 1
56. Herr Gebauer hat diese Woche keine Zeit.
57. Sie kommen pünktlich zu Ihrem Geschäftstermin.
58. Der Anrufer möchte einen Termin verschieben.
59. Die Vorschriften zur Arbeitssicherheit werden zu wenig beachtet.
60. Sie suchen zwei Flüge nach München.

Schriftlicher Ausdruck

Seite 45, Aufgabe 1
Beispiel:
*Sehr geehrte Damen und Herren,
wir sind ein international tätiges Unternehmen und interessieren uns für Ihre Sprachkurse. Da wir viele Geschäfte mit Asien machen, sollen unsere Mitarbeiter Chinesisch lernen.
In diesem Zusammenhang wüssten wir gerne, ob Ihre Sprachtrainer auch zu uns in die Firma kommen und bereits um 7 Uhr morgens unterrichten könnten.
Außerdem interessiert uns, ob es auch Einzelunterricht gibt und wie viel eine Unterrichtsstunde kostet.
Wir würden uns freuen, wenn Sie uns bald antworten würden.
Mit freundlichen Grüßen*

Seite 46
Beispiel:

*Gastroservice International   Bonn, 30.4.
Pfälzer Straße 1
53111 Bonn*

*An das Hotel Zur Sonne
Breslauer Platz 12
50668 Köln*

Ihre Reklamation vom 27.4.

*Sehr geehrte Frau Selig,
bitte entschuldigen Sie die Falschlieferung durch unser Unternehmen. Es tut uns sehr leid, dass wir Ihnen Unannehmlichkeiten gemacht haben.
Der Grund für die Falschlieferung war ein Fehler in unserem Computerprogramm. Wir arbeiten erst seit einem Monat mit dem neuen Programm, deshalb passieren uns leider noch manchmal Fehler.
Natürlich werden wir unseren Irrtum korrigieren und Ihnen sofort die bestellten Wäschewagen schicken. Sie sind sicher spätestens Ende der Woche bei Ihnen.
Außerdem möchten wir uns gerne mit einem kleinen Geschenk bei Ihnen entschuldigen. Bitte suchen Sie sich aus unserem Katalog etwas im Wert von bis zu 100 Euro aus. Glauben Sie, dass Sie etwas Nützliches finden? Wir hoffen es.
Mit freundlichen Grüßen
Anja Ranitzki*

Mündliche Prüfung Teil 1: Kontaktaufnahme

Seite 53, Aufgabe 1
Tom reagiert nur und ist nicht aktiv am Gespräch beteiligt. Er stellt keine Fragen.
So könnte das Gespräch verbessert werden:
▶ *Hallo, wie heißt du?*
● *Tom, und du?*
▶ *Julia. Sag mal, Tom, wo wohnst du?*
● *In Berlin. Du auch?*
▶ *Ja.*
● *Julia, woher kommst du?*
▶ *Aus Polen. Und du?*
● *Ich komme aus Großbritannien. Und wie lange bist du schon in Deutschland?*
▶ *…*

Seite 53, Aufgabe 2
Beispiel (Anfang siehe Aufgabe 1 oben):
- *Und wie lange bist du schon in Deutschland?*
- ▶ *Seit drei Monaten. Ich wohne in Berlin in einer WG mit Studenten. Aber am Wochenende besuche ich oft meine Familie in Polen. Und du?*
- *Ich bin seit sechs Monaten in Deutschland. Ich wohne in einer eigenen kleinen Wohnung. Wo hast du denn so gut Deutsch gelernt?*
- ▶ *In Polen. Ich habe aber auch in Deutschland Sprachferien gemacht und einen Kurs an der Volkshochschule besucht. Und du?*
- *Ich habe auch schon zu Hause Deutsch gelernt und dann Kurse beim Goethe-Institut hier in Berlin gemacht.*
- ▶ *Sag mal, Julia, was willst du weiter machen? Willst du hier in Berlin bleiben?*
- *Ja, ich möchte zuerst weiter Deutsch lernen und dann hier studieren. Was sind deine Pläne, Tom?*
- ▶ *Na ja, Deutschkurse möchte ich natürlich auch noch machen, aber ich muss erst einen Job finden.*
- *Was machst du?*
- ▶ *Ich bin Programmierer und ich hoffe, dass ich bald eine Arbeit finde. Und was willst du studieren?*
- *Auf jeden Fall Sprachen. Germanistik und vielleicht noch andere Sprachen, Sprachen sind mein Hobby. Welche Sprachen sprichst du, Tom?*
- ▶ *Natürlich Englisch, dann Deutsch und ich würde sehr gerne Chinesisch lernen. Mal sehen, wenn ich ein bisschen mehr Zeit habe, fange ich vielleicht an.*
- *Das ist bestimmt interessant. Ich spreche natürlich Polnisch und Deutsch und außerdem …*

Mündliche Prüfung Teil 2: Gespräch über ein Thema

Seite 55, Aufgabe 1
Thema: Ist ein Leben ohne Auto möglich?

Seite 55, Aufgabe 2
Beispiel:
Hans Kleinschmidt erzählt, dass er weder beruflich noch privat auf ein Auto verzichten könnte.

Seite 56/57
Beispiel:
A: *Mir liegt ein Bericht von Martin Arnsburger vor. Er arbeitet nachts als Paketzusteller. Er sagt, dass die Nachtarbeit anfangs sehr schwierig für ihn war. Momentan findet er die Nachtarbeit aber angenehmer als die wechselnden Arbeitszeiten, die er vorher hatte. Er findet es gut, dass er bei der Nachtarbeit viel verdient. Martin lebt allein und seiner Meinung nach wäre Nachtarbeit schwieriger, wenn er eine Familie hätte.*

B: *Mir liegt eine Äußerung von der Ärztin Martha Steinbach vor, die über die gesundheitlichen Folgen der Nachtarbeit spricht. Sie ist der Meinung, dass Nachtarbeit die Gesundheit sehr belastet. Sie berichtet, dass viele Patienten, die nachts arbeiten, zu wenig Schlaf bekommen, zu viel Kaffee trinken, Schlaftabletten nehmen und nervös sind. Ihrer Meinung nach sollte man am besten möglichst wenig nachts arbeiten. Wenn man nachts arbeitet, sollte man sich gesund ernähren. Vor dem Schlafengehen empfiehlt Frau Steinbach einen Spaziergang. Sie meint, dass man sich in der Freizeit viel bewegen sollte.*

Gespräch A + B: persönliche Erfahrungen mit Nachtarbeit, wenn keine direkten Erfahrungen: vorstellbar oder eher nicht? mit dem Privatleben / der Familie vereinbar? Vor- und Nachteile Nachtarbeit – Schichtarbeit

Mündliche Prüfung Teil 3: Gemeinsam ein Problem lösen

Seite 59, Aufgabe 1
Beispiel:
- Wann: mittags während der Pause, an einem Abend in der Woche direkt nach der Arbeit oder etwas später, am Wochenende; zu bedenken: mittags wenig Zeit, in der Woche muss man am nächsten Morgen früh raus, am Wochenende sind vielleicht nicht alle da
- Wo: auf der Station, im Park, in einem Restaurant; zu bedenken: Atmosphäre, Wetter, Kosten
- Geschenk: Fotoalbum mit allen Kolleginnen und Kollegen, Gutschein für ein Buch, Material für ihr Hobby; zu bedenken: Was ist für die Kollegin am sinnvollsten, wenn sie bald nicht mehr arbeiten wird?
- Wen einladen: die ganze Station, nur die engen Kolleginnen und Kollegen, auch von anderen Stationen nette Kolleginnen und Kollegen; zu bedenken: Sympathie und Antipathie, Größe der Feier

Seite 59, Aufgabe 2

Situation 1 – Beispiel:
- Abholung vom Flughafen: nur durch den Sekretär oder besser von der Chefin; zu bedenken: Chefin hat wenig Zeit
- Übernachtung: sehr teures Hotel oder lieber etwas preiswerter, in der Innenstadt oder näher bei der Firma; zu bedenken: Kosten, angenehme Lage für Kunden
- Produkte vorstellen: direkt nach der Ankunft oder erst nach dem Mittagessen oder erst am nächsten Tag; zu bedenken: Kunde sollte ausgeruht und interessiert sein
- Abendessen: am ersten oder am letzten Abend des Besuchs, mit der ganzen Firma oder nur mit der Geschäftsführung, Restaurant mit Essen des Heimatlandes des Gastes oder lieber deutsches Essen; zu bedenken: Kosten, Genuss für den Gast
- Freizeitprogramm für den Gast: alles organisiert oder lieber viel Freizeit, begleitet von Mitarbeitern der Firma oder allein; zu bedenken: Zeit, Kosten

Situation 2 – Beispiel:
- Wo: in der Nähe der Firma oder lieber in der Innenstadt oder im Grünen; zu bedenken: Ort soll schön sein, gut erreichbar für alle, Nachhauseweg sollte nicht zu lang sein
- Essen: vorher wählen oder Menü für alle; zu bedenken: Zeitaufwand, Kosten und persönlicher Geschmack, gibt es Vegetarier
- Sitzordnung: frei oder vorgegeben; zu bedenken: Sollen die Kolleginnen und Kollegen sich neu mischen oder sind bekannte Gruppen besser
- Musik: jeder bringt mit, was ihm gefällt, professioneller DJ, ein Kollege / eine Kollegin übernimmt die Musik; zu bedenken: verschiedene Geschmäcker, soll getanzt werden
- nette Überraschung: Besuch des Weihnachtsmanns, ein echtes Rentier, Christkind, kleines Geschenk für alle; zu bedenken: Kosten, Geschmack der Kolleginnen und Kollegen

Seite 60
- Öffnungszeiten: ab morgens durchgehend, ab morgens mit Pausen, nur mittags; zu bedenken: Kosten, wann möchte man essen, ist Frühstück in der Firma notwendig
- Speiseplan: mehrere warme Gerichte zur Auswahl, Salat, Desserts, Suppen; zu bedenken: Kosten, vegetarische oder vegane Gerichte notwendig, wie viel Auswahl muss sein
- Köche einstellen oder Fremdfirma beauftragen: frisches Essen oder nur aufwärmen; zu bedenken: Kosten, Qualität
- nur als Restaurant nutzbar oder Ort für Feste, Feiern, Events: Ausstattung je nach Zweck, wenn nur Restaurant andere Ausstattung als für Feste, z. B. Musikanlage und/oder kleine Bühne; zu bedenken: Möglichkeiten im Raum, Größe, Kosten, Bedarf der Firma
- Einrichtung: eher gemütlich oder praktisch; zu bedenken: Kosten, Reinigung, Geschmack der Mitarbeiter und Profil der Firma
- Preispolitik: hohe Qualität und niedrige Preise; zu bedenken: welches Preis-/Leistungsverhältnis ist möglich, wie viel kann maximal für ein warmes Essen bezahlt werden

Wortschatztraining

Personalien

1. Beispiele:
   1. Sind Sie / Bist du ledig?
   2. Hast du / Haben Sie Geschwister?
   3. Was ist Ihre/deine Nationalität? / Woher kommen Sie / kommst du?
   4. Wie lange sind Sie / bist du in Deutschland?
   5. Wie wohnen Sie / wohnst du?
   6. Haben Sie / hast du Kinder?
   7. Welche Sprachen sprechen Sie / sprichst du?
   8. Was sind Sie / bist du von Beruf?
   9. Wie lange arbeiten Sie / arbeitest du schon als …?
   10. Gefällt Ihnen Ihr / dir dein Beruf?
   11. Müssen Sie / Musst du Überstunden machen / lange arbeiten?
   12. Wie ist Ihre/deine E-Mail-Adresse?

2. 1. die Telefonnummer; 2. ledig; 3. allein; 4. die Freundin; 5. bequem; 6. hoch; 7. Gehalt

3. 1. darf; 2. arbeite; 3. Bereich; 4. zuständig; 5. zusammen; 6. Aufgaben; 7. kümmere; 8. erreichbar

Lösungen

Arbeit und Beruf allgemein

2. Beispiele:
   Die Ärztin untersucht kranke Menschen.
   Der Lehrer unterrichtet Schüler.
   Die Bürokauffrau schreibt Rechnungen.
   Der Automechaniker repariert Autos.
   Die Hotelfachfrau arbeitet an der Rezeption.
   Der Schreiner baut Möbel.
   Der Verkäufer verkauft Waren.
   Die Erzieherin kümmert sich um Kinder.
   Die Gesundheits- und Krankenpflegerin pflegt alte und kranke Menschen.
   Der Friseur schneidet Haare.
   Der Kellner bedient Gäste.
   Der Lagerist packt Waren ein und aus.
   Der Roomboy macht die Hotelzimmer sauber.
   Der Altenpfleger arbeitet im Seniorenheim.

3. im Kindergarten: Erzieher
   in der Gärtnerei: Gärtnerin
   in der Werkstatt: Automechaniker, Schreiner
   im Seniorenheim: Altenpfleger
   im Lager: Lagerist
   in der Wohnung: Elektriker, Maler, Installateur, Fliesenleger
   im Krankenhaus: Arzt
   im Hotel: Roomboy, Nachtportier
   auf der Baustelle: Elektriker, Maler, Installateur, Architekt, Bauarbeiter, Fliesenleger
   in der Fabrik: Lackierer, Bandarbeiter
   im Labor: Laborant
   im Büro: Architekt
   im Restaurant: Kellner, Koch
   in der Küche: Koch
   im Kaufhaus: Verkäufer

4. Lagerist: Gabelstapler
   Bürokaufmann/-frau: PC/Laptop, Papier, Drucker, Kugelschreiber, Faxgerät
   Handwerker: Werkzeug, Schraubenschlüssel, Helm
   Verkäufer: Wechselgeld
   Informatiker: PC/Laptop, Papier, Drucker, Kugelschreiber
   Journalist: Papier, Kugelschreiber, PC/Laptop
   Reinigungspersonal: Putzeimer, Schwamm, Wasser, Staubsauger
   Friseur: Schere
   Bauarbeiter: Helm, Werkzeug
   Taxifahrer: Navigationsgerät
   Lehrer: Beamer, Schwamm, Tafel, Kreide
   Arzt: Spritze
   Gärtner: Gießkanne

5. 1. G; 2. C; 3. A; 4. E; 5. D; 6. H; 7. F; 8. B

6. 1. F; 2. E; 3. C; 4. G; 5. A; 6. D; 7. B
   Beispiele:
   Es macht mir Spaß, diese Tätigkeit auszuüben.
   Leider verdiene ich damit nicht viel Geld.
   Viele neue Arbeitsplätze wurden geschaffen.
   In meinem Beruf habe ich schon viele Erfahrungen gesammelt.
   Meine Frau macht manchmal sehr viele Überstunden.
   Ich habe mich selbstständig gemacht.
   Die Produkte, die wir herstellen, haben eine sehr hohe Qualität.

7. 2. Schichtarbeit; 3. Gewerkschaft; 4. Kündigung; 5. Betriebsrat; 6. angestellt; 7. Rente; 8. Praktikum; 9. Lebenslauf; 10. Gehalt; 11. Vorstellungsgespräch; 12. Teilzeit/halbtags, halbtags/ Teilzeit; 13. Streik; 14. Abteilungsleiter

8. 1. die Gewerkschaft; 2. die Kantine; 3. der Arbeitgeber; 4. der Betriebsrat; 5. die Niederlassung; 6. die Mitarbeiter

9. 1. Buchhaltung; 2. Versand; 3. Qualitätssicherung; 4. Vertrieb; 5. Labor; 6. Personalabteilung; 7. Lager; 8. Geschäftsleitung; 9. Marketing; 10. Montage; 11. Kundendienst

   Lösung: (das) Unternehmen

10. Beispiel:
    Im Unternehmen wird ein Produkt geplant und anschließend konstruiert. Dann wird es hergestellt. Danach geht es in die Abteilung Qualitätssicherung. Dort wird es geprüft und kontrolliert.
    Nachdem eine Kundenbestellung eingegangen ist, wird das Produkt versendet. Der Lieferung wird eine Rechnung beigelegt, die der Kunde nach Wareneingang bezahlt. Bei Nichtzahlung erfolgt eine Mahnung/Zahlungserinnerung / wird der Kunde gemahnt.

11. die Terminabsage, die Terminanfrage, die Terminbestätigung, die Terminänderung, die Terminplanung, der Termindruck, die Terminverschiebung, der Terminkalender, die Terminzusage, der Terminvorschlag, die Terminschwierigkeiten

12. 1. Terminverschiebung; 2. Terminkalender; 3. Terminbestätigung/Terminzusage; 4. Termindruck

13. 2. vereinbaren; 3. bestätigen; 4. verschieben; 5. ändern; 6. absagen

14. Beispiele:
    1. *Lieber Herr Beckmann,*
       hiermit möchte ich den Termin bestätigen.
       Wir sehen uns dann am 12. Dezember, 15 Uhr.
       Viele Grüße

    2. *Lieber Herr Beckmann,*
       leider kann ich zum vorgeschlagenen Termin nicht kommen, weil ich einen Kundentermin habe. Könnten wir den Termin auf Dienstag, 17 Uhr, verschieben?
       Vielen Dank und Grüße

15. 1. A; 2. B; 3. B; 4. A; 5. A; 6. B; 7. A; 8. B; 9. A; 10. A

16. 1. C; 2. B; 3. E; 4. D; 5. A

Im Büro

1. 1. Terminkalender; 2. Schublade; 3. Maus; 4. Telefon; 5. Kugelschreiber; 6. Stempel; 7. Rollcontainer; 8. Papierkorb; 9. Bleistift; 10. Locher; 11. Aktenschrank; 12. Tastatur; 13. Drehstuhl; 14. Büroklammer; 15. Notizblock; 16. Computer/PC; 17. Drucker; 18. Taschenrechner; 19. Pinnwand; 20. Klebestift; 21. Lautsprecher; 22. Hefter/Tacker; 23. Ablage; 24. Aktenordner; 25. Bildschirm; 26. Schreibtisch; 27. Schreibtischlampe

2. Beispiele:
   Im Aktenschrank werden Akten aufbewahrt.
   In den Rollcontainer werden Papiere eingeordnet.
   Auf dem Notizblock notiere ich etwas.
   Um Unterlagen zu stempeln, brauche ich einen Stempel.
   Mit dem Taschenrechner addiere ich Beträge.
   Notizen hängt man an der Pinnwand auf.
   Im Terminkalender trage ich meine Termine ein.
   Wenn ich etwas ausdrucken möchte, brauche ich/ benutze ich den Drucker.
   Um etwas aufzukleben, brauche ich einen Klebestift.
   Am PC schreibe ich eine E-Mail.
   Büromaterial bewahre ich in der Schublade auf.

3. Damen und Herren, Bestellung, liefern, eintreffen, Angebote

4. die Warenannahme, das Warenangebot, der Warenausgang, der Wareneingang, das Warenhaus, das Warenlager, die Warenlieferung, die Warensendung, das Warensortiment

5. 1. Warenlieferung; 2. Wareneingang; 3. Warenangebot

Geschäftskorrespondenz

1. 1. benötigen; 2. Könnten; 3. zusenden; 4. Bemühungen

2. 1. Anfrage; 2. Preise; 3. zuzüglich; 4. Versandkosten

3. 1. Angebot; 2. bestellen; 3. Mitteilung

4. 1. Bestellung; 2. bestätigen; 3. Waren; 4. eintreffen; 5. fällig; 6. beachten

5. 1. schickt/sendet; 2. erstellt, schickt/sendet; 3. prüft; 4. liefert, stellt; 5. prüft; 6. nimmt ... an, verweigert; 7. bezahlt

6. 1. Lieferung; 2. erhalten; 3. Spediteur; 4. zurückzutreten

7. 1. Zahlungseingang; 2. feststellen; 3. Betrag; 4. überweisen; 5. Rechnung

8. Beispiele:
   Situation 1
   Betreff: Arbeitshandschuhe Bestellnummer GGS 161772 - Falschlieferung
   Sehr geehrte Damen und Herren, wir haben bei Ihnen am 12. März einen Satz Arbeitshandschuhe bestellt. Leider haben Sie uns nicht die bestellten Handschuhe geliefert, sondern Arbeitsschuhe. Wir haben den Fehler sofort festgestellt und dem Kurier die Falschlieferung wieder mitgegeben. Bitte liefern Sie uns die Arbeitshandschuhe schnellstmöglich. Mit freundlichen Grüßen

   Situation 2
   Betreff: Lieferung Druckerpatronen XT-6015
   Sehr geehrte Damen und Herren, wir warten immer noch auf die Lieferung der XT-6015. Sie sollten heute bei uns eintreffen und jetzt ist es bereits 16 Uhr. Ich bitte Sie um eine kurze Mitteilung, wann wir mit der Lieferung rechnen können. Mit freundlichen Grüßen

Lösungen

Arbeitsrecht und Arbeitsbedingungen

1. 2. C) die; 3. H) die; 4. B) die; 5. F) der; 6. A) die; 7. G) die; 8. D) die

2. 1. Sozialversicherung; 2. Arbeitsschutz; 3. Überstunden; 4. Frühschicht; 5. Stundenlohn; 6. Gehaltsabrechnung; 7. Probezeit; 8. Kündigungsfrist

3. 1. der Solidaritätszuschlag; 2. der Ortszuschlag; 3. das Bruttogehalt; 4. die Sozialversicherung; 5. die Lohnsteuer; 6. die Kirchensteuer

4. 1. falsch; 2. falsch; 3. richtig; 4. falsch; 5. richtig; 6. falsch

Arbeitssuche

1. 2. D) die; 3. B) der; 4. I) die; 5. F) die; 6. E) die; 7. C) die; 8. A) das; 9. H) der

2. 1. Vorstellungsgespräch; 2. Zeitarbeitsfirma; 3. Stundenlohn; 4. Nebenjob; 5. Stellenanzeigen; 6. Berufserfahrung

3. 1. Ausbildung; 2. werden; 3. Weiterbildung; 4. Erfahrung

4. 1. E; 2. A; 3. C

5. die Bewerbungsmappe, der Lebenslauf, die Zeugniskopie, die Stellenanzeige, das Vorstellungsgespräch, der Arbeitsvertrag

6. 1. Seite; 2. Fähigkeiten, Stärken; 3. Erfahrungen, Kenntnisse

7. 1. J); 2. H); 3. A); 4 I); 5. C); 6. B); 7. E); 8. M); 9. F); 10. D)

Aus- und Weiterbildung

1. die Schule besuchen/abschließen, eine Lehre abschließen/machen, einen Kurs abschließen/absolvieren/bestehen/machen/besuchen/vorbereiten, an einem Kurs teilnehmen, die Universität abschließen/besuchen, einen Abschluss machen/bekommen, eine Prüfung ablegen/absolvieren/bestehen/machen, sich zu einer Prüfung anmelden/ein Zeugnis bekommen, sich auf das Examen vorbereiten, eine Ausbildung abschließen/absolvieren/machen

2. 2. E); 3. A); 4. F); 5. H); 6. G); 7. B); 8. D)

3. 1. Lehrling, Azubi; 2. Geselle; 3. Meister

4. 1. C); 2. B)

5. 1. E); 2. F); 3. A); 4. G); 5. H); 6. C); 7. D)

Werkzeuge und Arbeitsmittel

1. 1. Spachtel; 2. Dübel; 3. Farbe; 4. Schraubenzieher; 5. Nagel; 6. Wasserwaage; 7. Bürste; 8. Tapezierpinsel; 9. Bohrmaschine; 10. Plane; 11. Schraube; 12. Tapeziertisch; 13. Mutter; 14. Farbroller; 15. Zollstock; 16. Eimer; 17. Zange; 18. Schraubenschlüssel; 19. Schwamm; 20. Hammer; 21. Säge

2. 1. entfernen; 2. bohren; 3. steigen; 4. eindrehen; 5. sägen; 6. messen; 7. streichen; 8. auslegen; 9. einschlagen; 10. reinigen

Mobilität

1. Beispiele:
    1. *Biegen Sie an der Ecke nach links ab und dann gehen Sie geradeaus. An der zweiten Kreuzung biegen Sie nach rechts ab. Dort sehen Sie schon die Post.*
    2. *Gehen Sie bis zur Kreuzung und biegen Sie dann links ab. Dort sehen Sie auf der anderen Straßenseite einen Park. Gehen Sie durch den Park, das Hotel befindet sich gleich hinter dem Park.*
    3. *Das Kongresszentrum ist hier gleich um die Ecke. Biegen Sie vorne links ab und dann sehen Sie es schon auf der linken Seite.*
    4. *Vorne an der Kreuzung müssen Sie nach links abbiegen. Gehen Sie dann immer geradeaus. Am Ende der Straße müssen Sie nach links und dann gleich wieder nach rechts. Dann gehen Sie noch ein Stück geradeaus und nach ca. 200 Metern sehen Sie auf der linken Seite den Bahnhof.*

2. 1. umsteigen; 2. Doppelzimmer; 3. zurück; 4. Verkehrsmittel; 5. Gleis; 6. Landung; 7. Rezeption; 8. Formular
    Lösung: (das) Souvenir

3. 1. C); 2. B); 3. A)

4. 1. Fahrkarten; 2. hin; 3. Verbindung; 4. fahren … ab; 5. umsteigen; 6. Rückfahrt; 7. Abfahrt; 8. kommen … an; 9. Person

5. 1. richtig; 2. falsch

Lösungen

In der Gastronomie

1. Milchprodukte: die Butter, der Käse, die Milch, die Sahne, (der Pudding)
   Obst: die Banane, der Apfel, die Birne, die Apfelsine, die Zitrone
   Gemüse: die Kartoffel, die Zwiebel, die Karotte, die Tomate
   Gewürze: der Knoblauch, das Salz, der Pfeffer
   Wurst und Fleischprodukte: der Schinken, die Salami, das Geflügel, das Hähnchen, das Rindersteak
   Backwaren: der Kuchen, das Brötchen, das Brot
   Süßigkeiten: (der Kuchen), das Eis, die Schokolade, der Pudding
   Getränke: das Bier, der Apfelsaft, der Wein, das Mineralwasser

2. 1. der Apfelkuchen; 2. die Kräuterbutter; 3. die Tomatensauce; 4. der Orangensaft; 5. das Erdbeereis; 6. das Käsebrötchen

3. Milch: ein Glas, eine Flasche, ein Kasten
   Saft: ein Glas, eine Flasche, ein Kasten
   Butter: ein Stück
   Schokolade: ein Stück, eine Tafel, ein Glas heiße Schokolade
   Wasser: ein Glas, eine Flasche, ein Kasten
   Erbsen: ein Glas, eine Dose
   Zucker: ein Stück, ein Päckchen

4. 1. schälen; 2. waschen; 3. schneiden; 5. dazugeben; 6. würzen; 7. braten

5. 1. Küchenmaschine; 2. Dosenöffner; 3. Backblech; 4. Küchenwaage; 5. Schüssel; 6. Kelle; 7. Bratpfanne; 8. Geschirrspülmaschine; 9. Kochlöffel; 10. Sieb; 11. Topf; 12. Herd/Backofen; 13. Nudelholz; 14. Deckel; 15. Mikrowelle

6. 1. bestellt; 2. fett; 3. Beilage; 4. vegetarische; 5. Nachtisch

Im Hotel

1. 1. Kleiderbügel; 2. Lampe; 3. Bettdecke; 4. Kopfkissen; 5. Stuhl; 6. Nachttisch; 7. Bettlaken; 8. Bett; 9. Teppich; 10. Tisch; 11. Papierkorb; 12. Sessel; 13. Kleiderschrank; 14. Fernseher; 15. Fernbedienung; 16. Safe; 17. Minibar; 18. Gardine/Vorhang; 19. Telefon; 20. Aschenbecher

2. das Anmeldeformular, das Doppelzimmer, das Einzelzimmer, das Gepäck, die Halbpension, die Hauptsaison, der Koffer, die Rezeption, die Reservierung, die Übernachtung

3. 1. Zahncreme; 2. Spiegel; 3. Zahnbürste; 4. Dusche; 5. Duschgel; 6. Föhn; 7. Seife; 8. Shampoo; 9. Badewanne; 10. Waschbecken; 11. Toilette; 12. Toilettenpapier; 13. Wasserhahn; 14. Handtuch

Körper und Gesundheit

1. die Hand, die Hände; der Kopf, die Köpfe; das Bein, die Beine; das Knie, die Knie; die Nase, die Nasen; das Ohr, die Ohren; das Haar, die Haare; der Arm, die Arme; der Hals, die Hälse; der Finger, die Finger; der Zahn, die Zähne; das Auge, die Augen

2. Beispiele:
   hören: die Ohren
   sprechen: der Mund, die Zunge
   greifen: die Hand
   lesen: die Augen
   schreiben: die Hand
   essen: der Mund, die Zunge
   laufen: die Füße, die Beine
   riechen: die Nase
   schwimmen: die Arme, die Beine, der Rücken
   klettern: die Finger, die Hände, die Füße

3. 1. die Drogerie; 2. das Rezept; 3. die Operation; 4. das Pflaster; 5. das Verbandszeug; 6. das Labor

4. 1. die Erkältung; 2. sich verletzten; 3. der Husten; 4. bluten; 5. die Untersuchung; 6. operieren

5. 1. Spritze; 2. Tabletten; 3. Salbe; 4. Spray; 5. -saft; 6. Verband; 7. Pflaster; 8. Tropfen

6. 1. C); 2. E); 3. B); 4. A); 5. D)

Im Krankenhaus

1. die Ambulanz, die Chirurgie, die Gynäkologie, die Intensivstation, die Kinderstation, die Neurologie, die Notaufnahme, der Operationssaal, die Radiologie, die Röntgenabteilung

2. Spritzen geben, Verbände wechseln, Medikamente verteilen/geben/austeilen, die Angst nehmen, Bewohner trösten/betreuen, bei der Körperpflege helfen, mit den Menschen sprechen, bei einer Entbindung helfen, die Betten machen, Blutdruck messen, Essen verteilen/austeilen/geben

3. Beispiele:
   Der Gesundheits- und Krankenpfleger hilft Patienten bei der Körperpflege.
   Die Hebamme hilft bei einer Entbindung.
   Die Ärztin spricht mit den Menschen.

4. Beispiele:
   Mit der Seife wasche ich den Patienten.
   Mit dem Handtuch trockne ich den Patienten ab.
   Mit der Schere schneide ich ihm die Nägel.
   Mit dem Föhn trockne ich seine Haare.
   Mit dem Kamm kämme ich ihn und mit dem Rasierapparat rasiere ich ihn.

Gesundheit am Arbeitsplatz

1. 1. H); 2. A); 3. C); 4. G); 5. I); 6. D); 7. E); 8. B); 9. F)

2. Gebote:
   C) Hier muss man Handschuhe tragen.
   G) Hier muss man einen Kopfschutz/Helm tragen.
   E) Hier muss man einen Ohrenschutz tragen.
   F) Hier muss man eine Schutzbrille tragen.

   Verbote:
   H) Das Wasser darf man nicht trinken.
   D) Hier darf man keine Mobiltelefone benutzen.
   B) Hier darf man kein offenes Feuer machen.

   Hinweise:
   A) Achtung, dieser Stoff ist gefährlich, nicht anfassen!
   I) Achtung, hier besteht Rutschgefahr!

Umwelt

1. 1. B); 2. C); 3. D); 4. A)

2. 1. C); 2. D); 3. A); 4. B)

3. 1. gesammelt; 2. vermeiden; 3. entsorgen; 4. Deponie; 5. wiederzuverwerten

4. 1. der Lärm; 2. der Wind; 3. die Sonnenenergie; 4. Abgase; 5. steigern; 6. sammeln; 7. versorgen

5. 2. die Trennung; 3. der Verbrauch; 4. die (Be-)Nutzung; 5. die Reduktion; 6. die Begrenzung; 7. die Vermeidung; 8. die Entsorgung

Informationstechniken

1.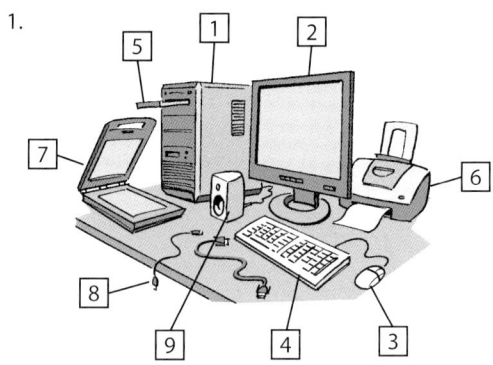

2. 1. ausschalten; 2. verbinden; 3. surfen; 4. arbeiten

3. 1. verbinden; 2. anschließen; 3. einlegen; 4. anschließen; 5. speichern; 6. herunterladen; 7. versenden; 8. schützen; 9. drücken

4. Beispiel:
   Zuerst schalte ich den Computer ein. Dann öffne ich eine neue Datei. Ich schreibe meinen Text und drucke ihn aus. Bevor ich die Datei schließe, speichere ich sie. Schließlich schalte ich den Computer aus.

Banken und Post

1. ausgeben, abheben, sparen, einzahlen, überweisen

2. 1. EC-Karte, Geldautomaten; 2. Konto; 3. Bankleitzahl; 4. Kredit; 5. Zinsen

3. 1. Geldschein; 2. Kontoauszug; 3. Raten; 4. Geheimzahl; 5. Bargeld; 6. Bankleitzahl; 7. Münzen; 8. sparen
   Lösung: Guthaben

4. 1. B); 2. D); 3. A); 4. C); 5. G); 6. F); 7. E)

5. 1. aufnehmen; 2. gründen; 3. Eigenkapital; 4. Einnahmen; 5. Firmenwagen; 6. Zinsen; 7. Monatsraten; 8. Unterlagen

6. 1. Briefkasten; 2. Absender; 3. Porto; 4. Empfänger; 5. Einschreiben; 6. Schalter

7. 1. aufkleben; 2. anstellen; 3. aufgeben

8. 2. abholen; 3. der Transport; 4. befördern; 5. die Zustellung; 6. wiegen

9. 1. Luftfracht; 2. Versandkosten; 3. Briefträger; 4. online; 5. Express; 6. verschicken; 7. Päckchen; 8. Spedition; 9. Nachnahme; 10. Container

Grammatiktraining

Modalverben

1. 1. kann; 2. muss; 3. darf; 4. soll; 5. kann; 6. will

2. 1. Mussten Sie letzte Woche Überstunden machen?
   2. Frau Gonzalez musste gestern länger arbeiten.
   3. Sie müssen mit der Chefin sprechen.
   4. Warum wollten Sie den Kunden nicht anrufen?
   5. Herr Schade sollte Kopierpapier bestellen.
   6. Ich soll nächste Woche einen neuen Kunden besuchen.
   7. Wir konnten letzte Woche nicht für die Prüfung lernen.
   8. Warum konntet ihr zum Termin letzten Montag nicht kommen?
   9. Ich durfte das Werk nicht betreten.
   10. Man darf auf dem Firmenparkplatz tagsüber parken.

3. 1. Ich muss morgen in der Firma anrufen.
   2. Vielleicht soll/sollte ich heute schon anrufen?
   3. Ich kann nicht anrufen, weil ich mein Handy nicht finde.
   4. Will ich wirklich heute schon anrufen?
   5. Mein Freund sagt, ich soll heute noch nicht anrufen.
   6. Ich kann auch morgen direkt in der Firma vorbeigehen.
   7. Ich darf nicht so nervös sein!

Trennbare und untrennbare Verben

1. 1. Ich ziehe mich an und gehe los.
   2. Am Theaterplatz steige ich immer in die U-Bahn um.
   3. Am Bahnhof steige ich aus. Ich gehe in ein Café und bestelle einen Kaffee und frühstücke.
   4. Als Leiter der Verkaufsabteilung bearbeite ich Kundenaufträge, hole manchmal Waren ab oder besuche Kunden.
   5. Ich lese auch Angebote von Lieferanten durch und bereite Werbemaßnahmen vor.
   6. Abends sehe ich meistens etwas fern.

2. 1. Beginnen Sie bitte mit der Arbeit. – Ich habe sie schon begonnen. / Ich habe schon damit begonnen.
   2. Holen Sie bitte das Paket ab.
      – Ich habe es schon abgeholt.
   3. Rufen Sie bitte den Kollegen an.
      – Ich habe ihn schon angerufen.
   4. Bestellen Sie bitte die Waren.
      – Ich habe sie schon bestellt.
   5. Machen Sie bitte das Fenster zu.
      – Ich habe es schon zugemacht.
   6. Bereiten Sie bitte die Unterlagen vor.
      – Ich habe sie schon vorbereitet.
   7. Unterschreiben Sie bitte den Brief.
      – Ich habe ihn schon unterschrieben.
   8. Schalten Sie bitte den Computer an.
      – Ich habe ihn schon angeschaltet.

3. 1. Letzten Freitag habe ich erst spät mit der Arbeit angefangen.
   2. Leihst du mir die Projektbeschreibung aus?
      – Wenn du sie mir nächste Woche zurückgibst.
   3. Wann fahren wir los?
      – Ich schlage vor um 9 Uhr.
   4. Wir sind zu spät! Der Zug fährt gerade ab.
      – Reg dich nicht auf. Dann steigen wir in den nächsten Zug ein.
   5. Christine hat erzählt, dass die Besprechung gestern ausgefallen ist.
   6. Wissen Sie, wann die Besprechung jetzt stattfindet?
   7. Ich verstehe nicht, warum Sie sich immer noch nicht entscheiden.

Verben im Perfekt

1. 2. habe ... gefunden; 3. habe ... weggeschickt; 4. bekommen; 5. bin ... gegangen; 6. habe gehofft; 7. ist gekommen; 8. habe ... gesehen; 9. interessiert hat; 10. habe ... beworben; 11. hat ... angerufen; 12. eingeladen hat; 13. habe ... geschlafen; 14. bin ... aufgewacht; 15. bin ... geblieben; 16. bin ... aufgestanden; 17. habe ... gelesen; 18. ferngesehen; 19. haben telefoniert; 20. hat ... versprochen; 21. passiert ist; 22. bist ... umgezogen

2. fahren, einschlafen, bleiben, kommen, werden, aufwachen, sein, gehen, fliegen, aufstehen, passieren, umziehen

Verben im Präteritum

1. Regelmäßige Verben

Infinitiv	Präteritum	Perfekt
sagen	sagte	hat gesagt
fragen	fragte	hat gefragt
hören	hörte	hat gehört
leben	lebte	hat gelebt
suchen	suchte	hat gesucht
feststellen	stellte fest	hat festgestellt
frühstücken	frühstückte	hat gefrühstückt
arbeiten	arbeitete	hat gearbeitet
mitteilen	teilte mit	hat mitgeteilt
zeigen	zeigte	hat gezeigt
schenken	schenkte	hat geschenkt
glauben	glaubte	hat geglaubt

Unregelmäßige Verben

Infinitiv	Präteritum	Perfekt
sehen	sah	hat gesehen
fahren	fuhr	ist gefahren
kommen	kam	ist gekommen
rufen	rief	hat gerufen
schreiben	schrieb	hat geschrieben
liegen	lag	hat gelegen
gehen	ging	ist gegangen
geben	gab	hat gegeben
werden	wurde	ist geworden
bleiben	blieb	ist geblieben
sitzen	saß	hat gesessen
fliegen	flog	ist geflogen
gefallen	gefiel	hat gefallen
fallen	fiel	ist gefallen
schlafen	schlief	hat geschlafen
nehmen	nahm	hat genommen
bringen	brachte	hat gebracht
vorschlagen	schlug vor	hat vorgeschlagen
essen	aß	hat gegessen
trinken	trank	hat getrunken
treffen	traf	hat getroffen
denken	dachte	hat gedacht
wissen	wusste	hat gewusst
kennen	kannte	hat gekannt
nennen	nannte	hat genannt

2. 2. wollte; 3. sah; 4. war; 5. fuhr; 6. kam; 7. riefen; 8. stellte fest; 9. wurde; 10. wusste; 11. hatte; 12. mitteilten; 13. sagte; 14. teilnahmen; 15. begann; 16. dauerte; 17. fielen … aus; 18. fuhren; 19. gab … bekannt

Konjunktiv II

1. 1. B); 2. C); 3. B); 4. B)

2. 1. Es wäre besser, wenn wir den Auftrag nicht annehmen würden.
   2. Es wäre schön, wenn Sie mich zurückrufen würden.
   3. Anja wäre glücklich, wenn sie mehr verdienen würde.
   4. Ich würde mir wünschen, dass das Betriebsklima besser wäre.
   5. Es wäre gut, wenn die Messgeräte genauer funktionieren würden.

3. 1. Wenn ich nicht so viel arbeiten würde, wäre ich nicht so müde.
   2. Wenn die Mitarbeiter die Sicherheitsvorschriften beachten würden, würde es weniger Unfälle geben.
   3. Wenn wir für das Projekt mehr Zeit hätten, wäre das Ergebnis besser.
   4. Wenn Frau Holzmann als Betriebsrätin gewählt werden würde, könnte sie die Interessen der Mitarbeiter besser vertreten.

Passiv

1. 1. Früher wurde mit der Schreibmaschine geschrieben. Heute wird am Computer geschrieben.
   2. Früher wurden Briefe geschrieben. Heute werden SMS oder E-Mails geschrieben.
   3. Früher wurde mit dem Telefon telefoniert. Heute wird meistens mit dem Handy telefoniert.
   4. Früher wurde bar bezahlt. Heute wird oft mit Kreditkarte bezahlt.
   5. Früher wurde im Geschäft eingekauft. Heute wird online eingekauft.
   6. Früher wurde am Arbeitsplatz gearbeitet. Heute wird oft von zu Hause oder unterwegs gearbeitet.
   7. Früher wurden Produkte mit dem Schiff nach Amerika transportiert. Heute werden sie mit dem Flugzeug transportiert.

2. 1. C); 2. A); 3. C); 4. A); 5. B); 6. B)

Verben mit Präpositionen

1. abhängen von + D; achten auf + A; anfangen mit + D; anrufen bei + D; antworten auf + A; sich ärgern über + A; aufpassen auf + A; sich aufregen über + A; ausgeben für + A; sich bedanken für + A / bei + D; beginnen mit + D; sich beschweren über + A / bei + D; sich bewerben um + A / bei + D; bitten um + A; danken für + A; denken an + A; diskutieren über + A / mit + D; einladen zu + D; sich engagieren für + A / bei + D; sich entschuldigen für + A / bei + D; sich erinnern an + A; fragen nach + D; sich freuen auf/über + A; gehören zu + D; sich gewöhnen an + A; gratulieren zu + D; hoffen auf + A; sich informieren über + A / bei + D; sich interessieren für + A; sich kümmern um + A; nachdenken über + A; passen zu + D; reagieren auf + A; schicken an + A; sprechen über + A / mit/von + D; teilnehmen an + D; telefonieren mit + D; sich treffen mit + D; träumen von + D; sich unterhalten über + A / mit + D; sich verlassen auf + A; verzichten auf + A; sich vorbereiten auf + A; warten auf + A; sich wundern über + A; zweifeln an + D

2. **Akkusativ**
   an: denken, sich erinnern, sich gewöhnen, schicken
   auf: achten, antworten, aufpassen, sich freuen, hoffen, reagieren, sich verlassen, verzichten, sich vorbereiten, warten
   für: ausgeben, sich bedanken, danken, sich engagieren, sich entschuldigen, sich interessieren
   über: sich ärgern, sich aufregen, sich beschweren, diskutieren, sich freuen, sich informieren, nachdenken, sprechen, sich unterhalten, sich wundern
   um: sich bewerben, bitten, sich kümmern

   Dativ
   an: teilnehmen, zweifeln
   mit: anfangen, beginnen, diskutieren, sprechen, telefonieren, sich treffen, sich unterhalten
   nach: fragen
   von: abhängen, träumen, sprechen
   zu: einladen, gehören, gratulieren, passen
   bei: anrufen, sich bedanken, sich beschweren, sich bewerben, sich engagieren, sich entschuldigen, sich informieren

   Beispiele:
   Achten Sie auf den Verkehr!
   An Nachtarbeit kann ich mich nicht gewöhnen.
   Ich bereite mich auf die Prüfung vor.
   Erinnern Sie sich an diesen Kunden?
   Wir gratulieren unserer Mitarbeiterin zum Geburtstag.
   Der Lieferant beschwert sich über die schlechte Zahlungsmoral.

3. 1. auf; 2. um; 3. für; 4. auf; 5. mit; 6. über; 7. über; 8. für; 9. über; 10. auf; 11. an; 12. auf

4. 1. ● Über wen beschwerst du dich?
      ▶ Über unseren Chef.
      ● Über ihn beschwert sich die ganze Abteilung.
   2. ● Wofür interessierst du dich?
      ▶ Für die Arbeit im Kundendienst.
      ● Dafür interessiere ich mich überhaupt nicht.
   3. ● Woran kannst du dich nicht gewöhnen?
      ▶ An die vielen Überstunden.
      ● Daran gewöhne ich mich auch nicht.
   4. ● An wen erinnerst du dich gerne?
      ▶ An Linda, unsere ehemalige Kollegin.
      ● An sie erinnere ich mich gar nicht gerne.
   5. ● Wofür gibst du viel Geld aus?
      ▶ Für neue Software.
      ● Dafür gebe ich auch viel Geld aus.

5. 1. A); 2. B); 3. C); 4. C); 5. B); 6. A); 7. C); 8. B); 9. B); 10. C)

Verben mit Ergänzungen

1. 2. dich; 3. der; 4. Ihnen; 5. Mir; 6. mich, Ihnen; 7. mir; 8. den, ihn; 9. unserem; 10. Ihnen

2. 2. mir, das; 3. Was, der, ihr, einen; 4. den Besuchern, den; 5. seinen Mitarbeitern, die Sicherheitshinweise

3. 1. sie Ihnen; 2. sie ihnen; 3. es euch; 4. es ihm; 5. sie ihr; 6. ihn mir

4. Sie, mir, ein gutes, Ihnen, Ihnen, mir, Sie, Ihnen

Reflexive Verben

1. 1. mich; 2. sich; 3. sich; 4. sich, euch; 5. dich

2. 1. dir, mir; 2. sich, mir; 3. mir, dir, uns

3. 1. uns … über; 2. sich an; 3. sich … über; 4. sich um; 5. mich an; 6. sich über; 7. sich über; 8. sich für; 9. dich … für; 10. sich um; 11. uns … auf; 12. mich … für

Lösungen

Adjektive

1. 1. großen, passenden; 2. netten, langjähriger, starkes, lustiges; 3. Schönes, großen, schönem, Ruhige; 4. neues, ganzes; 5. Günstiges, Preiswerter

2. 1. einer Arbeit; regelmäßigen Arbeitszeiten; Kurze Wege; nette Kollegen
   2. ein sicherer Arbeitsplatz; Flexible Arbeitszeiten
   3. mein eigener Chef; ein angenehmes Team; nette Kollegen; keinen schlecht gelaunten Chef
   4. den ganzen Tag; einem langweiligen Büro; eine interessante Tätigkeit; neue Menschen
   5. eine interessante Arbeit; einem großen Hotel; viele Möglichkeiten; den ganzen Tag

3. 1. schnellste; 2. besser als, am besten; 3. den höchsten; 4. meisten

Präpositionen

1. **Akkusativ**: durch, für, gegen, ohne, um
   Dativ: aus, bei, mit, nach, von, zu
   Akkusativ oder Dativ: an, auf, hinter, in, neben, über, unter, vor, zwischen
   Genitiv: aufgrund, außerhalb, innerhalb, trotz, während, wegen

2. Beispiel:
   Ich werde im Ausland arbeiten.
   Ich werde ins Ausland fahren.
   Ich werde im Außendienst arbeiten.
   Ich werde nach Österreich fahren.
   Ich werde in die Türkei fahren.
   Ich werde an der Ostsee arbeiten.

3. 1. B); 2. A); 3. C); 4. B); 5. A); 6. B); 7. C); 8. A); 9. B); 10. A); 11. C); 12. A)

4. 1. liegen, auf den … gelegt; 2. Setzen, sitze … am; 3. steht, in die … gestellt, Stellen … neben den; 4. Legen … ins, im … gelegen

5. 1. im; 2. am; 3. in/auf den; 4. an der; 5. im; 6. auf der; 7. bei der; 8. von der; 9. vom; 10. zum; 11. In; 12. im; 13. nach der; 14. wegen/aufgrund der

6. 1. Während der; 2. Trotz des schlechten Wetters; 3. Wegen seiner; 4. innerhalb der nächsten; 5. außerhalb unserer

Hauptsatz und Nebensatz

1.
	1. Position	2. Position		Ende
1.	Wir	holen	den Kopierer morgen	ab.
2.	Wann	antworten	Sie dem Kunden?	
3.	Hilfst	du	mir bitte an der Rezeption?	
4.	Die Mitarbeiter	wollen	am Samstag frei	haben.
5.	Wir	bereiten	die Tagung	vor.
6.	Der Personalchef	hat	mich gestern	angerufen.
7.	Bringen	Sie	bitte neues Kopierpapier	mit!
8.	Ich	würde	gerne einen Termin	ausmachen.

2. 1. Heute Abend kommt meine Kollegin zu Besuch. / Meine Kollegin kommt heute Abend zu Besuch.
   2. Morgen fällt die Sitzung schon wieder aus. / Die Sitzung fällt morgen schon wieder aus.
   3. Wir haben uns letztes Wochenende einen Computer gekauft. / Letztes Wochenende haben wir uns einen Computer gekauft.
   4. Bald werde ich einen tollen Job haben. / Ich werde bald einen tollen Job haben.

3. 1. Ich <u>ärgere</u> mich, wenn die Kollegen zu spät kommen. / Wenn die Kollegen zu spät kommen, <u>ärgere</u> ich mich.
   2. Anja <u>interessiert</u> sich für die Stelle, obwohl der Arbeitstag sehr lang ist. / Obwohl der Arbeitstag sehr lang ist, <u>interessiert</u> sich Anja für die Stelle.
   3. Die Stelle <u>ist</u> nichts für Ramon, weil sein Englisch nicht gut ist. / Weil sein Englisch nicht gut ist, <u>ist</u> die Stelle nichts für Ramon.
   4. Die Abteilung <u>muss</u> Überstunden <u>machen</u>, bis der Auftrag erledigt ist. / Bis der Auftrag erledigt ist, <u>muss</u> die Abteilung Überstunden <u>machen</u>.
   5. Das Betriebsklima <u>ist</u> besser, seitdem wir einen neuen Chef haben. / Seitdem wir einen neuen Chef haben, <u>ist</u> das Betriebsklima besser.
   6. Ich <u>rufe</u> Sie <u>an</u>, wenn Sie wieder im Büro sind. / Wenn Sie wieder im Büro sind, <u>rufe</u> ich Sie <u>an</u>.
   7. Yasmin <u>kam</u> nach Deutschland, als sie 18 Jahre alt war. / Als Yasmin 18 Jahre alt war, <u>kam</u> sie nach Deutschland.
   8. Martin <u>möchte</u> im Kundendienst <u>arbeiten</u>, obwohl er noch keine Erfahrung auf diesem

Lösungen

Gebiet hat. / Obwohl Martin noch keine Erfahrung auf diesem Gebiet hat, <u>möchte</u> er im Kundendienst <u>arbeiten</u>.

Satzverbindungen

1. 1. und; 2. denn; 3. sondern; 4. oder; 5. aber

2. 1. Olga ist Gesundheits- und Krankenpflegerin und (sie) hat ihre Ausbildung in Kiew gemacht.
   2. Sie durfte in Deutschland nicht sofort arbeiten, denn ihre Ausbildung wurde nicht anerkannt.
   3. Sie pflegt die Patienten, aber die Behandlung übernehmen die Ärzte.
   4. Sie hat zwei Möglichkeiten: Sie arbeitet in der Frühschicht oder sie arbeitet in der Spätschicht.
   5. Das Pflegepersonal bringt nicht nur die Medikamente, sondern es hat noch viele andere Aufgaben.

3. 1. Ich möchte bessere Chancen im Beruf haben, deshalb/deswegen/darum ist die Prüfung für mich wichtig.
   2. Ich habe lange nichts mehr von Ihnen gehört, deshalb/deswegen/darum schreibe ich Ihnen.
   3. Ich habe keinen Führerschein, deshalb/deswegen/darum kann ich mich nicht um die Stelle bewerben.
   4. Ich habe in der letzten Zeit zu viel gearbeitet, deshalb/darum/deswegen nehme ich mir ein paar Tage frei.

4. 1. Für mich ist die Prüfung wichtig, denn ich möchte bessere Chancen im Beruf haben.
   Für mich ist die Prüfung wichtig, weil ich bessere Chancen im Beruf haben möchte.
   2. Ich schreibe Ihnen, denn ich habe lange nichts mehr von Ihnen gehört.
   Ich schreibe Ihnen, weil ich habe lange nichts mehr von Ihnen gehört habe.
   3. Ich kann mich nicht um die Stelle bewerben, denn ich habe keinen Führerschein.
   Ich kann mich nicht um die Stelle bewerben, weil ich keinen Führerschein habe.
   4. Ich nehme mir ein paar Tage frei, denn ich habe in der letzten Zeit zu viel gearbeitet.
   Ich nehme mir ein paar Tage frei, weil ich in der letzten Zeit zu viel gearbeitet habe.

5. 1. Nachdem, Danach, Nach; 2. Bevor, vor, Vorher; 3. Wann, Wenn, wann, Wenn

6. 1. trotzdem, obwohl; 2. obwohl, trotzdem; 3. trotzdem, obwohl; 4. obwohl, trotzdem

7. 1. Als ich letztes Jahr auf einer Fortbildung war, hat es die ganze Zeit geregnet.
   2. Wenn ich nächsten Monat in der Verwaltung arbeite, habe ich die Abende frei.
   3. Als ich nach Deutschland kam, konnte ich noch wenig Deutsch.
   4. Als ich Herrn Gerhard besuchen wollte, hatte er eine Besprechung.
   5. Wenn ich morgen bei Ihnen vorbeikomme, können wir alles besprechen.
   6. Wenn ich auf Messen war, habe ich jedes Mal viel verkauft.

8. 1. Andreas benutzt einen Beamer, um sein Projekt vorzustellen. / damit er sein Projekt vorstellen kann.
   2. Der Betrieb stellt ein Jobticket zur Verfügung, damit die Mitarbeiter kostenlos mit öffentlichen Verkehrsmitteln zur Arbeit kommen können.
   3. Herr Meier liest die Wirtschaftsnachrichten, um immer gut informiert zu sein. / damit er immer gut informiert ist.
   4. Wir machen nach der Arbeit Sport, um Spaß zu haben. / damit wir Spaß haben.
   5. In der Firma wird eine neue Lagerhalle gebaut, damit es mehr Platz für die Waren gibt.

9. 1. B); 2. C); 3. B); 4. B); 5. A); 6. B); 7. C); 8. A); 9. A); 10. A)

10. 1. A); 2. B); 3. A); 4. A); 5. B); 6. A)

11. Beispiel:
    Liebe Frau Kohl,
    vielen Dank für Ihre E-Mail, in der Sie mir mitteilen, dass wir bald zusammenarbeiten werden.
    Da ich zwei Wochen im Urlaub war, habe ich meine E-Mails nicht gelesen, sodass ich mich erst heute mit Ihnen in Verbindung setzen kann.
    Sie fragen mich, ob ich Ihnen bei der Einarbeitung in das Projekt helfen kann.
    Das ist natürlich kein Problem. Wir können aber erst morgen Nachmittag einen Termin machen, denn ich bin am Vormittag nicht in der Firma.
    Bitte sagen Sie mir, wann Sie Zeit haben. Wenn Sie diese E-Mail heute noch lesen, können Sie mir sofort eine Antwort schicken. Sonst können Sie mich morgen Nachmittag in meinem Büro erreichen.

Lösungen

Ich freue mich sehr, dass wir zusammenarbeiten werden, und bin überzeugt, dass es ein großer Erfolg wird.
Viele Grüße

Indirekte Rede

1.
   1. Wissen Sie, wo die Prüfung stattfindet?
   2. Ich möchte gern wissen, wie lange die Prüfung dauert.
   3. Können Sie mir sagen, ob man ein Wörterbuch benutzen darf?
   4. Haben Sie den Prüfer gefragt, wie lange die Pause dauert?
   5. Ich weiß nicht, ob ich die Prüfung bestanden habe.
   6. Mich interessiert, wann wir das Ergebnis erfahren.

2.
   1. Roberto sagt, dass der Gewinn der Firma MediaGmbH im letzten Jahr stark gestiegen ist.
   2. Er möchte wissen, ob die Mitarbeiter eine Gehaltserhöhung bekommen könnten.
   3. Er ist der Meinung, dass die Firma sich das leisten könnte.
   4. Ihn interessiert, welche Projekte es im laufenden Jahr geben wird.
   5. Er fragt, ob neue Mitarbeiter eingestellt werden.
   6. Er meint, dass Umsatz und Gewinn weiter steigen können.

Infinitiv mit „zu"

1.
   1. Hätten Sie Interesse, den Termin zu planen?
   2. Ich habe Lust, fremde Sprachen zu lernen.
   3. Wir haben heute keine Zeit, die Kundenanfragen zu bearbeiten.
   4. Versuchen Sie doch mal, die Maschine zu bedienen!
   5. Ich habe vergessen, meine Krankmeldung vorbeizubringen.
   6. Es ist verboten, das Labor ohne Schutzkleidung zu betreten.
   7. Ich bitte Sie, die Werkstatt abends abzuschließen.

2.
   1. Es ist schön, dass Sie an der Fortbildung teilnehmen. / gemeinsam Fortbildungen zu machen.
   2. Es ist wichtig, dass Sie die Kundin anrufen. / sich ausreichend Zeit für Kontakte zu nehmen.
   3. Ich hoffe, dass die Verhandlungen erfolgreich sind. / das Projekt bald abzuschließen.
   4. Es freut mich, dass es geklappt hat. / Ihnen helfen zu können.

3.
   1. Ich gehe jetzt essen. Hast du Lust mitzugehen?
   2. Ich muss den Termin leider absagen.
   3. Ich sah Frau Funke am Empfang stehen.
   4. Sie hatte keine Lust mehr zu warten.
   5. Ich habe mich entschieden, den Termin morgen nicht wahrzunehmen.

Relativsätze

1.
   1. Der Kollege, der in unserer Straße wohnt, geht nächste Woche in Rente.
   2. Die Prüfung, die nicht einfach war, haben wir bestanden.
   3. Das Faxgerät, das in der Personalabteilung steht, hat kein Papier mehr.
   4. Der Computer, den wir letzte Woche angeschafft haben, ist schon kaputt.
   5. Frau Müller, die ich kaum kenne, ist unsere neue Chefin.
   6. Das Buch, das ich letzte Woche gelesen habe, war sehr interessant.
   7. Herr Delmonte, dem ich vor zwei Wochen geschrieben habe, hat noch nicht geantwortet.
   8. Eine Kollegin, der die Arbeit nicht mehr gefällt, sucht eine neue Stelle.
   9. Die Kunden, denen unser erstes Angebot gefallen hat, werden noch mehr bestellen.
   10. Mein Chef, dessen Familie in New York wohnt, möchte bald in die USA zurück.
   11. Meine Kollegin, deren Freund in Berlin wohnt, fühlt sich sehr einsam.
   12. Das Gerät, dessen Elektronik nicht mehr funktioniert, haben wir zurückgegeben.

2. 1. den; 2. dem; 3. die; 4. dem; 5. der; 6. dem

3. den, der, der, dessen, dem, den, dem, der, der, dem

Die n-Deklination

1. **n-Deklination:** der Herr, der Mensch, der Name, der Buchstabe, der Nachbar, der Kollege, der Kunde, der Lieferant, der Praktikant, der Produzent, der Bote, der Student, der Biologe, der Laborant, der Fotograf, der Journalist, der Tourist,

der Franzose, der Pole, der Automat, der Bürokrat, der Polizist, der Zeuge, der Patient, der Gedanke (alle Nomen haben den Artikel *der*)
normale Deklination: die Adresse, die Anlage, die Nachbarin, der Chef, der Mitarbeiter, der Zulieferer, die Branche, der Engländer, die Maschine, die Ware, die Lampe, der Portier, die Chance, die Geschichte

2. 1. Kollegen, Herrn; 2. Franzosen, Polen; 3. mit diesem Kunden, einen netten Kunden; 4. mit diesem Automaten; 5. Namen, Buchstaben; 6. Lieferanten; 7. Polizisten, Zeugen; 8. Praktikanten

3. Lieferanten, Ware, Kunden, Kollegen, Anlage

Modelltest 2

Leseverstehen Teil 1
1. d; 2. e; 3. g; 4. a; 5. i

Leseverstehen Teil 2
6. b; 7. b; 8. b; 9. a; 10. c

Leseverstehen Teil 3
11. i; 12. j; 13. x; 14. e; 15. c; 16. a; 17. f; 18. d; 19. b; 20. x

Sprachbausteine Teil 1
21. a; 22. a; 23. c; 24. c; 25. a; 26. c; 27. b; 28. a; 29. b; 30. a

Sprachbausteine Teil 2
31. n; 32. k; 33. o; 34. i; 35. g; 36. d; 37. c; 38. b; 39. l; 40. m

Hörverstehen Teil 1
41. –; 42. +; 43. –; 44. +; 45. +

Hörverstehen Teil 2
46. –; 47. +; 48. +; 49. –; 50. +; 51. –; 52. +; 53. +; 54. +; 55. –

Hörverstehen Teil 3
56. –; 57. +; 58. –; 59. –; 60. +

Modelltest 3

Leseverstehen Teil 1
1. f; 2. c; 3. j; 4. a; 5. h

Leseverstehen Teil 2
6. a; 7. b; 8. c; 9. a; 10. c

Leseverstehen Teil 3
11. j; 12. f; 13. x; 14. b; 15. x; 16. c; 17. g; 18. e; 19. l; 20. k

Sprachbausteine Teil 1
21. c; 22. a; 23. b; 24. b; 25. c; 26. b; 27. c; 28. c; 29. b; 30. b

Sprachbausteine Teil 2
31. m; 32. f; 33. k; 34. j; 35. i; 36. b; 37. d; 38. h; 39. e; 40. n

Hörverstehen Teil 1
41. +; 42. –; 43. +; 44. –; 45. +

Hörverstehen Teil 2
46. –; 47. +; 48. +; 49. +; 50. –; 51. +; 52. –; 53. +; 54. +; 55. –

Hörverstehen Teil 3
56. +; 57. +; 58. –; 59. +; 60. –

Modelltest 4

Leseverstehen Teil 1
1. b; 2. a; 3. e; 4. j; 5. f

Leseverstehen Teil 2
6. c; 7. b; 8. c; 9. a; 10. b

Leseverstehen Teil 3
11. l; 12. f; 13. b; 14. a; 15. x; 16. d; 17. h; 18. x; 19. c; 20. g

Sprachbausteine Teil 1
21. c; 22. a; 23. c; 24. b; 25. a; 26. b; 27. c; 28. b; 29. c; 30. a

Sprachbausteine Teil 2
31. a; 32. g; 33. h; 34. d; 35. n; 36. b; 37. m; 38. i; 39. l; 40. o

Hörverstehen Teil 1
41. +; 42. –; 43. +; 44. –; 45. –

Hörverstehen Teil 2
46. –; 47. +; 48. +; 49. –; 50. +; 51. –; 52. –; 53. –; 54. +; 55. +

Hörverstehen Teil 3
56. +; 57. +; 58. +; 59. –; 60. –

Wortfelder

Personalien

Informationen zur Person
- der Name, der Vorname, der Nachname, der Familienname
- sich vorstellen
- geborene/-r
- heißen
- die Nationalität
- die Staatsangehörigkeit
- die Heimat, das Herkunftsland
- der (Personal-)Ausweis, der (Reise-)Pass
- das Visum
- (sich) anmelden/abmelden
- die Anmeldung, die Abmeldung
- das Formular, ein Formular ausfüllen
- unterschreiben, die Unterschrift
- die Personalien
- der Herr, die Frau
- die Adresse, der Wohnort
- wohnen/leben (in)
- die Straße, der Platz, der Weg
- die Nummer, die Hausnummer
- die Postleitzahl (PLZ)
- der Familienstand
- verheiratet, ledig, geschieden, verwitwet, verlobt
- getrennt (leben)
- allein erziehend
- das Geschlecht
- männlich, weiblich
- geboren sein (in/am)
- das Datum, das Geburtsdatum
- der Geburtstag, das Geburtsjahr, der Geburtsort
- das Alter
- jung, alt
- Er/Sie ist Anfang/Ende vierzig.
- die Visitenkarte

Arbeit und Beruf

Arbeitswelt
- der Beruf, die Arbeit, der Job
- Was sind Sie von Beruf? / Was machen Sie beruflich?
- berufstätig (sein)
- selbstständig, freiberuflich
- angestellt
- arbeiten (als/bei), jobben
- Arbeit suchen/finden
- die Stelle wechseln
- verantwortlich sein (für)
- der/die Arbeiter/in
- der/die Angestellte
- der/die Arbeitnehmer/in
- der/die Arbeitgeber/in
- der/die Chef/in
- der/die Vorgesetzte
- die Abteilung, der/die Abteilungsleiter/in
- die Geschäftsführung
- der Betriebsrat
- der Kollege, die Kollegin
- der/die Mitarbeiter/in
- die Berufsfelder:
  - die Industrie
  - der Handel
  - die Dienstleistung
  - der öffentliche Dienst
  - das Handwerk
  - die Landwirtschaft
- die Branche
- die Konkurrenz
- wirtschaftlich, ökonomisch
- entwickeln
- wachsen
- der Gewinn, der Verlust
- abnehmen, fallen
- zunehmen, steigen
- importieren, exportieren
- kaufen, verkaufen
- das Produkt, die Ware
- herstellen, produzieren
- die Industrie, die Technik, technisch
- die Forschung, die Erfindung, erfinden
- der Fortschritt, technischer Fortschritt
- die Wissenschaft, wissenschaftlich
- der Markt
- die Börse
- die Messe
- der Messebesuch
- der Messegast
- der Messestand
- die Präsentation
- die Werbung

Berufe
- der/die Lehrer/in
- der/die Bürokaufmann/-frau
- das Reinigungspersonal
- der/die Gebäudereiniger/in
- der/die Friseur/in
- der/die Taxifahrer/in
- der/die Verkäufer/in
- der/die Hotelfachmann/-frau
- der/die Kellner/in
- der Koch, die Köchin
- der Roomboy, das Zimmermädchen
- der Nachtportier
- der/die Handwerker/in
- der/die Bäcker/in
- der/die Fliesenleger/in
- der/die Maurer/in
- der/die Schreiner/in
- der/die Schlosser/in
- der/die Automechaniker/in, Kfz-Mechatroniker/in
- der/die Elektriker/in
- der/die Installateur/in
- der/die Bandarbeiter/in
- der/die Lackierer/in
- der/die Bauarbeiter/in
- der/die Lagerarbeiter/in, der/die Lagerist/in
- der/die Gesundheits- und Krankenpfleger/in
- der Arzt, die Ärztin
- der/die Apotheker/in
- der/die Gärtner/in
- der/die Florist/in
- der/die Architekt/in
- der/die (Chemie-)Laborant/in
- der/die Ingenieur/in
- der/die Informatiker/in
- der/die Journalist/in
- der/die Übersetzer/in
- der/die Dolmetscher/in
- der/die Spediteur/in

Wortfelder

- der Beamte, die Beamtin
- der Bauer, die Bäuerin
- der/die Landwirt/in
- der/die Geschäftsmann/-frau
- der/die Techniker/in
- der/die Fachmann/-frau
- der/die Spezialist/in

Betrieb
- der Betrieb, die Firma, das Unternehmen
- die Niederlassung, die Filiale
- der (Haupt-)Sitz
- der Umsatz
- der Absatz
- der Preis
- der Gewinn
- der Fuhrpark
- die Besprechung, (etwas) besprechen
- die Tagesordnung
- das Protokoll
- die Unterlagen (Pl.)
- die Aktennotiz
- das Firmenjubiläum
- der Betriebsausflug
- die Kantine, das Betriebsrestaurant

Abteilungen im Betrieb
- die Verwaltung
- die Buchhaltung
- das Rechnungswesen
- der Einkauf
- der Verkauf
- das Marketing
- der Vertrieb
- der Versand
- die Produktion
- die Fertigung
- die Montage
- die Qualitätssicherung, die Qualitätskontrolle
- das Lager
- das Labor
- die EDV (elektronische Datenverarbeitung)
- die Geschäftsführung, die Geschäftsleitung, die Direktion
- das Management

- die Marktforschung
- der Kundenservice, der Kundendienst
- die Personalabteilung

Arbeitsplatz
- das Geschäft, der Laden
- die Fabrik, das Werk
- die Werkstatt
- das Büro
- die Gärtnerei
- das Krankenhaus
- das Seniorenheim, das Pflegeheim
- die Baustelle
- das Lager
- das Labor
- im Innendienst/Außendienst arbeiten

Büro
- das Büro
- die Ablage
- der Aktenordner
- der Aktenschrank
- der Bleistift
- die Büroklammer
- der Computer, der PC, der Laptop
- der Bildschirm
- der Drehstuhl
- der Locher
- der Notizblock
- der Terminkalender
- die Schere
- der Klebestift
- der Kugelschreiber
- der Papierkorb
- die Pinnwand
- der Rollcontainer
- der Schreibtisch
- die Schreibtischlampe
- die Schublade
- der Stempel
- der Tacker
- der Taschenrechner
- das Telefon
- der Drucker
- (aus-)drucken
- der Kopierer, die Kopie
- das Faxgerät, faxen

- der Scanner, (ein-)scannen
- Akten aufbewahren
- Papiere einordnen
- Termine eintragen
- Unterlagen stempeln
- das Papier, das Blatt, der Zettel, das Heft

Kunden- und Lieferantenverkehr
- der Kunde, die Kundin
- der/die Lieferant/in
- die Bestellung, bestellen
- der Versand, versenden
- die Lieferung, liefern
- die Rechnung, eine Rechnung stellen
- die Zahlung
- die Mahnung, mahnen
- die Zahlungserinnerung
- der Zahlungstermin
- die Anfrage
- das Angebot
- der Auftrag
- die Bestellung
- die Auftragsbestätigung
- der Preis
- der Nettopreis
- frachtfreie Lieferung
- die Gebrauchsanweisung
- der Umtausch, umtauschen
- die Rückgabe, zurückgeben
- der Kassenzettel
- die Quittung
- das Sonderangebot
- die Mehrwertsteuer (MwSt.)
- die Allgemeinen Geschäftsbedingungen (AGB)
- die Garantie
- die Versandkosten
- die Reklamation
- der Kundendienst
- die Kundenberatung
- der Termin
- die Terminänderung
- die Terminverschiebung
- die Terminabsage/-zusage
- die Ware
- der Wareneingang/-ausgang
- die Rate, die Ratenzahlung

Wortfelder

- die Instandsetzung/-haltung, instand setzen/halten,
- die Wartung, warten
- das Ersatzteil
- die Mängel (Pl.)
- der Schaden
- die Störung
- die Störungsmeldung
- die Fehlermeldung
- beschädigt
- einen Fehler beheben/beseitigen

Arbeitsbedingungen
- die Arbeitszeit
- die Teilzeit/Vollzeit
- die Teilzeitstelle, die Vollzeitstelle
- Teilzeit/halbtags arbeiten
- 8 Stunden am Tag / 40 Stunden in der Woche arbeiten
- die Einstellung, einstellen
- die Kündigung, kündigen
- die Entlassung, entlassen
- die Versetzung, versetzen
- der Kündigungsschutz
- die Kündigungsfrist
- der Arbeitsvertrag
- der Lohn, das Gehalt, das Einkommen
- die Bezahlung
- der Verdienst, verdienen
- der Stunden-/Monatslohn
- die Lohn-/Gehaltserhöhung
- die Überstunden (Pl.)
- die Fehlzeiten (Pl.)
- die Schichtarbeit, die Früh-/Spät-/Nachtschicht
- der Urlaub
- die Lohn-/Einkommenssteuer
- die Sozialversicherung
- die Kranken-, Renten-, Unfall-, Pflege-, Arbeitslosen- versicherung
- die Gehaltsabrechnung
- die Probezeit
- die Gewerkschaft, gewerkschaftlich
- der Betriebsrat
- die Betriebsversammlung
- die Tagesordnung, der Tagesordnungspunkt (TOP)

- die Forderung, fordern
- der Streik, streiken
- die Tarifverhandlung
- der Tarifvertrag
- die Rente, der/die Rentner/in, in Rente gehen

Arbeitssuche
- die Agentur für Arbeit
- das Jobcenter
- die Zeitarbeitsfirma
- die Stellenanzeige
- die Bewerbung, das Bewerbungsschreiben
- die Bewerbungsmappe
- sich bewerben (um/bei)
- der Lebenslauf, tabellarisch
- das Zeugnis, die Zeugniskopie
- der/die Personalchef/in
- das Vorstellungsgespräch, das Bewerbungsgespräch
- sich vorstellen
- die Berufserfahrung
- die Kenntnisse (Pl.)
- der Arbeitsvertrag, den Arbeitsvertrag abschließen / unterschreiben
- die Karriere, Karriere machen
- der Erfolg, erfolgreich
- die (Urlaubs-)Vertretung
- die Aushilfe
- zuverlässig
- höflich
- gepflegt, gepflegte Erscheinung
- belastbar
- teamfähig
- flexibel
- pünktlich
- engagiert
- fleißig
- verantwortlich sein für
- zuständig sein für

Aus- und Weiterbildung
- die Ausbildung, eine Ausbildung machen
- die Weiterbildung, sich weiterbilden
- die Fortbildung, sich fortbilden
- die Umschulung

- das Praktikum, die Praktika (Pl.), der/die Praktikant/in
- die Qualifikation
- die Lehre
- der/die Meister/in
- der Lehrling
- der/die Azubi, Auszubildende
- eine Lehre machen
- die Berufsschule
- sich vorbereiten auf
- die Prüfung
- die Prüfung bestehen
- der Abschluss, einen Abschluss machen
- der Kurs, an einem Kurs teilnehmen
- das Seminar, ein Seminar besuchen
- das Studium, studieren
- die Universität, die Hochschule
- das Semester
- das Examen

Werkzeuge und Arbeitsmittel
- der Werkzeugkasten
- die Bohrmaschine
- der Dübel
- der Hammer
- die Schraube, die Mutter
- der Nagel
- die Säge
- der Schraubenschlüssel
- der Schraubenzieher
- die Wasserwaage
- die Zange
- der Zollstock
- die Bürste
- der Eimer
- der Farbroller
- die Farbe
- das Gerüst
- die Leiter
- der Pinsel
- die Plane
- die Schere
- der Schwamm
- der Spachtel
- das Tapeziermesser, der Tapeziertisch

Wortfelder

Mobilität

Orientierung
- der Stadtplan
- liegen (bei/in)
- in der Nähe (von)
- nah, weit
- geradeaus, (nach) links, (nach) rechts
- nach dem Weg fragen
- Wie komme ich zu/zur/zum …?
- Gehen/Fahren Sie geradeaus.
- abbiegen, überqueren
- zu Fuß gehen
- fahren/fliegen (mit)

Reisen
- die Reise, reisen
- die Geschäftsreise
- das Reisebüro
- die Buchung, buchen
- die Reservierung, reservieren
- die Fahrkarte, das Ticket
- die Information
- die Unterkunft
- die Stadtrundfahrt, die Führung
- das Hotel, die Pension
- die Rezeption
- (sich) anmelden, die Anmeldung, das Anmeldeformular, ein Formular ausfüllen
- die Anreise, die Abreise
- die Übernachtung mit/ohne Frühstück
- das Einzel-/Doppelzimmer
- das Gepäck, der Koffer, die Tasche

privater/öffentlicher Verkehr
- fahren, fliegen, reisen
- ein-/aus-/umsteigen
- die Verbindung
- das (öffentliche) Verkehrsmittel
- der Bus, der Zug, die Bahn, die Straßenbahn, die U-Bahn, die S-Bahn
- die Haltestelle, die Station
- der Bahnhof
- der Bahnsteig, das Gleis
- das Taxi
- das Flugzeug, der Flug, der Flughafen
- der Fahrplan
- die Durchsage
- der Aufenthalt
- die Abfahrt, der Abflug
- abfahren, abfliegen
- die Ankunft, ankommen
- die Landung, landen
- pünktlich, verspätet
- die Verspätung, (sich) verspäten
- die Fahrkarte, das Ticket
- der Zuschlag
- die Ermäßigung
- einfache Fahrt, hin und zurück
- erste/zweite Klasse
- verpassen

In der Gastronomie

Im Restaurant und in der Küche
- die Gastronomie
- die Verpflegung
- die Mahlzeit
- das Frühstück, frühstücken
- das Mittagessen, (zu) Mittag essen
- der Imbiss
- das Abendessen, (zu) Abend essen
- die Speise, das Gericht
- das Menü, der Gang
- die Vorspeise, die Hauptspeise, die Nachspeise, das Dessert
- die Beilage
- die Spezialität
- Guten Appetit!
- einen Tisch reservieren
- frei, besetzt
- die (Speise-)Karte
- bestellen, bezahlen
- die Rechnung, das Trinkgeld
- getrennt/zusammen bezahlen
- das Lokal, das Restaurant
- die (Gast-)Wirtschaft, die Gaststätte, der Biergarten
- die Kantine, die Mensa
- das Café, die Bar, die Kneipe
- die Bedienung, der/die Kellner/in, der Ober
- der Koch, die Köchin
- die Küchenhilfe
- die Zubereitung, zubereiten
- schälen
- waschen
- putzen
- schneiden
- würzen
- reiben
- (um-)rühren
- dazugeben
- kochen
- backen
- braten
- grillen, vom Grill
- (tief-)gekühlt
- einfrieren, gefroren
- das Rezept
- der Topf
- der Deckel
- die Bratpfanne
- die Mikrowelle
- das Sieb
- die Schüssel
- die Küchenmaschine
- die Waage
- der Dosenöffner
- der Herd
- der Backofen, das Backblech
- das Nudelholz
- die Kelle
- der Kochlöffel
- die Geschirrspülmaschine
- der Mixer
- der Korkenzieher
- der Flaschenöffner

Lebensmittel, Speisen, Getränke
- die Speise, das Getränk, das Nahrungsmittel, die Lebensmittel (Pl.)
- das Geschäft, der (Lebensmittel-)Laden, der Supermarkt
- das Gemüse
- die Kartoffel, die Karotte, die Tomate, die Paprika, die Gurke
- das Obst, die Frucht
- der Apfel, die Erdbeere, die Banane, die Orange, die Zitrone
- der Salat

Wortfelder

- das Milchprodukt
- die Butter, die Margarine, der Käse, der Joghurt, der Quark, die Sahne
- das Brot, eine Scheibe Brot
- das Sandwich, der Toast
- das Brötchen
- der Reis, Nudeln (Pl.), die Spaghetti (Pl.)
- die Pizza, der Teig
- die Pommes (frites)
- das Mü(e)sli
- das Mehl
- die Nuss
- der Fisch
- das Geflügel, das Huhn, das Hähnchen
- das Fleisch, das Rind-/Kalb-/Schweine-/Hackfleisch
- der Schinken, die Wurst, das Würstchen, die Salami
- die Soße
- das Gewürz, das Salz, der Pfeffer
- der Senf, das/der Ketschup
- das Öl, der Essig
- der Zucker
- der Knoblauch, die Zwiebel
- die Kräuter
- die (Erdbeer-)Marmelade
- der Kuchen, die Torte
- die Süßspeise
- die Schokolade, eine Tafel Schokolade
- das Eis, das Frucht-/Vanille-/Schokoladeneis
- eine Kugel Schokoladeneis
- der Pudding
- der/das Bonbon
- die Süßigkeit
- das Getränk
- der Kaffee, der Tee, die Milch, das Wasser, die Limo(nade), der (Orangen-)Saft, das/die Cola
- der Alkohol, das alkoholische/ alkoholfreie Getränk, mit/ohne Alkohol
- der Wein, der Rotwein, der Weißwein
- eine Flasche / ein Glas Wein
- das Bier, der Schnaps
- die Portion, das Stück
- das Paket, das Päckchen, die Packung
- die Schachtel, die Dose, der Becher, die Büchse, die Flasche, der Kasten, die Tüte
- das Kilo(gramm), das Pfund, das Gramm, der Liter
- ein Kilo, ein (halbes) Pfund, 100 Gramm, zwei Liter

Charakterisierung für Speisen und Getränke

- biologisch
- vegetarisch, vegan
- gut/lecker/schlecht sein
- fett, mager
- roh, gekocht
- frisch, reif
- faul, verdorben
- salzig, süß, sauer, bitter
- trocken, hart, weich, zäh
- kalt, heiß, warm
- gewürzt, scharf, mild
- schmecken, der Geschmack

Hotel

- das Hotel
- das Tagungshotel
- der Tagungs-/Konferenzraum
- der/die Hotelfachmann/-frau
- der/die Hotelmanager/in
- der Roomboy, das Zimmermädchen
- der Nachtportier
- die Rezeption
- das Anmeldeformular
- die Anmeldung
- mit Kreditkarte bezahlen
- die Reservierung, reservieren
- die Buchung, buchen
- ausgebucht
- die Voll-/Halbpension
- die Neben-/Hauptsaison
- das Einzel-/Doppelzimmer
- die Unterbringung
- das Gepäck, der Koffer
- die Übernachtung
- das Bett, die Bettdecke, das Bettlaken, das Kopfkissen
- der Fernseher, die Fernbedienung
- der Safe
- der Kleiderschrank
- die Gardine, der Vorhang
- der Nachttisch
- die Minibar
- der Kleiderbügel
- der Spiegel
- das Bad, das Badezimmer
- die Toilette, das Toilettenpapier
- das Handtuch, die Handtücher wechseln
- die Dusche
- das Waschbecken
- die Badewanne
- der Wasserhahn
- die Seife
- das Duschgel, das Shampoo
- die Zahnbürste, die Zahncreme
- der Föhn

Körper und Gesundheit

Körper

- der Körper
- der Kopf, der Hals
- der Rücken, der Bauch
- der Arm, die Hand
- der Finger, der Zeh / die Zehe
- das Bein, das Knie, der Fuß
- das Gesicht
- das Auge, die Nase, der Mund, das Ohr, der Zahn, das Haar
- der Magen, das Herz, die Lunge, die Leber, die Niere
- die Haut, das Blut
- sich bewegen, die Bewegung
- atmen, fühlen

Gesundheit und Krankheit

- gesund, fit, die Gesundheit
- krank, die Krankheit
- (blass) aussehen
- schlecht werden/gehen
- erbrechen, sich übergeben
- der Schmerz, wehtun
- schwer/leicht verletzt sein
- sich verletzen

Wortfelder

- sich erkälten
- Gute Besserung!
- Gesundheit!
- das Fieber, die Grippe, die Erkältung, der Schnupfen, der Husten, husten
- die Infektion
- die Verletzung, die Wunde
- das Blut, bluten
- die Verbrennung, (sich) verbrennen
- (sich etwas) brechen
- gebrochen (sein)
- sich schneiden, fallen
- der Unfall
- die Droge, Drogen nehmen
- die (Drogen-)Beratung
- giftig, das Gift
- die Untersuchung, untersuchen
- verbinden, pflegen
- der Gips
- der/die Patient/in
- der Arzt, die Ärztin
- das Medikament
- einnehmen, wirken
- die Tablette, die Pille
- die Tropfen (Pl.), die Salbe
- der Hustensaft, das (Nasen-)Spray
- das Rezept
- (ein Medikament) verschreiben
- das Verbandszeug, das Pflaster, der Verband
- die (Kranken-)Versicherung
- die Krankenkasse
- die Versicherungskarte
- sich versichern (lassen), versichert sein
- der Krankenschein, die Krankschreibung
- die Krankmeldung

Krankenhaus

- das Krankenhaus, ins Krankenhaus gehen
- die Klinik
- die Aufnahme
- die Abteilung, die Station
- die Operation, operieren
- die Spritze
- der/die Gesundheits- und Krankenpfleger/in
- der/die Geburtshelfer/in, die Hebamme
- das Labor

Abteilungen im Krankenhaus

- die Ambulanz
- die Chirurgie
- die Gynäkologie
- die Intensivstation
- die Neurologie
- die Notaufnahme
- der Operationssaal
- die Radiologie
- die Röntgenabteilung
- die Kinderstation

Pflege

- die Pflege
- Patienten betreuen/pflegen
- sich kümmern um
- ambulant
- die häusliche Pflege
- der Pflegedienst
- der/die Altenpfleger/in
- die Körperpflege
- einen Verband anlegen
- die Betten machen
- den Blutdruck messen
- Essen machen, austeilen
- der Dienstplan
- der Früh-/Spät-/Nachtdienst
- der Pflegebericht
- die Schweigepflicht

Gesundheit am Arbeitsplatz

- die Arbeitssicherheit
- die Sicherheitshinweise
- der/die Sicherheitsbeauftragte
- die Regel
- die Bestimmung
- die Vorschrift, Vorschriften beachten/einhalten
- der Brandschutz
- das Verbotsschild
- der (Schutz-)Helm
- die Schutzbrille
- der Ohrenschutz
- der Kopfschutz
- die Arbeitshandschuhe
- die Brandmeldung
- der Feuerlöscher

Umwelt

Umweltschutz und Recycling

- die Umwelt, die Natur
- schützen, der Umweltschutz
- die Verschmutzung, die Umweltverschmutzung, verschmutzen
- die Energie, Solar-/Sonnen-/Wind-/Wasser-/Atomenergie
- das Kern-/Kohlekraftwerk
- Strom produzieren/erzeugen/verbrauchen
- der Müll, der Abfall
- die Verpackung
- die Pfandflasche, die Dose, das Altpapier, das Glas, das Plastik
- die Emission
- die Erwärmung
- die Ozonschicht
- das Treibhausgas
- der Lärm
- die Luft, gute/saubere Luft, die Luftverschmutzung
- die Abgase, der Smog
- chemische Stoffe
- gefährliche/schädliche Stoffe
- der Schaden
- giftig, das Gift
- zerstören
- Energie sparen
- der Filter
- sparsam
- Abfall vermeiden, sammeln, trennen, recyceln
- das Recycling
- wiederverwerten, die Wiederverwertung
- die Entsorgung, entsorgen
- der Müllplatz, der Sondermüll
- die Deponie, deponieren
- der Container/Behälter

Informationstechniken

Computer

- der Computer, der PC, der Rechner, der Laptop, das Notebook

Wortfelder

- der Bildschirm, der Monitor
- die Maus, mit der linken/rechten Maustaste klicken
- die Tastatur, die Taste
- tippen
- der Drucker, (aus-)drucken
- der Scanner, (ein-)scannen
- der Lautsprecher
- das (DVD-/CD-ROM-)Laufwerk
- der USB-Stick
- die Datei, die Daten (Pl.), das Dokument
- eine Datei öffnen, schließen, speichern, kopieren, löschen
- die Antivirensoftware
- die EDV (elektronische Datenverarbeitung)

Internet

- das Internet, im Internet surfen
- die E-Mail, die Nachricht verschicken, etwas per E-Mail schicken
- die (Internet-/E-Mail-)Adresse
- mailen
- die Homepage, die (Internet-/Web-)Seite
- der Link, einen Link anklicken
- der Download/Upload
- downloaden/herunterladen, uploaden/hochladen

Telekommunikation

- das Fax(gerät), faxen, das Fax
- das Handy, das Mobiltelefon
- die SMS, (ver)schicken, (ver)senden
- die Leitung, die Verbindung
- das Telefonbuch
- die Auskunft
- die Nummer, die Telefon-/Faxnummer
- die Vorwahl
- das Telefon, der (Telefon-)Apparat
- der Hörer
- abheben, auflegen
- telefonieren, anrufen
- der Anruf
- klingeln
- der Anschluss
- das Orts-/Ferngespräch
- das Inland, das Ausland
- wählen
- sprechen (mit), das Gespräch
- verbinden (mit), die Verbindung
- verstehen
- buchstabieren
- besetzt, frei
- der Anrufbeantworter
- auf das Band sprechen
- eine Nachricht hinterlassen

Banken und Post

Banken und Geldverkehr

- die Bank, die Sparkasse
- der Geldautomat
- das Konto, ein Konto eröffnen
- die Kontonummer
- die Bankleitzahl (BLZ)
- der Kontoauszug
- die Geheimzahl eingeben
- die Gebühr
- das Bargeld, der Scheck
- die EC-/Kreditkarte
- der Kredit, die Zinsen
- einen Kredit aufnehmen
- der Dispo(sitionskredit)
- das Konto überziehen, im Minus sein
- sparen
- die Schulden, (jemandem etwas) schulden
- die Einzahlung, einzahlen
- die Auszahlung, auszahlen
- Geld (vom Konto) abheben
- die Überweisung, überweisen
- das Formular, ein Formular ausfüllen
- Geld wechseln
- der Kurs, der Wechselkurs
- steigen, fallen
- die Währung

Post/Transport

- die Post, das Postamt
- der Schalter
- der Brief, die Postkarte
- das Paket, das Päckchen
- die Briefmarke, das Porto, die Gebühr
- frankieren
- der/die Briefträger/in
- der/die Postangestellte
- der Briefkasten
- das Einschreiben
- die Adresse
- der Absender, der Empfänger
- der (Brief-)Umschlag
- das Postfach
- senden, schicken, aufgeben
- der Transport
- die Spedition
- die Warensendung
- die Expresssendung
- das Gewicht
- die Luftfracht
- die Versandkosten
- der Kurierdienst
- der Paketdienst
- der/die Paketzusteller/in
- die Nachnahme, per Nachnahme bezahlen
- befördern, die Beförderung
- zusenden, zuschicken
- (ein Paket, eine Lieferung) zustellen

Redemittel

Berufliche Kontakte knüpfen

Sie stellen sich vor
- Guten Tag/Morgen/Abend, darf ich mich vorstellen?
- Mein Name ist … / Ich bin … / Ich heiße …
- Ich arbeite bei … (Name des Betriebs).
- Ich arbeite in … (Abteilung).
- Ich bin für … zuständig.
- Zu meinen Aufgaben gehört …
- Ich bin verantwortlich für …

Sie reagieren auf eine Begrüßung
- Guten Tag, Herr/Frau …
- Freut mich.
- Angenehm.
- Sehr erfreut Sie kennenzulernen.

Sie sprechen über sich
- Ich wohne in …
- Ich komme aus …
- Ich bin seit … in …
- Ich bin verheiratet/ledig/alleinstehend.
- Ich habe ein Kind / zwei Kinder / keine Kinder.
- Ich habe … gelernt/studiert.
- Ich habe eine Ausbildung als … bei … gemacht.
- Meine Muttersprache ist …
- Ich spreche Deutsch und …

Sie empfangen Besucher und Besucherinnen
- Guten Tag, Herr/Frau …
- Herzlich willkommen bei …
- Schön, dass Sie gekommen sind.
- Hatten Sie eine gute Anreise / einen guten Flug?
- Sind Sie mit dem Hotel zufrieden?
- Möchten Sie etwas trinken?
- Darf ich Ihnen etwas zu trinken / … anbieten?
- Ich möchte Ihnen gerne unser Besuchsprogramm vorstellen.
- Wir können gleich in den Besprechungsraum gehen.
- Die Betriebsbesichtigung beginnt in einer Stunde.
- Ich gebe Ihnen gerne unsere Informationsbroschüre.
- Bitte nehmen Sie Platz. / Bitte setzen Sie sich.
- Herr/Frau … erwartet Sie schon.
- Herr/Frau … bittet Sie um zehn Minuten Geduld.
- Herr/Frau … ist sofort für Sie da.

Sie stellen eine andere Person vor
- Darf ich Ihnen Herrn/Frau … vorstellen?
- Ich möchte Ihnen meinen Kollegen / meine Kollegin Herrn/Frau … vorstellen.
- Das ist mein Kollege / meine Kollegin Herr/Frau …

Sie stellen Ihre Abteilung vor
- Wir sind verantwortlich für …
- Wir beschäftigen uns mit …
- Unser Aufgabenbereich ist …
- Zu unseren Aufgaben gehört …
- Wir sind … Mitarbeiter/Mitarbeiterinnen.
- Bei uns arbeiten insgesamt … Kolleginnen und Kollegen.
- Unser Vorgesetzter ist Herr …
- Unsere Vorgesetzte ist Frau …
- Die Abteilung wird von Herrn/Frau … geleitet.

Sie stellen Ihr Unternehmen vor
- Wir sind ein kleiner/mittelständischer Betrieb / ein kleines/mittelständisches Unternehmen.
- Wir sind tätig im Bereich …
- Wir produzieren …
- Wir stellen … her.
- Wir sind ein Handelsbetrieb.
- Wir handeln mit …
- Wir sind ein Handwerksbetrieb.
- Wir sind ein kaufmännisches Unternehmen.
- Wir sind ein Zulieferbetrieb für die Automobilindustrie.
- Wir haben uns vor allem auf … spezialisiert.
- Unser Unternehmen wurde … gegründet.
- Unser Hauptsitz / unsere Hauptniederlassung befindet sich in …
- Wir haben auch Niederlassungen in …
- Wir haben … Mitarbeiterinnen und Mitarbeiter. / Bei uns arbeiten … Menschen.
- … Prozent unserer Mitarbeiter sind in der Montage beschäftigt.
- … Prozent unserer Mitarbeiter sind im Vertrieb tätig.
- Unsere Hauptkunden sind …
- Wir haben einen Marktanteil von … Prozent.
- Im letzten Jahr betrug unser Umsatz … Euro.
- Der Absatz ist im letzten Jahr auf … (Stück) gestiegen.
- Der Absatz ist im letzten Jahr auf … (Stück) zurückgegangen.
- Umsatz und Absatz sind im letzten Jahr gleichgeblieben.

Redemittel

Sie verabschieden sich
- Auf Wiedersehen.
- Bis morgen / nächste Woche.
- Einen schönen Abend noch.
- Schönes Wochenende.
- Kommen Sie gut nach Hause.
- Es hat mich sehr gefreut / Es war mir ein Vergnügen Sie kennenzulernen.
- Ich melde mich dann telefonisch / per E-Mail bei Ihnen.

Die eigene Meinung äußern, zustimmen und widersprechen, nachfragen

Sie sagen Ihre Meinung
- Ich finde/denke, dass …
- Meiner Meinung nach …
- Ich bin der Meinung, dass …
- Ich bin der Ansicht, dass …
- Ich würde sagen, dass …

Sie sind derselben Meinung
- Ja, das sehe ich auch so.
- Ja, Sie haben vollkommen recht.
- Ja, das stimmt / das finde ich auch.
- Ja, das ist richtig.
- Das überzeugt mich.

Sie haben eine andere Meinung
- Das sehe ich anders.
- Da kann ich Ihnen leider nicht zustimmen.
- Nein, das überzeugt mich nicht.
- Nein, das stimmt nicht.
- Da bin ich anderer Meinung.

Sie fragen nach
- Habe ich Sie richtig verstanden?
- Wollen Sie damit sagen, dass …?
- Was meinen Sie genau mit …?
- Was verstehen Sie genau unter …?
- Verstehe ich Sie richtig? Heißt das, dass …?

Vorschläge machen, zustimmen und ablehnen

Sie machen einen Vorschlag
- Ich schlage vor, dass …
- Ich habe einen Vorschlag: …
- Mein Vorschlag wäre …
- Was halten Sie von …?
- Was halten Sie davon, wenn …?
- Wollen wir …?
- Wir könnten auch …
- Wie finden Sie …?
- Vielleicht wäre es besser, wenn …
- Vielleicht sollten wir …
- Ich könnte mir vorstellen, dass …
- Wie wäre es mit …

Sie stimmen einem Vorschlag zu
- Einverstanden. Das ist eine gute Idee.
- Damit bin ich einverstanden.
- Ja, das ist eine gute Idee / ein guter Vorschlag.
- Ich bin ganz Ihrer Meinung.
- Das finde ich gut.
- Das gefällt mir.
- Das hört sich gut an.
- Sie haben recht, so machen wir es.
- Das überzeugt mich.
- Außerdem finde ich wichtig, …
- Wir dürfen aber nicht vergessen, dass …

Sie lehnen einen Vorschlag ab
- Damit bin ich nicht einverstanden.
- Das halte ich für keine gute Idee / keinen guten Vorschlag.
- Nein, das finde ich keinen guten Vorschlag / keine gute Idee.
- Da bin ich nicht Ihrer Meinung.
- Das finde ich nicht gut.
- Das gefällt mir nicht.
- Das überzeugt mich nicht.
- Das finde ich problematisch.
- Davon würde ich abraten.

Sie machen einen Gegenvorschlag
- Ich fände es besser, wenn …
- Wie könnten auch/stattdessen …
- Besser wäre es, wenn …
- Ich habe eine andere Idee: …
- Wir sollten stattdessen …
- Ich weiß nicht. Vielleicht sollten wir lieber …
- Vielleicht können wir das so machen, aber wäre es nicht besser …?
- Das ist zwar ein ganz guter / kein schlechter Vorschlag, aber …
- Als Kompromiss schlage ich vor, dass …
- Das kommt nicht in Frage, so geht es nicht. Wir müssen auf jeden Fall zuerst …

Redemittel

Termine vereinbaren

Sie schlagen einen Termin vor
- Passt Ihnen … (Wochentag) / der … (Datum) um … Uhr / am Vormittag / am Nachmittag?
- Können Sie / Könnten Sie am … (Wochentag/Datum) um … Uhr?
- Würde Ihnen … (Wochentag) / der … (Datum) um … Uhr passen?
- Geht es am … (Wochentag/Datum) um … Uhr?
- Passt es Ihnen am … (Wochentag/Datum) um … Uhr?
- Welches Datum würde Ihnen passen?
- Welche Uhrzeit passt Ihnen am besten?
- Wo wollen wir uns treffen?
- Welcher Ort wäre Ihnen für das Treffen am liebsten?
- Kommen Sie zu mir in die Firma / ins Büro / in die Werkstatt?
- Ich kann gerne zu Ihnen in die Firma / ins Büro / in die Werkstatt kommen.

Sie nehmen den Terminvorschlag an
- Einverstanden!
- Ja, da habe ich noch keine anderen Termine.
- Ja, das passt mir gut/ausgezeichnet.
- Ja, das würde sehr gut gehen.

Sie lehnen den Terminvorschlag ab
- Tut mir leid, am … (Wochentag/Datum) habe ich leider keine Zeit.
- Der … (Wochentag/Datum) geht leider nicht.
- Der … (Wochentag/Datum) passt mir leider nicht.
- Der … (Wochentag/Datum) ist leider nicht möglich, weil …

Sie schlagen einen anderen Termin vor
- Könnten Sie auch am … (Wochentag/Datum)?
- Ein möglicher Termin wäre für mich …
- Würde es Ihnen auch am … (Wochentag/Datum) passen?
- Wie wäre es dann/stattdessen mit … (Wochentag) / dem … (Datum)?

Sie bitten um Bestätigung eines Termins
- Könnten Sie mir den Termin am … (Wochentag/Datum) kurz bestätigen?
- Schicken Sie mir eine kurze Bestätigung?
- Bitte schicken Sie mir eine kurze Bestätigung unseres Termins.

Sie bestätigen einen Termin
- Gut, dann notiere ich … (Wochentag) / den … (Datum) um … Uhr.
- Abgemacht. Dann treffen wir uns am … (Wochentag/Datum) um … Uhr.
- Sehr schön. Dann sehen wir uns am … (Wochentag/Datum) um … Uhr bei Ihnen / bei mir / bei uns.
- Gut. Ich schicke Ihnen gern eine schriftliche Bestätigung.

Um Auskünfte und Hilfe bitten

Allgemein
- Ich habe eine Frage.
- Ich habe ein Problem.
- Können Sie mir helfen?
- Können Sie mir behilflich sein?
- Ich bin das erste Mal / neu hier. Könnten Sie mir erklären/zeigen …?
- Wo finde ich denn …?
- Können Sie mir sagen, wo/was/wer …?

Technische Schwierigkeiten
- Ich habe Probleme mit diesem Gerät.
- Könnten Sie mir sagen, wie dieses Gerät funktioniert?
- Könnten Sie mir erklären, wie man diese Maschine bedient?
- Gibt es eine Gebrauchsanweisung / ein Handbuch?
- Können Sie mir sagen, wer für die EDV / die Computer zuständig ist?

Rat geben und sagen, was zu tun ist

Ratschläge geben
- Es wäre gut, wenn man/Sie …
- An Ihrer Stelle würde ich …
- Sie müssen die Sicherheitshinweise beachten.
- Das müssen Sie unbedingt tun.
- Sie sollten …
- Haben Sie schon einmal daran gedacht, …?

Anweisungen geben
- Ich würde Sie bitten, … möglichst bald zu erledigen.
- Bitte erledigen Sie das möglichst bald.
- Das müssen Sie heute / diese Woche noch erledigen.
- Das muss heute / diese Woche noch erledigt werden.

Redemittel

Hilfe anbieten, auf Bitten um Hilfe reagieren
- Wenn Sie Fragen haben, dann wenden Sie sich gerne an mich.
- Natürlich, das zeige ich Ihnen gerne.
- Brauchen Sie Hilfe bei …?
- Soll ich Ihnen zeigen, wie … funktioniert?
- Herr/Frau … kann Ihnen sicherlich weiterhelfen.
- Bei Schwierigkeiten wenden Sie sich bitte an Frau/Herrn …
- Wenn Sie Hilfe brauchen, dann fragen Sie bitte Frau/Herrn …

Lob und Kritik äußern

Lob
- Ich finde … sehr gut.
- Sie haben ausgezeichnet gearbeitet!
- Sie haben hervorragende Arbeit geleistet.
- Ich bin mit Ihrer Arbeit äußerst/sehr zufrieden.
- Ich bin sehr zufrieden mit …
- Der/Die/Das … gefällt mir sehr gut.
- Das Projekt war wirklich sehr interessant.
- Das Betriebsklima ist ausgezeichnet.

Kritik
- Ich möchte gerne mit Ihnen über … sprechen.
- Ich glaube, es gibt zurzeit ein Problem mit …
- Ich finde es problematisch, dass …
- Mir ist in letzter Zeit aufgefallen, dass …
- Ich bin sehr unzufrieden mit …
- Der/Die/Das … stört mich.
- Mich stört, dass …
- Das Betriebsklima könnte besser sein.

Beschwerden und Reklamationen

Sie äußern eine Beschwerde
- Wir sind nicht zufrieden mit …
- Es gibt ein Problem mit Ihrer Rechnung/Lieferung vom …
- Sie haben bei der Rechnung/Lieferung/Reservierung/… einen Fehler gemacht.
- Wir haben … immer noch nicht erhalten.
- Wir warten immer noch auf die Lieferung von …
- Zu unserem Bedauern müssen wir feststellen, dass …
- Die Maschine funktioniert immer noch nicht.
- Könnten Sie einen Techniker vorbeischicken?
- Wir bitten Sie dringend, …
- Wir erwarten, dass …

Sie reagieren auf eine Beschwerde
- Entschuldigung.
- Entschuldigen Sie bitte.
- Verzeihung.
- Es tut mir leid, wir werden die Angelegenheit sofort überprüfen.
- Wir haben die Angelegenheit geprüft. Wir konnten keinen Fehler feststellen.
- Wir bedauern diesen Irrtum.
- Bitte entschuldigen Sie die Unannehmlichkeiten.
- Ich kann verstehen, dass das für Sie unangenehm/problematisch/störend ist.
- Wir bitten Sie, diesen Irrtum zu entschuldigen.
- Wir schicken sofort einen Techniker zu Ihnen.
- Wir kümmern uns sofort darum.
- Wir würden Ihnen gern entgegenkommen.
- Wir schlagen vor, dass wir …

Über Produkte und Leistungen sprechen

Sie informieren sich über Produkte und Leistungen
- Welches Modell würden Sie mir empfehlen?
- Wie verwendet/benutzt man …?
- Was unterscheidet … von anderen Produkten?
- Was sind Ihre Lieferfristen?
- Wann können Sie liefern?
- Können Sie uns Ihre AGB (Allgemeinen Geschäftsbedingungen) zusenden?
- Gibt es Ermäßigungen bei der Abnahme von größeren Mengen?
- Wie lange ist die Garantie?
- Haben Sie Angebote/Sonderangebote?

Sie geben Informationen
- Ich empfehle Ihnen …
- … verwendet/benutzt man bei/für …
- … unterscheidet sich von anderen Produkten durch …
- … unterscheidet sich von anderen Produkten dadurch, dass …
- … wird hergestellt aus …
- … besteht aus …
- Bei Abnahme von … Stück können wir einen Preisnachlass von … Prozent geben.

Redemittel

Am Telefon

Sie nehmen einen Anruf entgegen
- Guten Tag, Sie sprechen mit Petra Maier, Firma Büromöbel und Co., Abteilung …
- Petra Maier, Büromöbel und Co.
- Petra Maier, Büromöbel und Co., guten Tag. Was kann ich für Sie tun?
- Petra Maier, Büromöbel und Co., Apparat Herr Schulz.

Sie fragen nach
- Mit wem spreche ich bitte?
- Könnten Sie mir bitte noch einmal Ihren Namen sagen?
- Verzeihung, ich habe Ihren Namen nicht verstanden.
- Worum geht es?
- Worum handelt es sich, bitte?
- Was kann ich für Sie tun?

Sie verbinden mit einem anderen Gesprächspartner
- Einen Moment bitte, ich verbinde Sie.
- Ich verbinde Sie mit …
- Bleiben Sie bitte am Apparat, ich hole Herrn/Frau …

Der gewünschte Gesprächspartner ist nicht erreichbar
- Es tut mir leid, Herr/Frau … ist im Moment nicht da.
- Herr/Frau … ist nicht erreichbar.
- Herr/Frau … ist gerade außer Haus.
- Herr/Frau … ist ab … (Uhrzeit) wieder in seinem/ihrem Büro.
- Kann ich ihm/ihr etwas ausrichten?
- Möchten Sie ihm/ihr eine Nachricht hinterlassen?
- Kann er/sie zurückrufen?
- Sie können Herrn/Frau … am … (Tag) um … (Uhrzeit) wieder erreichen.
- Rufen Sie bitte später noch einmal an.
- Herr/Frau … spricht gerade / ist gerade im Gespräch.
- Bleiben Sie am Apparat oder soll er/sie zurückrufen?
- Möchten Sie warten oder wollen Sie später noch einmal anrufen?
- Ich werde Herrn/Frau … ausrichten, dass Sie angerufen haben.
- Auf Wiederhören.

Sie rufen an
- Guten Tag, mein Name ist …
- Können Sie mich bitte mit … verbinden?
- Könnte ich (mit) Herrn/Frau … sprechen?
- Ich müsste dringend mit Herrn/Frau … sprechen.

Den Grund des Anrufs erklären, sich entschuldigen, das Gespräch beenden
- Es handelt sich um …
- Ich rufe an wegen …
- Ich rufe Sie aus folgendem Grund an:
- Können Sie Herrn/Frau … ausrichten, dass …?
- Sagen Sie doch bitte Herrn/Frau, dass …
- Es tut mir leid, ich glaube, ich habe die falsche Nummer gewählt.
- Es tut mir leid, ich habe mich verwählt.
- Auf Wiederhören.

Sie fragen bei Verständnisschwierigkeiten nach
- Wie bitte?
- Entschuldigen Sie, das habe ich nicht verstanden.
- Könnten Sie bitte etwas langsamer/lauter sprechen?
- Können Sie das bitte wiederholen/buchstabieren?
- Wie schreibt man / buchstabiert man …?
- Schreibt man das mit …?

Antwortbogen

Schriftliche Prüfung

1 Leseverstehen

2 Sprachbausteine

Antwortbogen

3 Hörverstehen

41 ○ ○	46 ○ ○	51 ○ ○	56 ○ ○
+ −	+ −	+ −	+ −
42 ○ ○	47 ○ ○	52 ○ ○	57 ○ ○
+ −	+ −	+ −	+ −
43 ○ ○	48 ○ ○	53 ○ ○	58 ○ ○
+ −	+ −	+ −	+ −
44 ○ ○	49 ○ ○	54 ○ ○	59 ○ ○
+ −	+ −	+ −	+ −
45 ○ ○	50 ○ ○	55 ○ ○	60 ○ ○
+ −	+ −	+ −	+ −

4 Schriftlicher Ausdruck (Brief)

Antwortbogen

Notizen

Prüfungstraining

telc
Deutsch B1+ Beruf

von Dieter Maenner

Cornelsen

Prüfungstraining
telc Deutsch B1+ Beruf

Im Auftrag des Verlages erarbeitet von Dieter Maenner

Lektorat: Katrin Rebitzki, Berlin

Redaktion: Andrea Mackensen (verantwortliche Redakteurin),
Gunther Weimann (Projektleitung)

Illustrationen: Andreas Terglane
Umschlaggestaltung: hawemannundmosch, bureau für gestaltung, Berlin
Layout und technische Umsetzung: finedesign, Büro für Gestaltung, Berlin

Symbole

 Hörtext auf CD

www.cornelsen.de

Die Webseiten Dritter, deren Internetadressen in diesem Lehrwerk angegeben sind, wurden vor Drucklegung sorgfältig geprüft. Der Verlag übernimmt keine Gewähr für die Aktualität und den Inhalt dieser Seiten oder solcher, die mit ihnen verlinkt sind.

1. Auflage, 5. Druck 2019

Alle Drucke dieser Auflage sind inhaltlich unverändert
und können im Unterricht nebeneinander verwendet werden.

© 2012 Cornelsen Verlag, Berlin
© 2016 Cornelsen Verlag GmbH, Berlin

Das Werk und seine Teile sind urheberrechtlich geschützt.
Jede Nutzung in anderen als den gesetzlich zugelassenen Fällen bedarf der
vorherigen schriftlichen Einwilligung des Verlages.
Hinweis zu §§ 60 a, 60 b UrhG: Weder das Werk noch seine Teile dürfen ohne eine
solche Einwilligung an Schulen oder in Unterrichts- und Lehrmedien (§ 60 b Abs. 3 UrhG)
vervielfältigt, insbesondere kopiert oder eingescannt, verbreitet oder in ein Netzwerk
eingestellt oder sonst öffentlich zugänglich gemacht oder wiedergegeben werden.
Dies gilt auch für Intranets von Schulen.

Druck: Firmengruppe APPL, aprinta Druck, Wemding

ISBN 978-3-06-020140-2

PEFC zertifiziert
Dieses Produkt stammt aus nachhaltig
bewirtschafteten Wäldern und kontrollierten
Quellen.
www.pefc.de

Vorwort

Liebe Prüfungskandidatinnen und Prüfungskandidaten,
liebe Dozentinnen und Dozenten,

mit dem vorliegenden Band **Prüfungstraining telc Deutsch B1+ Beruf** können Sie sich gezielt auf die Prüfung telc Deutsch B1+ Beruf vorbereiten.

Die Prüfung telc Deutsch B1+ Beruf dient dem Nachweis solider Grundkenntnisse der deutschen Berufssprache auf dem Niveau B1+ des Gemeinsamen europäischen Referenzrahmens. Die Sprachlernenden beweisen durch diese Prüfung, dass sie die wichtigsten Situationen des beruflichen Alltags und der Arbeitswelt bewältigen können.

Als Prüfungskandidat/in können Sie das Buch allein durcharbeiten. Sie können sich dabei zielgerichtet auf die einzelnen Prüfungsteile vorbereiten, die Aufgaben lösen und im Lösungsschlüssel überprüfen.

Als Dozent/in können Sie das Prüfungstraining in Ihren Kursen zur gezielten Vorbereitung der Kursteilnehmer/innen auf die Prüfung telc Deutsch B1+ Beruf einsetzen.

Im ersten Teil des Prüfungstrainings stellen wir Ihnen die einzelnen Teile der Prüfung anhand eines Modelltests ausführlich vor. Wir zeigen Ihnen mögliche Lösungswege und erklären Ihnen die Lösungen. Weiter erhalten Sie Tipps, wie Sie die Lösungsstrategien selbstständig anwenden können – individuell oder auch in Ihrem Deutschkurs.

Als weiteres Übungsmaterial finden Sie hier ein ausführliches Wortschatztraining mit Übungen zu prüfungsrelevanten Themenfeldern sowie ein vertiefendes Grammatiktraining mit Übungen zu ausgewählten grammatischen Kategorien. Zusätzlich stehen Ihnen drei weitere Modelltests, die sich an dem Prüfungsformat von telc orientieren, zum Üben zur Verfügung.

Zum Trainingsmaterial gehören eine Audio-CD zu allen Hörverstehensaufgaben und ein eingelegtes Heft mit den Transkripten aller Hörtexte, mit Beispielen für mögliche Dialogverläufe in der mündlichen Prüfung, mit dem Lösungsschlüssel, wichtigem Lernwortschatz in Themenfeldern, nützlichen Redemitteln und mit dem Antwortbogen als Kopiervorlage.

Der Verlag und der Autor wünschen Ihnen viel Spaß und Erfolg bei der Vorbereitung auf die Prüfung!

Inhalt

	telc Deutsch B1+ Beruf: Die Prüfungsteile		6

1 Modelltest 1 – Schritt für Schritt

Leseverstehen	Übersicht	8
	Teil 1	9
	Teil 2	15
	Teil 3	19
Sprachbausteine	Übersicht	25
	Teil 1	27
	Teil 2	29
Hörverstehen	Übersicht	31
	Teil 1	32
	Teil 2	36
	Teil 3	41
Schriftlicher Ausdruck	Übersicht	45
	Halbformeller Brief	46
Mündliche Prüfung	Übersicht	52
	Teil 1	53
	Teil 2	55
	Teil 3	59

2 Wortschatztraining

Übungen	64

3 Grammatiktraining

Übungen	99

Inhalt

4	**Modelltest 2**	Leseverstehen 1–3	121
		Sprachbausteine 1–2	127
		Hörverstehen 1–3	129
		Schriftlicher Ausdruck	132
		Mündliche Prüfung 1–3	133
5	**Modelltest 3**	Leseverstehen 1–3	137
		Sprachbausteine 1–2	143
		Hörverstehen 1–3	145
		Schriftlicher Ausdruck	148
		Mündliche Prüfung 1–3	149
6	**Modelltest 4**	Leseverstehen 1–3	153
		Sprachbausteine 1–2	159
		Hörverstehen 1–3	161
		Schriftlicher Ausdruck	164
		Mündliche Prüfung 1–3	165
7	**Bewertung der Prüfung telc Deutsch B1+ Beruf**		169
	Anhang	Wegweiser zum Modelltest / Quellen	175
		Inhalt der Audio-CD	176

telc Deutsch B1+ Beruf: Die Prüfungsteile

Die Prüfung telc Deutsch B1+ Beruf prüft die Sprachkenntnisse auf dem Niveau B1+ des Gemeinsamen europäischen Referenzrahmens. In der Prüfung werden die vier Fertigkeiten Lesen, Hören, Schreiben und Sprechen sowie Grammatik- und Wortschatzkenntnisse überprüft.

Die Prüfung besteht aus folgenden Teilen:
- schriftliche Prüfung mit den Teilprüfungen
  Leseverstehen und Sprachbausteine,
  Hörverstehen,
  schriftlicher Ausdruck;
- mündliche Prüfung.

Leseverstehen

Teil 1
fünf E-Mails oder Briefe mit zehn Betreffzeilen
Sie sollen entscheiden, welcher Betreff zu welchem Text passt.

Teil 2
längere E-Mails, mindestens eine Ausgangsmail und die Antwort darauf, mit fünf Aufgaben
In jeder Aufgabe gibt es drei Sätze. Sie sollen entscheiden, welcher Satz den Text am genauesten wiedergibt.

Teil 3
zwölf Anzeigentexte mit zehn Situationen
Sie sollen entscheiden, welche Anzeige zu welcher Situation passt.

Sprachbausteine

Teil 1
Text (E-Mail, Brief, Fax …) mit zehn Lücken
Zu jeder Lücke im Text gibt es drei Lösungen. Sie sollen entscheiden, welche Lösung die richtige ist.

Teil 2
Text (E-Mail, Brief, Fax …) mit zehn Lücken
Es gibt insgesamt 15 Antwortmöglichkeiten. Sie sollen daraus für jede Lücke die richtige Lösung auswählen.

Für die Prüfungsteile Leseverstehen und Sprachbausteine haben Sie insgesamt 90 Minuten Zeit.

telc B1+ Beruf: Die Prüfungsteile

Hörverstehen

Teil 1
fünf Kurztexte mit fünf Aufgaben
Sie sollen entscheiden, ob die Aussagen in den Aufgaben richtig oder falsch sind, d. h. ob die Aussagen den Hörtext wiedergeben oder nicht.

Teil 2
ein längeres Gespräch / Interview mit zehn Aufgaben
Sie sollen entscheiden, ob die Aussagen in den Aufgaben richtig oder falsch sind, d. h. ob es im Hörtext so gesagt wurde oder nicht.

Teil 3
fünf Kurztexte mit fünf Aufgaben
Sie sollen entscheiden, ob die Aussagen in den Aufgaben richtig oder falsch sind, d. h. ob die Aussagen den Hörtext wiedergeben oder nicht.

Der Prüfungsteil Hörverstehen dauert ca. 30 Minuten.

Schriftlicher Ausdruck (Brief)

Sie sollen einen halbformellen Brief als Reaktion auf eine Werbeanzeige, ein Angebot, einen anderen Brief oder Ähnliches schreiben. Sie bekommen vier thematische Punkte vorgegeben.

Für das Schreiben des Briefes haben Sie 30 Minuten Zeit.

Mündliche Prüfung

Die mündliche Prüfung wird als Paar- oder als Einzelprüfung durchgeführt.

Teil 1
Kontaktaufnahme
Sie sprechen mit Ihrer Partnerin / Ihrem Partner oder der Prüferin / dem Prüfer über sich selbst (z. B. Ausbildung, Berufstätigkeit, berufliche Pläne).

Teil 2
Gespräch über ein Thema
Sie sprechen mit Ihrer Partnerin / Ihrem Partner oder der Prüferin / dem Prüfer über ein Thema aus dem Berufsleben. Sie bekommen dafür vorher Informationen aus Bildern und Texten.

Teil 3
Gemeinsam eine Aufgabe lösen
Sie planen etwas mit Ihrer Partnerin / Ihrem Partner oder der Prüferin / dem Prüfer (z. B. eine Besprechung, eine Dienstreise, einen dienstlichen Besuch), Sie machen Vorschläge und reagieren auf Vorschläge.

Die mündliche Prüfung dauert ca. 15 Minuten.

1 Leseverstehen

Übersicht

Leseverstehen: Übersicht

Der Prüfungsteil Leseverstehen besteht aus drei Teilen:

Teil 1

Lernziel: Globalverstehen
Sie sollen die Hauptaussagen kurzer Briefe oder E-Mails aus dem Berufsleben verstehen. Zu jedem Text sollen Sie einen passenden Betreff finden. Ein Betreff sagt ganz kurz, worum es in einem Brief oder einer E-Mail geht, wie eine Überschrift.

Textsorte: fünf E-Mails oder Briefe und zehn Betreffzeilen mit fünf Aufgaben

Zeit: ca. 20 Minuten

Teil 2

Lernziel: Detailverstehen
Sie sollen längere E-Mails genau verstehen. Zu jeder Aufgabe gibt es drei Sätze. Sie sollen entscheiden, welcher Satz den Text am genauesten wiedergibt.

Textsorte: längere E-Mails mit mindestens zwei Teilen: einer Ausgangsmail und einer Antwort mit fünf Aufgaben

Zeit: ca. 35 Minuten

Teil 3

Lernziel: Selektives Verstehen
Sie sollen bestimmte Informationen in Anzeigen finden und entscheiden, welche Anzeige zu welcher Situation passt.

Textsorte: zwölf Anzeigentexte mit zehn Aufgaben/Situationen

Zeit: ca. 15 Minuten

Während des ganzen Prüfungsteils Leseverstehen dürfen Sie kein Wörterbuch benutzen.

In der Prüfung erhalten Sie den Prüfungsteil Leseverstehen zusammen mit dem Prüfungsteil Sprachbausteine (siehe Seite 25). Für beide Prüfungsteile zusammen haben Sie 90 Minuten Zeit, die Sie sich frei einteilen können. Damit Sie für den Prüfungsteil Sprachbausteine noch genug Zeit haben, sollten Sie nicht mehr als 60 bis 70 Minuten für den Prüfungsteil Leseverstehen verwenden.

Leseverstehen Teil 1

In diesem Prüfungsteil sollen Sie zeigen, dass Sie die Hauptaussagen und den Sinn eines Textes verstehen, d. h. dass Sie den Text global verstehen.

Was sollen Sie tun?

Sie bekommen zehn Betreffzeilen und fünf Kurztexte. Sie sollen entscheiden: Welcher Betreff passt zu welchem Text?

Lösen Sie zur Vorbereitung auf diesen Prüfungsteil die folgenden Aufgaben.

1. Lesen Sie die E-Mail. Was ist die Hauptaussage? Fassen Sie den Text in einem Satz zusammen.

Betreff: ....

Liebe Kollegen,

leider konnte ich Sie telefonisch nicht erreichen, um Ihnen zu sagen, dass ich wegen einer schweren Erkältung nicht zu unserem Termin kommen kann. Ich melde mich bei Ihnen, sobald es mir wieder besser geht. Bitte entschuldigen Sie die Unannehmlichkeiten.

Viele Grüße
Gabi Stein

Hauptaussage: ....

....

2. Welcher Betreff (a, b oder c) könnte passen? Tragen Sie den Betreff bei 1 in die Lücke ein.

a Terminzusage
b Terminabsage
c Terminverschiebung

Die nächste Aufgabe entspricht der Aufgabenstellung in der Prüfung. Versuchen Sie, die Aufgabe zu lösen. Arbeiten Sie ohne Wörterbuch und achten Sie auf die Zeit: Sie haben ca. 20 Minuten.

Leseverstehen
Teil 1

3. Lesen Sie die folgenden fünf Texte. Es fehlt jeweils der Betreff. Entscheiden Sie, welcher Betreff (a–j) am besten zu welcher Betreffzeile (1–5) passt.
Tragen Sie Ihre Lösungen für die Aufgaben 1–5 in den Antwortbogen ein.

1. Betreff: _____

Guten Abend, Herr Usta,

wir möchten eine Übersetzung eines Angebots aus dem Deutschen ins Türkische in Auftrag geben. Der Text umfasst 20 Seiten. Er soll am 1.1. bei uns eingehen.
Wenn Sie Zeit und Interesse haben, freue ich mich auf Ihre Antwort bis zum 1.11. Bitte teilen Sie uns auch Ihre Honorarvorstellung mit.

Viele Grüße
Linguaphon Übersetzungsservice

2. Betreff: _____

Sehr geehrte Frau Kraus,

vielen Dank für Ihre Anfrage. Wir können die KL77 Armenia Registrierkassen in der gewünschten Menge ab sofort zum Stückpreis von 139 € netto liefern.
Mit dem beigefügten Service-Bestellformular erhalten Sie die Ware innerhalb von 48 Stunden. Sie bestellen zu unseren AGB.

Wir freuen uns auf Ihren Auftrag.

Mit freundlichen Grüßen
BüroService Mitte

3. Betreff: _____

Lieber Herr Hochstädter,

für die Bezirksleiterkonferenz am 03. und 04.12. würde ich für Sie gerne folgende Züge buchen:
Fr, 02.12. Frankfurt (Main) Hbf ab 16:58; Berlin Hbf an 21:08
So, 04.12. 15:22 Berlin Hbf ab; 19:44 Frankfurt (Main) Hbf an

Bitte geben Sie mir kurz Bescheid, ob Sie einverstanden sind.

Danke und viele Grüße
Helga Roth

4. Betreff: _____

Sehr geehrter Herr Kohlmann,

wir können die Arbeiten an der Lagerhalle wie gewünscht erst nach Ihren Betriebsferien beginnen. Die Bauzeit wird ca. 14 Tage betragen. Selbstverständlich stellen wir Ihnen während der ganzen Bauphase für Ihre Mitarbeiter provisorische WCs zur Verfügung. Können Sie mir noch mitteilen, welcher Termin im Herbst Ihnen für den Beginn der Arbeiten am besten passt? Dann richten wir uns nach Möglichkeit danach.

Mit freundlichen Grüßen
Thomas Steinmeier
Maurermeister

5. Betreff: _____

Liebe Frau Halsberg,

da ich Sie telefonisch nicht erreichen kann, versuche ich es per Mail. Morgen um 16 Uhr passt mir unser Treffen leider nicht gut. Ich habe noch einen Kundenbesuch. Wie lange sind Sie morgen im Büro? Könnten wir uns etwas später treffen, so gegen 17 Uhr?
Danke für eine Nachricht.

Viele Grüße
Anja Marquard

Leseverstehen
Teil 1

a Anfrage

b Angebot

c Auftragsbestätigung

d Betriebsferien

e Ihr Reiseplan

f Terminanfrage

g Terminabsage

h Terminbestätigung

i Terminverschiebung

j Betriebsfeier

Womit hatten Sie Schwierigkeiten?

Im Folgenden möchten wir mit Ihnen zusammen die Aufgabe Schritt für Schritt durchgehen, Ihnen einen möglichen Lösungsweg zeigen, die Lösungen erklären und einige Tipps zu diesem Prüfungsteil geben.

In der Aufgabe gibt es fünf E-Mails und zehn Betreffs. Zu jeder E-Mail passt immer nur ein Betreff, auch wenn es mehrere Betreffs zu demselben Thema gibt.

1 Leseverstehen

Teil 1

👣 Schritt 1: Die wichtigsten Wörter unterstreichen

Lesen Sie den ersten Text auf Seite 10 und unterstreichen Sie für den Betreff wichtige Wörter.

Beispiel:

1. Betreff: ☐

   Guten Abend, Herr Usta,

   wir möchten eine Übersetzung eines Angebots aus dem Deutschen ins Türkische <u>in Auftrag geben</u>. Der Text umfasst 20 Seiten. Er soll am 1.1. <u>bei uns eingehen</u>.
   Wenn Sie Zeit und Interesse haben, freue ich mich auf Ihre Antwort bis zum 1.11.
   Bitte teilen Sie uns auch <u>Ihre Honorarvorstellung</u> mit.

   Viele Grüße
   Linguaphon Übersetzungsservice

👣 Schritt 2: Betreffs lesen und auswählen

Lesen Sie die Betreffs und vergleichen Sie mit den unterstrichenen Wörtern. Markieren Sie die Betreffs, die zum Text passen könnten.

Beispiel für E-Mail 1:

a   Anfrage   ✗

b   Angebot   ✗

c   Auftragsbestätigung   ✗

d   Betriebsferien

e   Ihr Reiseplan

f   Terminanfrage

g   Terminabsage

h   Terminbestätigung

i   Terminverschiebung

j   Betriebsfeier

> **TIPP** Bei den Betreffs gibt es sehr oft zusammengesetzte Wörter (Komposita). Denken Sie daran: Der letzte Wortteil ist am wichtigsten, um die Bedeutung genau zu verstehen.

> **TIPP** Achten Sie beim Vergleichen auf die Unterschiede, z. B.: Bietet der Schreiber etwas an (Angebot) oder antwortet er auf ein Angebot?

Leseverstehen
Teil 1

Schritt 3: Die richtige Lösung markieren

Entscheiden Sie jetzt, welcher Betreff zum Text passt, und markieren Sie die Lösung auf dem Antwortbogen.

> **TIPP** *Kreuzen Sie die Kästchen auf dem Antwortbogen nicht an, sondern malen Sie sie aus.*
> *So: a ○ b ○ c ●*

Schritt 4: Weitere Texte genauso bearbeiten

Bearbeiten Sie jetzt die anderen Texte wie Text 1.

> **TIPP** *Sie können es beim Üben auch einmal andersherum probieren: Zuerst die Betreffs lesen, dann die Texte. Wie können Sie die Aufgaben am besten lösen?*

> **TIPP** *Die Betreffs in dieser Prüfungsaufgabe gehören zu höchstens drei Themenbereichen. Einige Beispiele für Themenbereiche sind: Termine, Kommunikation mit Kunden (z. B. Angebote, Mahnungen, Reklamationen), Kommunikation mit Lieferanten (z. B. Anfragen, Reklamationen, Beschwerden), Geschäftsreisen (z. B. Terminpläne, Hotelreservierungen), Ereignisse im Betrieb (z. B. Pausenregelung, Betriebsversammlungen, Vertretungen).*

Lösung

1. a; 2. b; 3. e; 4. f; 5. i
Im Folgenden wollen wir Ihnen die Lösungen erklären.

Text 1:
richtig: a: Es ist eine Anfrage an einen Übersetzer. Dieser soll sagen, ob er den Auftrag übernehmen will.
falsch: b: In einem Angebot würde der Übersetzer seine Honorarvorstellungen nennen.
           c: Es ist keine Auftragsbestätigung; z. B. müssen die Honorarvorstellungen noch genannt werden.

Text 2:
richtig: b: Es ist ein Angebot. Die Firma bietet die Kassen an.
falsch: a: Im Text findet sich zwar das Wort „Anfrage", das bezieht sich aber auf die Anfrage, die Frau Kraus vorher geschrieben hat.

Text 3:
richtig: e: Es handelt sich um einen persönlichen Reiseplan.
falsch: f-i: Es geht nicht um die Klärung eines Termins, sondern um den Reiseplan für einen Mitarbeiter.

1 Leseverstehen
Teil 1

Text 4:
Hier müssen Sie sich die verschiedenen Komposita auf Seite 11 genau ansehen, um die Aufgabe lösen zu können:

richtig:	f:	Die E-Mail ist eine Terminanfrage, denn es wird nach einem genauen Termin gefragt.
falsch:	h:	Der Termin wird noch nicht bestätigt, sondern er muss noch festgelegt werden.

Text 5:

richtig:	i:	Mit einem Vorschlag für einen neuen Termin ist es eine Verschiebung: „Könnten wir uns später treffen, so gegen 17 Uhr?".
falsch:	g:	Zwar sagt sie den ursprünglichen Termin ab, aber der wesentliche Inhalt der E-Mail ist keine Absage. Eine Absage heißt „kein Termin möglich".

Vorbereitung auf diesen Prüfungsteil im Kurs

1. Arbeiten Sie in Gruppen. Suchen Sie in Texten nach Komposita, in denen die folgenden Wörter vorkommen. Arbeiten Sie auch mit dem Wörterbuch. Die anderen Teilnehmer/innen versuchen, die Begriffe zu erklären.

Termin
Terminvorschlag
…

Waren
Wareneingang
…

Kunden
Kundendienst
…

Betrieb
Betriebsausflug
…

2. Sammeln Sie E-Mails, die Sie bekommen haben, und entscheiden Sie, welche Sie den anderen zeigen möchten. Schneiden Sie die Betreffs ab. Die anderen Teilnehmer/innen erfinden passende Betreffs. Vergleichen Sie dann mit dem Original.

3. Teilnehmer/in A denkt sich einen Betreff aus. Teilnehmer/in B schreibt eine kurze E-Mail dazu und gibt sie ohne Betreff an Teilnehmer/in C weiter. Er/Sie überlegt sich einen passenden Betreff für die E-Mail. Den Betreff bekommt Teilnehmer/in D und schreibt dazu wieder eine kurze E-Mail usw. Vergleichen Sie die Ergebnisse.

Leseverstehen

Teil 2

Leseverstehen Teil 2

In diesem Prüfungsteil wird Detailverstehen geprüft, d. h. Sie müssen den Text sehr genau lesen. Hier kann jeder Satz im Text wichtig für die Lösung sein.

Was sollen Sie tun?

Sie bekommen mindestens zwei E-Mails, und zwar eine Ausgangsmail und die Antwort darauf. Es ist auch möglich, dass es auf die Antwort eine weitere Antwort gibt und dann wieder eine Antwort. So lesen Sie einen E-Mail-Verkehr, wie er im Betrieb vorkommen kann. Die Texte haben insgesamt eine Länge von ca. 350 Wörtern. Zu den E-Mails gibt es fünf Aufgaben. Sie sollen entscheiden: Welche von je drei Lösungen entspricht dem Text am genauesten?

Versuchen Sie zuerst die Hauptaussagen der E-Mails zu verstehen. Wenn Sie Wörter nicht kennen, werden Sie nicht nervös. Lesen Sie weiter und versuchen Sie, die unbekannten Wörter aus dem Kontext zu verstehen. Konzentrieren Sie sich auf bekannte Wörter.

Lösen Sie zur Vorbereitung auf diesen Prüfungsteil die folgenden Aufgaben.

1. Lesen Sie die E-Mails und die Aufgabe 2. Unterstreichen Sie die Textstellen, die zur Lösung der Aufgabe wichtig sind.

Betreff: AW: Bestellung Falzmaschinen F100

Sehr geehrter Herr Bauerjahn,
wir warten immer noch auf die Lieferung der bestellten Falzmaschinen. Sollten sie bis morgen Nachmittag nicht bei uns eintreffen, werden wir vom Kauf zurücktreten und einen anderen Lieferanten beauftragen.
Peter Glück, KGS GmbH

Herr Bauerjahn schrieb:

> Sehr geehrter Herr Glück,
> danke für Ihre Bestellung. Auftragsgemäß liefern wir Ihnen 2 Falzmaschinen F 100 zum Preis von
> 105,50 Euro pro Stück + MwSt.
> Mit freundlichen Grüßen
> Ludwig Bauerjahn, Büro-discount

---

2. Welche Antwort (a, b oder c) ist richtig? Kreuzen Sie an.

Es gibt ein Problem,
    a   weil die bestellten Maschinen zu spät gekommen sind.
    b   weil der Kunde die Lieferung immer noch nicht erhalten hat.
    c   weil Herr Glück nicht mehr bei Büro-discount kaufen möchte.

Die nächste Aufgabe entspricht der Aufgabenstellung in der Prüfung. Versuchen Sie, die Aufgabe zu lösen. Arbeiten Sie ohne Wörterbuch und achten Sie auf die Zeit: Sie haben ca. 35 Minuten.

Leseverstehen
Teil 2

3. Lesen Sie die E-Mails und die Aufgaben 1–5. Welche Lösung (a, b oder c) ist jeweils richtig? Markieren Sie Ihre Lösungen für die Aufgaben 1–5 auf dem Antwortbogen.

Von: castorf@printerstar.com
An: laurabauer@c+s.spedition.de
Betreff: AW: Multifunktionsgerät Drucker-Scanner-Kopierer Printerstar PS-4025
Datum: 06. März 20… 10:14

Sehr geehrte Frau Bauer,

vielen Dank für Ihre Informationen. Die von Ihnen genannten Daten (Gewicht: 700 g) zeigen tatsächlich eine leere Tonerpatrone. Dazu folgende Information: 3500 Seiten sind für eine Deckung von 5–10 % angegeben. Grundlage ist ein normaler Brief mit Logo, aber ohne Bilder. Sicher haben Sie farbintensive Elemente oder viel mehr Text gedruckt, so dass Sie eine geringere Seitenleistung erhalten haben.

Wir sehen daher keinen Grund für eine Reklamation. Allerdings kommen wir Ihnen gerne entgegen und erklären uns bereit, Ihnen ausnahmsweise eine Patrone kostenfrei zu liefern.

Ich hoffe, Sie damit zufriedenzustellen, und stehe Ihnen gerne für die Absprache von Einzelheiten und für weitere Fragen zur Verfügung.

Mit freundlichen Grüßen
Joachim Castorf – Technische Hotline Printerstar

Frau Bauer schrieb:
> Sehr geehrter Herr Castorf,
> die Tonerpatrone wiegt ca. 700 Gramm. Ich hoffe, dass die Angelegenheit schnellstmöglich geklärt
> wird.
> Mit freundlichen Grüßen
> Laura Bauer – C+S Spedition GmbH

Herr Castorf schrieb:
>> Sehr geehrte Frau Bauer,
>> bitte entschuldigen Sie eventuelle Unannehmlichkeiten, die Ihnen durch eines unserer Produkte
>> entstanden sind. Ein solches Problem haben wir in der Vergangenheit noch nie erlebt. Zunächst
>> möchten wir prüfen, ob die Druckerpatrone leer ist oder ob nicht ein Defekt beim Drucker
>> vorliegt. Dazu bitten wir Sie, die Patrone zu wiegen und uns das Gewicht mitzuteilen.
>> Mit freundlichen Grüßen
>> Joachim Castorf – Technische Hotline Printerstar

Frau Bauer schrieb:
>>> Sehr geehrte Damen und Herren,
>>> zuerst einmal vielen Dank für Ihre technische Unterstützung bei den Problemen mit der
>>> Installation der Scanner-Software. Der Scanner läuft inzwischen problemlos. Auch mit der
>>> Druckqualität sind wir zufrieden. Leider muss ich heute etwas anderes reklamieren. Die mit
>>> dem Drucker PS 4025 gelieferte Druckerpatrone „Toner PS-3500" soll eine garantierte Leistung
>>> von 3500 Seiten haben. Nach einem Druck von nur 1000 Seiten taucht im Display aber die
>>> Meldung „Toner bestellen" auf. Als die Meldung: TONER LEER auftauchte, war die
>>> Gesamtseitenzahl 2010, also weit unter 3500.
>>> Ich habe den Toner inzwischen gewechselt. Da es sich vermutlich um eine fehlerhafte, da nicht
>>> vollständig gefüllte Druckerpatrone handelt, bitten wir Sie, uns eine kostenfreie Ersatzpatrone
>>> zu liefern.
>>> Die Toner-Seriennummer ist PS532NH0146X.
>>> Mit freundlichen Grüßen
>>> Laura Bauer – C+S Spedition GmbH

Leseverstehen
Teil 2

Achtung!
Die Aufgaben stehen nicht immer in derselben Reihenfolge wie die Informationen im Text.

6. Frau Bauer hat der Firma Printerstar mitgeteilt,
   - a dass es neue Probleme mit dem Drucker gibt.
   - b dass ihr Drucker schlecht druckt.
   - c dass ihr Scanner immer noch nicht funktioniert.

7. Sie möchte
   - a die kostenlose Lieferung einer Ersatzpatrone.
   - b einen neuen Toner bestellen.
   - c technische Unterstützung beim Wechseln des Toners.

8. Herr Castorf von der Firma Printerstar schreibt,
   - a dass der von Frau Bauer genannte Fehler nicht neu ist.
   - b dass Frau Bauer das Gewicht des Toners überprüfen soll.
   - c dass Frau Bauer ihren Drucker überprüfen soll.

9. Die Firma Printerstar
   - a lehnt ein Entgegenkommen ab.
   - b macht den Vorschlag, Frau Bauer zu entschädigen.
   - c möchte, dass Frau Bauer ihr die reklamierte Patrone zuschickt.

10. Herr Castorf von der Firma Printerstar schreibt,
    - a dass es Tonermodelle gibt, die eine geringere Leistung haben.
    - b dass Frau Bauer den Drucker vermutlich falsch bedient hat.
    - c dass Printerstar für das Problem nicht verantwortlich ist.

Womit hatten Sie Schwierigkeiten? Vergleichen Sie Ihr Ergebnis mit der Lösung auf Seite 18.

Im Folgenden möchten wir mit Ihnen zusammen die Aufgabe Schritt für Schritt durchgehen, Ihnen einen möglichen Lösungsweg zeigen, die Lösungen erklären und einige Tipps zu diesem Prüfungsteil geben.

Schritt 1: Text schnell lesen und die Hauptaussagen verstehen

Lesen Sie die E-Mails von unten (Anfang der Korrespondenz) nach oben. Lesen Sie schnell (ca. fünf Minuten). Worum geht es?

 Achten Sie nicht auf berufsspezifische Wörter, die Sie nicht kennen. Diese sind für die Beantwortung der Fragen nicht wichtig. Wenn sie wichtig sind, werden sie im Text erklärt.

Schritt 2: Aufgaben lesen und wichtige Wörter unterstreichen

Lesen Sie die Aufgaben oben noch einmal und unterstreichen Sie die wichtigsten Wörter.

1 Leseverstehen
Teil 2

Beispiel:

6. Frau Bauer hat der Firma Printerstar mitgeteilt,
   a dass es neue Probleme mit dem Drucker gibt.
   b dass ihr Drucker schlecht druckt.
   c dass ihr Scanner immer noch nicht funktioniert.

Schritt 3: Passende Textstellen unterstreichen und die richtige Antwort markieren

Suchen Sie Textstellen, die zu den unterstrichenen Wörtern in den Aufgaben passen.

Beispiel aus Teil 1 der untersten E-Mail:

> >> Der Scanner läuft inzwischen problemlos. Auch mit der Druckqualität sind wir zufrieden. Leider
> >> muss ich heute etwas anderes reklamieren.

TIPP *Die Reihenfolge der Aufgaben folgt nicht immer der Reihenfolge des Textes.*

Lösung

6. a; 7. a; 8. b; 9. b; 10. c

Aufgabe 6
richtig: a: Es gibt neue Probleme mit dem Drucker: „Leider muss ich heute etwas anderes reklamieren".
falsch: b: Frau Bauer ist „mit der Druckqualität ... zufrieden", c: Sie schreibt, der „Scanner läuft inzwischen problemlos".

Aufgabe 7
richtig: a: Frau Bauer bittet um Lieferung einer kostenfreien Ersatzpatrone.
falsch: b: Der Hinweis „Toner bestellen" taucht nur im Display auf; c: technische Unterstützung gab es bei der Scanner-Software.

Aufgabe 8
richtig: b: „Das Gewicht des Toners überprüfen" bedeutet die Druckerpatrone zu wiegen.
falsch: a: Die genannten Probleme sind für Printerstar neu, denn sie schreiben: „Ein solches Problem haben wir ... noch nie erlebt."; c: Das wird im Text nicht gesagt.

Aufgabe 9
richtig: b: Aus Kulanzgründen bietet Printerstar eine kostenlose Patrone an.
falsch: a: Die Firma kommt der Kundin entgegen; c: *die Firma* schickt die Patrone.

Aufgabe 10
richtig: c: „Wir sehen daher keinen Grund für eine Reklamation."
falsch: a: Es wird vom Problem einer geringeren Seitenleistung gesprochen, nicht aber von Tonermodellen, die eine geringere Leistung haben; b: Möglicherweise hat Frau Bauer Seiten mit zu hoher Deckung gedruckt (z. B. Bilder, Illustrationen). Das ist aber kein Bedienungsfehler.

Leseverstehen Teil 3

In diesem Prüfungsteil zeigen Sie, dass Sie in Anzeigen bestimmte Informationen finden können.

Was sollen Sie tun?

Sie lesen zehn Situationen. Sie sollen zu jeder Situation die passende Anzeige finden. Insgesamt gibt es zwölf Anzeigen. Für eine oder zwei Situationen gibt es keine passende Anzeige.

Die Anzeigen gehören zu maximal drei Themenbereichen.

Lösen Sie zur Vorbereitung auf diesen Prüfungsteil die folgenden Aufgaben.

1. Welche Anzeige passt zu welcher Überschrift? Finden Sie die passenden Anzeigen a–e zu den Überschriften 1–5. Markieren Sie.

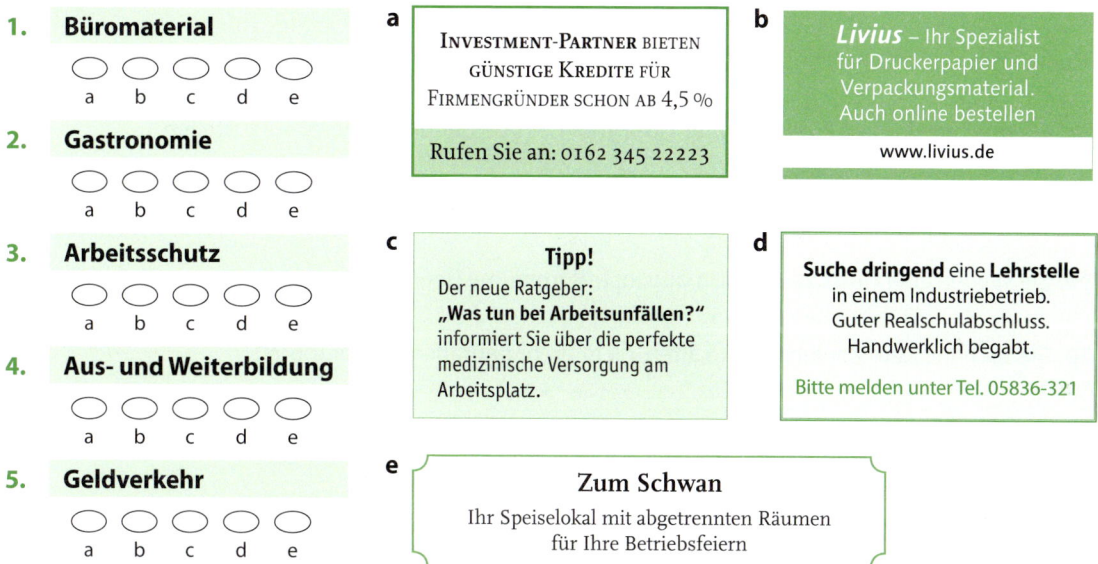

2. Lesen Sie die Situation und die Anzeigen. Welche Anzeige passt? Markieren Sie.

Ihr Unternehmen sucht neue, zentral gelegene Geschäftsräume.

Die nächste Aufgabe entspricht der Aufgabenstellung in der Prüfung. Lösen Sie die Aufgabe. Arbeiten Sie ohne Wörterbuch und achten Sie auf die Zeit. Sie haben ca. 15 Minuten Zeit.

1 Leseverstehen
Teil 3

3. Lesen Sie die Situationen 11–20 und die Anzeigen a–l. Finden Sie für jede Situation die passende Anzeige. Sie können jede Anzeige nur einmal benutzen.
Markieren Sie Ihre Lösungen für die Aufgaben 11–20 auf dem Antwortbogen.
Wenn Sie zu einer Situation keine Anzeige finden, markieren Sie x.

11. Es ist Samstagnachmittag. Ihr Firmen-Computer funktioniert nicht mehr und Ihr eigener Computerwartungsdienst ist nicht erreichbar. Sie brauchen sofort Hilfe.

12. Sie suchen für Ihr Unternehmen neue Drucker und Monitore.

13. Ihr Unternehmen möchte die Betriebskantine renovieren.

14. Sie suchen neue Möbel für Ihr Unternehmen.

15. Sie arbeiten als Buchhalterin und möchten Ihr Fachwissen verbessern.

16. Sie möchten Ihre Englischkenntnisse für den Beruf verbessern.

17. Sie möchten lernen, Produkte Ihres Unternehmens besser und sicherer vorzustellen.

18. Sie möchten lernen, wie man PC-Probleme selbst lösen kann.

19. Sie suchen eine Firma, die den Umzug Ihrer Büroräume übernimmt.

20. Sie suchen Interessenten für Ihre alten, nicht mehr gebrauchten Computer.

Leseverstehen

Teil 3

a

Die Lösung Ihrer PC-Probleme
Büro- und Computersysteme Maybach

Professionell: Service und Wartung
Verkauf von PCs, EDV-Anlagen,
Druckern, Monitoren, Speichermedien

Bürozeiten: Mo–Fr 9–20 Uhr, Sa 8–12 Uhr

b

Buchhaltung für Anfänger

Für alle, die noch keine Erfahrung mit Buchhaltungstätigkeiten haben.

Kursprogramm:
- Erstellen von Kontoauszügen
- Zahlungen Kunden / Lieferanten
- MwSt.-Abrechnung

Business-Schule Altenberg   Tel.: 0611 – 3422166

c

Sie möchten umziehen?
Bei uns finden Sie preisgünstige Lieferwagen und Transporter bis 3,5 Tonnen, unter anderem:
**Peugeot Bipper,
VW Transporter,
Mercedes-Benz Sprinter.**
www.transporter-scout.de

d

Möbelhaus Krombach
Alles, was Sie für Ihre Wohnung brauchen:
- Wohnzimmermöbel
- Schlaf- und Kinderzimmermöbel, Gartenmöbel
- Haushaltsgeräte
- Kücheneinrichtung.

Fachkundige Beratung

e

Bollinger Logistics

Zuverlässiger Versand aller Produkte, Geräte, gewerbsmäßig oder von privat. Ob Paketversand, Speditionstransport, national oder weltweit.

24-Stunden-Service,
7 Tage die Woche.
www. bollinger-logistics.de

f

KANTINENSERVICE HESSELSBACH

Wir beliefern Ihre Kantine und jede Mahlzeit wird für Ihre Mitarbeiter etwas Besonderes. Stellen Sie sich aus unserem großen Angebot Gerichte und Getränke zusammen.

Tel.: 0180 – 321 45 677

g

Computer Notdienst

24-Stunden-Service
- Reparaturen und Virenbeseitigung
- Datenrettung
- Netzwerke

In einem Umkreis von 15 km ohne Anfahrtsgebühr
Tel.: 0180 – 233 45 676

h

Probleme mit dem Computer?

Möchten Sie nicht mehr bei jeder Kleinigkeit einen Spezialisten rufen?

In unseren Kursen lernen Sie, einfache PC-Probleme selbst zu beheben:
- Was tun, wenn der PC nicht mehr läuft?
- Wie erstellt man eine Start-CD?
- Wie kann man selbst ein Netzwerk einrichten?

Weitere Informationen unter www.pcforall.com

i

**Weiterbildungen
im Finanz- und Rechnungswesen**

Wiesbadener Akademie für Fernstudien

Voraussetzung: Kaufmännische Grundkenntnisse
Inhalte: Zahlungsverkehr, Gehaltsabrechnungen, Vorbereitung des Jahresabschlusses und vieles mehr.

Telefon: 069 – 43 221 32

j

Helfen mit Sachspenden

Alles, was Sie verschenken oder für wenig Geld abgeben möchten, können Sie auf dem **Sachspendenmarkt.de** anbieten. Wir holen Ihre alten Elektronikgeräte, Alt-PCs usw. ab. So können sie noch einen guten Zweck erfüllen.
Tel.: 0172 – 233 45 477

k

Training
Berufliche Kommunikation

Seminare für Rhetorik und Präsentationstechniken

Damit Ihre Kommunikation Ihr Publikum erreicht. Lernen Sie wirkungsvoll zu präsentieren und sicher aufzutreten. Steigern Sie Ihre Überzeugungskraft.
info@erfolg-im-beruf.de

l

Probleme mit englischen Texten?

Wir übersetzen Ihre Geschäftskorrespondenz
• alle Fachgebiete •
Auch Fachunterricht in englischer Berufssprache.

www.sprachenservice-mcgovern.de

1 Leseverstehen
Teil 3

Womit hatten Sie Schwierigkeiten? Vergleichen Sie Ihr Ergebnis mit der Lösung auf Seite 23.

Im Folgenden möchten wir mit Ihnen zusammen die Aufgabe Schritt für Schritt durchgehen, Ihnen einen möglichen Lösungsweg zeigen, die Lösungen erklären und einige Tipps zu diesem Prüfungsteil geben.

Schritt 1: Die erste Situation lesen, die wichtigsten Wörter unterstreichen

Lesen Sie die erste Situation und unterstreichen Sie die wichtigsten Informationen. Was will die Person? Was sucht sie?

11. Es ist <u>Samstagnachmittag</u>. Ihr <u>Firmen-Computer funktioniert nicht mehr</u> und Ihr eigener Computerwartungsdienst ist nicht erreichbar. Sie <u>brauchen sofort Hilfe</u>.

Schritt 2: Passende Anzeigen zu der Situation auswählen

Lesen Sie die Anzeigen schnell und wählen Sie die aus, die zur ersten Situation passen könnten. Schreiben Sie deren Buchstaben mit Bleistift neben die erste Situation.

> **TIPP** *Überfliegen Sie die Anzeigen nur, d. h. lesen Sie sie schnell und konzentrieren Sie sich auf die wichtigsten Aussagen. Es gibt zwei, manchmal drei ähnliche Anzeigen.*

Schritt 3: Die Situation und die Anzeigen vergleichen

Vergleichen Sie die Schlüsselwörter der Situation mit denen der ausgewählten Anzeigen.

a
Die Lösung Ihrer PC-Probleme
Büro- und Computersysteme Maybach

Professionell: Service und Wartung
Verkauf von PCs, EDV-Anlagen,
Druckern, Monitoren, Speichermedien

Bürozeiten: Mo–Fr 9–20 Uhr, Sa 8–12 Uhr

g **Computer Notdienst**

24-Stunden-Service
- Reparaturen und Virenbeseitigung
- Datenrettung
- Netzwerke

In einem Umkreis von 15 km ohne Anfahrtsgebühr
Tel.: 0180 – 233 45 676

> **TIPP** *Lesen Sie beim Vergleichen die Situation und die ausgewählten Anzeigen genau. Achten Sie auf die Unterschiede zwischen den Anzeigen, z. B. bei Uhrzeiten, Orts- und Datumsangaben.*

Schritt 4: Die passende Anzeige auswählen, die Lösung notieren

Wenn Sie sich sicher sind, notieren Sie den Buchstaben der Anzeige neben der Situation.

> **TIPP** *Es passt immer nur eine Anzeige. Zu manchen Situationen gibt es keine passende Anzeige. Markieren Sie in diesem Fall als Lösung x.*

Leseverstehen
Teil 3

Schritt 5: Weitere Situationen genauso bearbeiten

Bearbeiten Sie jetzt die anderen Situationen wie die erste Situation.

 *Denken Sie nicht zu lange nach, lösen Sie zuerst die einfachen Aufgaben, dann die schwierigeren.*

Schritt 6: Situationen ohne passende Anzeigen

Überprüfen Sie noch einmal, ob es zu den Situationen, zu denen Sie keine Anzeige gefunden haben, wirklich keine passende Anzeige gibt.

Lösung

11. g; 12. a; 13. x; 14. x; 15. i; 16. l; 17. k; 18. h; 19. e; 20. j
Im Folgenden wollen wir Ihnen die richtigen Lösungen erläutern.

Situation 11

richtig:	Anzeige g:	Der Computer-Notdienst ist jeden Tag 24 Stunden lang erreichbar („24-Stunden-Service"), also auch samstagnachmittags.
falsch:	Anzeige a:	Der Service geht samstags nur bis 12 Uhr.
	Anzeige h:	Es handelt sich um eine Anzeige für einen Computerkurs.

Situation 12

richtig:	Anzeige a:	Die Firma ist im „Verkauf von … Druckern, Monitoren …" tätig.
falsch:	Anzeige j:	Hier werden alte PCs als Spende gesucht.

Situation 13

keine Anzeige passt:	In Anzeige f annonciert ein Kantinenservice, der die Kantine mit Essen und Getränken versorgt. Der Kantinenservice renoviert nicht.

Situation 14

keine Anzeige passt:	In Anzeige d annonciert ein Möbelhaus, das Möbel für zu Hause und nicht fürs Büro verkauft.

Situation 15

richtig:	Anzeige i:	Sie sind Buchhalterin und suchen eine Weiterbildung, das heißt, die Weiterbildung im Finanz- und Rechnungswesen ist für Sie richtig. Zahlungsverkehr und Gehaltsabrechnungen usw. sind ebenfalls Teile der Buchhaltung.
falsch:	Anzeige b:	Sie arbeiten bereits als Buchhalterin, sind also keine Anfängerin.

Situation 16

richtig:	Anzeige l:	„Englischkenntnisse für den Beruf verbessern" können Sie durch „Fachunterricht in englischer Berufssprache".
falsch:	Anzeige k:	Hier geht es nicht um Fremdsprachenkenntnisse, sondern um Kommunikation im Allgemeinen.

1 Leseverstehen
Teil 3

Situation 17
richtig: Anzeige k: Lernt man Rhetorik und Präsentationstechniken, dann lernt man Produkte besser und sicherer vorzustellen.

Situation 18
richtig: Anzeige h: „Probleme beheben" heißt „Probleme lösen".
falsch: Anzeigen a und g: Sie suchen keinen Service, sondern wollen die Probleme selbst lösen lernen.

Situation 19
richtig: Anzeige e: Zuverlässiger Versand, Speditionstransport.
falsch: Anzeige c: Passt nicht trotz der Überschrift „Sie möchten umziehen?". Hier handelt es sich um Angebote für Transporter, also Lieferwagen, Autos.

Situation 20
richtig: Anzeige j: Sie suchen jemanden, der Interesse an Ihren Altgeräten (Alt-PCs) hat.
falsch: Anzeige a: Diese Firma verkauft Computer.

Vorbereitung auf diesen Prüfungsteil im Kurs

Arbeiten Sie in Gruppen und erarbeiten Sie eigene Arbeitsblätter.

1. Bringen Sie Anzeigenseiten aus einer deutschsprachigen Zeitung mit. Wählen Sie zehn Anzeigen aus dem beruflichen Bereich aus. Notieren Sie zu jeder Anzeige eine passende Situation. Schreiben Sie alle Situationen auf ein Arbeitsblatt.

Beispiel:

Die Lösung Ihrer PC-Probleme
Büro- und Computersysteme Maybach

Professionell: Service und Wartung
Verkauf von PCs, EDV-Anlagen,
Druckern, Monitoren, Speichermedien
Bürozeiten: Mo–Fr 9–20 Uhr, Sa 8–12 Uhr

Situation:
Ihre Firma sucht einen Wartungsdienst für ihre Computer und Drucker.

2. Tauschen Sie Ihr Arbeitsblatt und Ihre Anzeigen mit einer anderen Gruppe aus. Bearbeiten Sie das Arbeitsblatt der anderen Gruppe. Überprüfen Sie anschließend gegenseitig die Lösungen.

Sprachbausteine

Übersicht

Sprachbausteine: Übersicht

In dem Prüfungsteil Sprachbausteine sollen Sie Ihre Kenntnisse in Grammatik und Wortschatz bei berufssprachlichen Texten beweisen.

Der Prüfungsteil besteht aus zwei Teilen:

Teil 1

Schwerpunkt: grammatische Formen und Strukturen in berufssprachlichem Kontext

Textsorte: E-Mail, Fax, hausinterne Mitteilung, Bestellung, Beschwerde mit zehn Lücken
Zu jeder Lücke gibt es drei Lösungen. Sie sollen entscheiden, welche Lösung die richtige ist.

Zeit: ca. 10 Minuten

Teil 2

Schwerpunkt: Wortschatz in berufssprachlichem Kontext

Textsorte: E-Mail, Fax, hausinterne Mitteilung, Bestellung, Beschwerde mit zehn Lücken
Sie sollen aus 15 Lösungen für jede Lücke die richtige auswählen.

Zeit: ca. 10 Minuten

Sie dürfen während dieses Prüfungsteils kein Wörterbuch benutzen.

In der Prüfung erhalten Sie den Prüfungsteil Sprachbausteine zusammen mit dem Prüfungsteil Leseverstehen (siehe Seite 8–24). Für die beiden Prüfungsteile zusammen haben Sie 90 Minuten Zeit, die Sie sich frei einteilen können. Planen Sie für die Sprachbausteine ca. 20 Minuten ein, für jeden Teil 10 Minuten.

1 Sprachbausteine
Teil 1 und 2

Sprachbausteine Teil 1 und 2

Was sollen Sie tun?

Teil 1: Sie bekommen einen Text, in dem zehn Wörter fehlen. Zu jedem fehlenden Wort gibt es drei Lösungsmöglichkeiten zur Auswahl. Sie sollen die richtige Lösung herausfinden. Jeweils nur eine Lösung ist richtig.

Teil 2: Sie bekommen einen Text, in dem zehn Wörter fehlen. Sie sollen diese Wörter ergänzen, indem Sie aus 15 vorgegebenen Wörtern für jede Lücke das richtige Wort auswählen.

Die folgenden Arbeitsschritte und Tipps können Ihnen bei der Bearbeitung dieses Prüfungsteils helfen. Lesen Sie sie und lösen Sie anschließend die nächsten Aufgaben.

Schritt 1: Beim ersten Lesen die einfachen Aufgaben lösen

Überfliegen Sie zuerst den Text, damit Sie wissen, worum es geht. Der Kontext ist wichtig!
Lösen Sie zuerst die leichten Aufgaben. Wenn Sie etwas nicht sofort wissen, denken Sie nicht zu lange nach und machen Sie die nächste Aufgabe.

Schritt 2: Beim zweiten Lesen die restlichen Aufgaben lösen

Lesen Sie den Text zum zweiten Mal und versuchen Sie, die Aufgaben zu lösen, bei denen Sie sich nicht sicher waren. Verlassen Sie sich, wenn Sie die Regel nicht kennen, auf Ihr Sprachgefühl.

Markieren Sie mit Bleistift die Lösungen, bei denen Sie nicht sicher sind, damit Sie diese später gleich finden und noch einmal überprüfen können.

 *Auch wenn Sie sehr unsicher sind, kreuzen Sie auf jeden Fall etwas an. Vielleicht treffen Sie ja gerade die richtige Lösung!*

Schritt 3: Kontrolle

Lesen Sie den Text noch einmal und überprüfen Sie Ihre Lösungen.
Wenn Sie dann noch Zeit haben, sehen Sie sich die schwierigen Aufgaben noch einmal an.

 *Achten Sie bei den beiden Prüfungsteilen (Teil 1 und 2) unbedingt auf die Zeit. Sie haben für beide Teile nur ca. 20 Minuten.*

Die nächsten beiden Aufgaben entsprechen der Aufgabenstellung in der Prüfung. Lösen Sie die Aufgaben. Arbeiten Sie ohne Wörterbuch und achten Sie auf die Zeit.

Sprachbausteine Teil 1

Lesen Sie den Text und schließen Sie die Lücken 21–30. Welche Lösung (a, b oder c) ist jeweils richtig? Markieren Sie Ihre Lösungen für die Aufgaben 21–30 auf dem Antwortbogen.

Sehr geehrte Damen und Herren,

am 2. November haben wir telefonisch bei __21__ zwei Rollenschneidemaschinen bestellt. Sie wollten mir die Ware in der 45. Kalenderwoche zuschicken. Inzwischen ist es Anfang Dezember und die Maschinen __22__ immer noch nicht angekommen.

Am 16. November telefonierte ich mit Ihrer Serviceabteilung und es __23__ mir gesagt, dass es Probleme wegen __24__ Streiks beim Hersteller der Möbel gibt. Sie sagten mir, dass die Ware aber spätestens Ende November bei uns eintreffen __25__.

Jetzt haben wir Anfang Dezember und wir haben die Maschinen immer noch nicht erhalten, __26__ ich letzte Woche erneut telefonisch reklamiert habe.

Bis jetzt waren wir mit dem Service, __27__ Sie bieten, immer sehr zufrieden. Bitte schicken Sie mir die Maschinen innerhalb der nächsten zwei Wochen, sonst müssen wir leider von unserem Kauf __28__. Vielleicht haben Sie __29__ Maschinen, die Sie uns anbieten könnten? __30__ eine schnelle Nachricht wären wir Ihnen dankbar.

Mit freundlichen Grüßen
Gerhard Roth

21
a euch
b Ihnen
c Sie

22
a haben
b waren
c sind

23
a wurde
b wird
c war

24
a einem
b eines
c einen

25
a wäre
b werden
c würde

26
a aber
b obwohl
c trotzdem

27
a das
b dem
c den

28
a zurückgetreten
b zurücktreten
c zurückzutreten

29
a andere
b anderen
c anderes

30
a Für
b Mit
c Über

Wie war Ihr Ergebnis? Womit hatten Sie Schwierigkeiten?

Im Folgenden wollen wir mit Ihnen zusammen den Prüfungsteil 1 durchgehen und Ihnen die richtigen Lösungen erläutern.

1 Sprachbausteine
Teil 1

Lösung

21. b; 22. c; 23. a; 24. b; 25. c; 26. b; 27. c; 28. b; 29. a; 30. a

Aufgabe 21
Lösung b ist richtig: „Ihnen". Die Anrede in der Geschäftskorrespondenz lautet „Sie". Also kann „euch" nicht stimmen. Nach „bei" folgt der Dativ; also muss es „Ihnen" heißen.
➥ Schriftlicher Ausdruck; Grammatiktraining: Präpositionen

Aufgabe 22
Lösung c ist richtig. Das Verb „ankommen" bildet das Perfekt mit *sein*. Richtig ist also „sind".
➥ Grammatiktraining: Verben im Perfekt

Aufgabe 23
Lösung a ist richtig. Das ist ein Passivsatz im Präteritum: es wurde gesagt. Antwort b wäre Präsens: „es wird", Antwort c Präteritum Aktiv.
➥ Grammatiktraining: Passiv

Aufgabe 24
Lösung b ist richtig. Nach „wegen" steht der Genitiv, das Genitiv-s sehen Sie im Text an der Endung von Streik: „Streiks".
➥ Grammatiktraining: Präpositionen

Aufgabe 25
Lösung c ist richtig. „Ware" steht im Singular, d.h. Antwort b muss falsch sein. Die Antworten a und c sind Konjunktivformen, c ist richtig, da „wäre" „würde … sein" bedeutet.
➥ Grammatiktraining: Konjunktiv II

Aufgabe 26
Lösung b ist richtig. Die Konjunktionen „aber" und „trotzdem" verbinden zwei Hauptsätze. Im Text steht das Verb aber am Ende, d.h. es handelt sich um einen Nebensatz. Hauptsatz und Nebensatz sind mit „obwohl" verbunden.
➥ Grammatiktraining: Satzverbindungen

Aufgabe 27
Lösung c ist richtig. Das Relativpronomen muss hier im Akkusativ stehen. „Service" ist maskulin („der Service") – die Firma bietet also „den Service" an, im Text muss es heißen: „waren wir mit dem Service, den Sie uns bieten, … zufrieden".
➥ Grammatiktraining: Relativsätze

Aufgabe 28
Lösung b ist richtig. Bei Modalverben gibt es keinen Infinitiv mit *zu*.
➥ Grammatiktraining: Infinitiv mit zu

Aufgabe 29
Lösung a ist richtig. Dies ist eine Adjektivdeklination Plural ohne Artikel.
➥ Grammatiktraining: Adjektive

Aufgabe 30
Lösung a ist richtig. Es heißt „dankbar sein für etwas" – die Präposition „für" ist richtig.

Sprachbausteine Teil 2

Lesen Sie den Text und schließen Sie die Lücken 31–40. Benutzen Sie die Wörter a–o. Jedes Wort passt nur einmal.
Markieren Sie Ihre Lösungen für die Aufgaben 31–40 auf dem Antwortbogen.

Hotel Zur Tauber
Frau Anna Schumann
Postfach
97877 Wertheim

Sehr geehrte Frau Schumann,

Ihre Anzeige in der Hotel- und Gaststättenzeitung für eine Stelle als Hotelfachfrau habe ich mit großem Interesse gelesen. Ich möchte mich um diese Stelle __31__.
Meine __32__ zur Hotelfachfrau habe ich 2007 erfolgreich abgeschlossen. Danach war ich im Hotel Brühlfeld in Frankfurt als Rezeptionistin angestellt. Ich war __33__ für die Annahme und __34__ von Reservierungen und auch in der Gastronomie tätig. Auch konnte ich während meiner Tätigkeit Erfahrungen im Planen und Organisieren von Veranstaltungen __35__. Nun würde ich mich gern __36__ verändern und in Ihrem Hotel einen neuen Aufgabenbereich finden. Ich spreche fließend Englisch und Französisch und beherrsche alle gängigen Computerprogramme. Meine persönlichen __37__ liegen in meiner offenen und positiven Art und meinem Organisationstalent.
In der __38__ finden Sie weitere Details zu meinem beruflichen Werdegang.

Gerne würde ich Sie mit meinen Kenntnissen __39__. Die angebotene Stelle könnte ich sofort antreten.

Über die Einladung zu einem persönlichen __40__ würde ich mich sehr freuen.

Mit freundlichen Grüßen
Petra Weiß

a	Anlage	d	Beilage	g	bewerben	j	sammeln	m	Stärken
b	Ausbildung	e	Besuch	h	entwickeln	k	Schwächen	n	unterstützen
c	Bearbeitung	f	beruflich	i	Gespräch	l	selbstständig	o	zuständig

Wie war Ihr Ergebnis? Womit hatten Sie Schwierigkeiten?

Im Folgenden zeigen wir Ihnen die richtigen Lösungen und geben Ihnen Tipps für die Prüfungsvorbereitung.

1 Sprachbausteine
Teil 2

Lösung

31. g; 32. b; 33. o; 34. c; 35. j; 36. f; 37. m; 38. a; 39. n; 40. i

Im Wortschatztraining gibt es weitere Übungen zu dieser Prüfungsform.

Vorbereitung auf diesen Prüfungsteil im Kurs

1. Machen Sie eine Kursstatistik zu den Fehlern, die Sie in der Aufgabe gemacht haben. Notieren Sie an der Tafel alle Fehlerarten und machen Sie die entsprechende Anzahl von Strichen.

Beispiel:

1. Adjektivdeklination	⊪⊪ ⊪⊪ /
2. Konjunktiv II	⊪⊪ ///
3. Relativsätze	///
4. Präpositionen	⊪⊪
5. Wortschatz	//

Wiederholen Sie im Kurs Grammatikthemen mit den meisten Fehlern.

Beispiel:

Adjektivdeklination, Konjunktiv II

2. Arbeiten Sie in kleinen Gruppen und entwerfen Sie zu den ausgewählten Grammatikthemen eigene Übungen. Schreiben Sie die Aufgaben auf Arbeitsblätter und tauschen Sie sie mit anderen Gruppen.

Beispiel:

> Unser Unternehmen schafft .... Computer an.

- **a** neue
- **b** neuen
- **c** neues

3. Arbeiten Sie zu zweit. Jede/r schreibt einen Brief. Tauschen Sie anschließend die Briefe aus und korrigieren Sie sie gegenseitig. Besprechen Sie die Fehler im Kurs.

Hörverstehen

Übersicht

Hörverstehen: Übersicht

Der Prüfungsteil Hörverstehen besteht aus drei Teilen:

Teil 1

Lernziel: Globalverstehen
Sie sollen die Hauptinformationen kurzer Hörtexte aus dem beruflichen Leben verstehen. Zu jedem Hörtext gibt es eine Aussage. Sie sollen entscheiden, ob die Aussagen richtig oder falsch sind; „richtig" bedeutet: „wurde im Text gesagt", „falsch" bedeutet: „wurde im Text nicht gesagt".

Textsorte: fünf Hörtexte – Gesprächsbeiträge zu einem bestimmten Thema – mit fünf Aufgaben
Sie hören die Texte einmal.

Teil 2

Lernziel: Detailverstehen
Sie sollen die Einzelinformationen eines längeren Hörtextes aus dem beruflichen Leben genau verstehen. Dazu gibt es Aussagen und Sie sollen entscheiden, ob die Aussagen richtig oder falsch sind, d. h. ob etwas im Hörtext so gesagt wurde oder nicht.

Textsorte: ein längeres Gespräch/Interview mit zehn Aufgaben
Sie hören den Text zweimal.

Teil 3

Lernziel: Selektives Verstehen
Sie sollen in kurzen Hörtexten bestimmte Informationen erkennen und verstehen. Zu jedem Hörtext gibt es eine Aussage. Sie sollen entscheiden, ob die Aussagen richtig oder falsch sind, d. h. ob in den Hörtexten bestimmte Informationen genannt wurden oder nicht.

Textsorte: fünf kurze Hörtexte mit fünf Aufgaben
Sie hören die Texte zweimal.

Zeit: insgesamt ca. 30 Minuten

Sie dürfen während des ganzen Prüfungsteils Hörverstehen kein Wörterbuch benutzen.

Hörverstehen Teil 1

In diesem Prüfungsteil wird Globalverstehen geprüft, d. h. Sie sollen zeigen, dass Sie das Wichtigste, die Hauptinformationen mehrerer Hörtexte zu einem Thema verstanden haben.

Was sollen Sie tun?

Sie hören fünf Personen, die sich zu einem Thema äußern. Sie hören diese Gesprächsbeiträge nur einmal. Dazu lesen Sie fünf Aussagen. Sie sollen entscheiden, ob die Aussagen das Gehörte wiedergeben (+ = richtig) oder nicht (– = falsch).

Lesen Sie vor dem Hören die Sätze genau. Sie haben dafür 30 Sekunden Zeit. Unterstreichen Sie wichtige Wörter. So bekommen Sie auch schon eine Idee, zu welchem Thema die Personen etwas sagen werden.

Zuerst hören Sie eine kurze Einleitung, in der Sie das Thema erfahren, zu dem die fünf Personen etwas sagen werden. Hören Sie also von Anfang an genau zu.

Lösen Sie zur Vorbereitung auf diesen Prüfungsteil die folgenden Aufgaben.

1. Lesen Sie die Aussagen. Was ist das Thema? Notieren Sie.

1. Ich finde, jeder soll selbst entscheiden, wann er sein Geschäft aufmachen will.

2. Ich sehe die Gefahr, dass alle bald sieben Tage in der Woche arbeiten müssen.

3. Ich denke, dass es viele neue Arbeitsplätze geben wird.

4. Meiner Meinung nach sollte der Sonntag ein freier Tag bleiben.

5. In vielen anderen Ländern muss Verkaufspersonal auch am Sonntag arbeiten.

Thema: ....

 2. Hören Sie jetzt die Einleitung und überprüfen Sie Ihre Lösung in Aufgabe 1.

Die nächste Aufgabe entspricht der Aufgabenstellung in der Prüfung. Lösen Sie die Aufgabe. Arbeiten Sie ohne Wörterbuch.

Hörverstehen

Teil 1

3–6 3. Sie hören die Aussagen von fünf Personen. Sie hören die Aussagen nur einmal. Entscheiden Sie beim Hören, ob die Aussagen 41–45 richtig (+) oder falsch (–) sind. Markieren Sie Ihre Lösungen für die Aufgaben 41–45 auf dem Antwortbogen.

41. Frau Schneider ist unzufrieden, weil sie immer dasselbe macht.

42. Für Herrn Weiß hat der Stress in den letzten Jahren zugenommen.

43. Erika Bleibtreu arbeitet sehr gerne in ihrem Beruf.

44. Herr Baum ist mit seiner Arbeit sehr unzufrieden.

45. Frau Schmitz hat keine Probleme mit Schichtarbeit.

Womit hatten Sie Schwierigkeiten? Vergleichen Sie Ihr Ergebnis mit der Lösung auf Seite 35.

Im Folgenden möchten wir mit Ihnen zusammen die Aufgabe Schritt für Schritt durchgehen, Ihnen einen möglichen Lösungsweg zeigen, die Lösungen erklären und Tipps zu diesem Prüfungsteil geben.

1 Hörverstehen
Teil 1

👣 Schritt 1: Vor dem Hören: Aussagen lesen, wichtige Wörter unterstreichen und das Thema bestimmen

Lesen Sie die Aussagen auf Seite 33 noch einmal und unterstreichen Sie die wichtigsten Wörter.

Beispiel:

41. Frau Schneider ist <u>unzufrieden</u>, weil sie <u>immer dasselbe</u> macht.

Was ist das Thema? Notieren Sie. ....

👣 Schritt 2: Die Einleitung hören und das Thema überprüfen

🔊 4 Hören Sie die Einleitung. Haben Sie das Thema oben richtig erkannt?

> **TIPP** *Wenn der Hörtext beginnt, hören Sie auf zu lesen. Hören Sie genau zu, denn jetzt wird das Thema genannt.*

👣 Schritt 3: Den ersten Gesprächsbeitrag hören

🔊 5 Hören Sie jetzt den ersten Text noch einmal. Achten Sie dabei auf die unterstrichenen Wörter.

> **TIPP** *Wenn Sie etwas nicht verstehen, werden Sie nicht nervös, sondern konzentrieren Sie sich immer auf jede einzelne Aufgabe.*

👣 Schritt 4: Die Lösung markieren

Ist die erste Aussage richtig oder falsch? Markieren Sie.

> **TIPP** *Sie hören die Texte nur einmal. Zwischen jedem Text gibt es aber eine Pause von 15 Sekunden. Sie können die Lösung schon während des Hörens oder in der Pause markieren.*

👣 Schritt 5: Die weiteren Gesprächsbeiträge hören und die Aufgaben lösen

🔊 6 Hören Sie die anderen Texte und lösen Sie die Aufgaben. Gehen Sie dabei wie beim ersten Hörtext vor (Schritt 3 und 4).

> **TIPP** *Kreuzen Sie immer etwas an, auch wenn Sie etwas nicht verstanden haben und die Lösung nicht wissen oder wenn Sie unsicher sind. Sie haben eine Chance von 50 Prozent, dass Sie das Richtige ankreuzen!*

Hörverstehen
Teil 1

Lösung

41. –; 42. +; 43. +; 44. +; 45. –

Aufgabe 41
Frau Schneider ist unzufrieden, weil sie immer dasselbe macht. ○ + / ● –

Im Hörtext kommt die Aussage „man macht immer dasselbe" vor, aber in einem anderen Kontext: „Meine Freundinnen finden (…), man macht immer dasselbe". Frau Schneider sagt aber: „das stimmt nicht"; sie findet ihre Arbeit „abwechslungsreich", d. h. man kann immer etwas anderes machen.

Aufgabe 42
Für Herrn Weiß hat der Stress in den letzten Jahren zugenommen. ● + / ○ –

Im Hörtext heißt es: „Lagerarbeit war immer schon hektisch und anstrengend, aber heute hat ein Lagerist viel mehr Aufgaben als früher. … Und das mit immer weniger Mitarbeitern".
Hektik und Stress haben also zugenommen.

Aufgabe 43
Erika Bleibtreu arbeitet sehr gerne in ihrem Beruf. ● + / ○ –

Im Hörtext zeigen die folgenden Textstellen, dass Frau Bleibtreu sehr gerne in ihrem Beruf arbeitet: „Meine Arbeit macht mir Spaß", „eine interessante Arbeit".

Aufgabe 44
Herr Baum ist mit seiner Arbeit sehr unzufrieden. ● + / ○ –

Im Hörtext zeigen die folgenden Textstellen, dass Herr Baum mit seiner Arbeit unzufrieden ist: „geregelte Arbeitszeiten gibt es nicht", „Ich finde, meine Arbeit wird in unserem Betrieb viel zu wenig anerkannt. Oft behandelt man mich wie einen Hausmeister", „Lange werde ich hier nicht mehr arbeiten".

Aufgabe 45
Frau Schmitz hat keine Probleme mit Schichtarbeit. ○ + / ● –

Im Hörtext heißt es: „Als Köchin in einem Restaurant musste ich Schicht arbeiten, die Wochenenden hatte ich so gut wie nie frei. Ich bin sehr froh, dass diese Zeiten vorbei sind".
Keine Probleme hat sie mit ihrer aktuellen Arbeit.

1 Hörverstehen
Teil 2

Hörverstehen Teil 2

Beim Detailverstehen kommt es darauf an, etwas genau zu verstehen. Hören Sie ganz konzentriert zu, denn jede Information kann für die Lösung wichtig sein.

Was sollen Sie tun?

Sie hören ein Interview oder ein berufsbezogenes Gespräch / ein Gespräch am Arbeitsplatz. Sie hören den Text zweimal. Dazu lesen Sie fünf Aussagen. Sie sollen entscheiden: Entsprechen die Sätze dem Hörtext? Wurde es so gesagt (+ = richtig) oder nicht (– = falsch)?

Mit den folgenden Aufgaben können Sie sich auf den Prüfungsteil vorbereiten.

🎧 **1. Hören Sie ein Gespräch. Notieren Sie, wie diese Wortgruppen im Hörtext ausgedrückt werden.**

1. man schenkt am liebsten ....

2. nicht teuer ....

3. andere Sachen, die die Leute verschenken ....

4. der Umsatz ging zurück ....

🎧 **2. Hören Sie den Text noch einmal. Sind die Aussagen richtig? Markieren Sie.**

1. Zu Weihnachten haben die Kunden am liebsten Bücher geschenkt.   ○ +   ○ –
2. Bücher sind persönlich und nicht teuer.   ○ +   ○ –
3. Viele Kunden kaufen lieber Handys und Sportartikel als Geschenk.   ○ +   ○ –
4. Im vergangenen Jahr ist der Umsatz im Buchhandel um 16 % zurückgegangen.   ○ +   ○ –

Die nächste Aufgabe entspricht der Aufgabenstellung in der Prüfung. Lösen Sie die Aufgabe. Arbeiten Sie ohne Wörterbuch.

Hörverstehen

Teil 2

8–9 3. Sie hören ein Gespräch. Sie hören das Gespräch zweimal. Entscheiden Sie beim Hören, ob die Aussagen 46–55 richtig (+) oder falsch (–) sind.
Markieren Sie Ihre Lösungen für die Aufgaben 46–55 auf dem Antwortbogen.

Lesen Sie jetzt die Aufgaben 46–55. Sie haben dazu eine Minute Zeit.

46. Herr Lehrbach und Frau Bauer sehen sich zum ersten Mal.

47. Herr Groß bekommt andere Medikamente als früher.

48. Herr Lehrbach ist gelernter Gesundheits- und Krankenpfleger.

49. Er soll nach jedem Dienst im Büro anrufen.

50. Herr Groß klagt oft über den Pflegedienst.

51. Herr Groß hat seine Essgewohnheiten geändert.

52. Herr Lehrbach kennt die technischen Hilfsmittel beim Kunden noch nicht.

53. Frau Bauer ist für die Dienstpläne nicht allein zuständig.

54. Nachtdienste sind sehr unbeliebt.

55. Herr Lehrbach darf außerhalb der Arbeit mit niemandem über seine Kunden sprechen.

Womit hatten Sie Schwierigkeiten? Vergleichen Sie Ihr Ergebnis mit der Lösung auf Seite 39.

Im Folgenden möchten wir mit Ihnen zusammen die Aufgabe Schritt für Schritt durchgehen, Ihnen einen möglichen Lösungsweg zeigen, die Lösungen erklären und Tipps zu diesem Prüfungsteil geben.

1 Hörverstehen
Teil 2

👣 Schritt 1: Vor dem Hören Aussagen lesen, wichtige Wörter unterstreichen und das Thema bestimmen

Lesen Sie die Aussagen auf Seite 37 noch einmal, unterstreichen Sie die wichtigsten Wörter und versuchen Sie, das Thema des Gesprächs zu bestimmen.

Beispiel:

46. Herr Lehrbach und Frau Bauer <u>sehen sich zum ersten Mal</u>.

Was ist das Thema? Notieren Sie. ....

> **TIPP** *Für das Lesen haben Sie eine Minute Zeit. Hören Sie sofort auf zu lesen, wenn das Gespräch anfängt.*

👣 Schritt 2: Beim ersten Hören auf die unterstrichenen Wörter achten

🔊 9 **Hören Sie jetzt das Gespräch noch einmal. Vergleichen Sie den Inhalt der Aussagen mit dem Hörtext, achten Sie dabei auf die unterstrichenen Wörter.**

> **TIPP** *Werden Sie nicht nervös, wenn Sie nicht alles verstehen. Hören Sie weiter. Sie werden das Gespräch noch ein zweites Mal hören.*

👣 Schritt 3: Lösungen markieren

Sind die Aussagen richtig oder falsch? Markieren Sie die Lösungen, bei denen Sie sich sicher sind, auf dem Antwortbogen.

Beispiel:

46. Herr Lehrbach und Frau Bauer sehen sich zum ersten Mal.

> **TIPP** *Die Aussagen folgen der Reihenfolge des Hörtextes. Sie können die Lösung auch schon während des Hörens markieren, wenn Sie die Antwort wissen.*

👣 Schritt 4: Beim zweiten Hören Lösungen überprüfen und offene Aufgaben lösen

🔊 9 **Hören Sie das Gespräch noch einmal und konzentrieren Sie sich auf die Stellen im Hörtext, bei denen Sie sich nicht sicher waren. Überprüfen Sie dabei die von Ihnen markierten Lösungen und versuchen Sie, die offenen Aufgaben zu lösen.**

> **TIPP** *Stellen Sie sich immer die Frage: Wird das im Text gesagt oder nicht? Und vergessen Sie nicht: Markieren Sie auf jeden Fall etwas. Sie haben eine fünfzigprozentige Chance, dass Sie das Richtige ankreuzen!*

Hörverstehen
Teil 2

Lösung

46. +; 47. –; 48. +; 49. –; 50. –; 51. –; 52. +; 53. +; 54. –; 55. +

Aufgabe 46
Herr Lehrbach und Frau Bauer sehen sich zum ersten Mal.

Im Hörtext heißt es: „Schön, dass wir uns kennenlernen". Beide Personen sehen sich also zum ersten Mal.

Aufgabe 47
Herr Groß bekommt andere Medikamente als früher.

Das wird im Hörtext nicht gesagt. Frau Bauer benutzt das Wort „verändern", aber in einem anderen Kontext: „Sie dürfen auf keinen Fall die Zusammensetzung der Medikamente verändern".

Aufgabe 48
Herr Lehrbach ist gelernter Gesundheits- und Krankenpfleger.

Herr Lehrbach sagt: „ich habe aber eine Ausbildung als Gesundheits- und Krankenpfleger". Herr Lehrbach hat diesen Beruf also gelernt.

Aufgabe 49
Er soll nach jedem Dienst im Büro anrufen.

Frau Bauer sagt, dass Herr Lehrbach im Büro nachfragen soll, wenn es Probleme gibt, nicht aber, dass er das „nach jedem Dienst" tun soll. Nach jedem Dienst muss er den Pflegebericht schreiben.

Aufgabe 50
Herr Groß klagt oft über den Pflegedienst.

Im Hörtext heißt es: „Er beschwert sich kaum". Er klagt darüber, dass seine Frau und seine Kinder ihn selten besuchen, aber nicht über den Pflegedienst.

Aufgabe 51
Herr Groß hat seine Essgewohnheiten geändert.

Im Hörtext wird gesagt, dass Herr Lehrbach darauf achten soll, den Speiseplan zu verändern, nicht, dass Herr Groß seine Essgewohnheiten schon geändert hat. „Vielleicht könnten Sie den Speiseplan von Herrn Groß ein wenig verändern, damit er sich etwas gesünder ernährt."

Aufgabe 52
Herr Lehrbach kennt die technischen Hilfsmittel beim Kunden noch nicht.

Im Hörtext heißt es: „Dann erkläre ich Ihnen … z. B. wie der Patientenlifter funktioniert". Die Fachkraft will Herrn Lehrbach den Lifter und den Hebestuhl erklären. Das sind technische Hilfsmittel.

1 Hörverstehen
Teil 2

Aufgabe 53
Frau Bauer ist für die Dienstpläne nicht allein zuständig.   **+** ◯ **−**

Frau Bauer sagt, dass Dienstpläne auf den Dienstbesprechungen geklärt werden. Sie sind also nicht allein ihre Aufgabe.

Aufgabe 54
Nachtdienste sind sehr unbeliebt.   ◯ **+**   **−**

Herr Lehrbach mag keine Nachtdienste, aber im Hörtext heißt es: „Es gibt einige, die ganz gerne nachts arbeiten". Man kann also nicht allgemein sagen, dass Nachtdienste unbeliebt sind.

Aufgabe 55
Herr Lehrbach darf außerhalb der Arbeit mit niemandem über seine Kunden sprechen.   **+** ◯ **−**

Frau Bauer sagt: „Für Sie gilt absolute Schweigepflicht außerhalb Ihrer Arbeit". Herr Lehrbach darf also nicht über seine Kunden sprechen.

Hörverstehen Teil 3

Beim selektiven Hören sollen Sie gezielt bestimmte Informationen aus dem Text heraushören. Sie suchen Informationen, die für die Lösung wichtig sind. Welche Informationen das genau sind, erfahren Sie in den Aufgaben.

Was sollen Sie tun?

Sie hören fünf kurze Texte aus Alltag und Berufsleben (z. B. Lautsprecherdurchsagen am Bahnhof, berufliche Mitteilungen auf Anrufbeantwortern, Mitteilungen von Kolleginnen oder Kollegen usw.). Sie hören die Texte zweimal. Zu jedem Hörtext gibt es eine Aussage. Sie müssen entscheiden: Entsprechen die Aussagen dem Hörtext? Wurde es so gesagt (+ = richtig) oder nicht (– = falsch)?

Vor jedem Kurztext hören Sie einen einleitenden Satz, der sehr wichtig ist. Hier wird die Situation kurz vorgestellt.

Lösen Sie zur Vorbereitung auf diesen Prüfungsteil die folgenden Aufgaben.

1. Lesen Sie die Aussage und unterstreichen Sie die Wörter, die Ihrer Meinung nach wichtig für die Lösung sein könnten.

Fluggäste, die nach Frankfurt fliegen wollen, sollen zum Ausgang 12 gehen.

10 2. Hören Sie die Ansage. Ist die Aussage richtig (+) oder falsch (–)? Markieren Sie.

Fluggäste, die nach Frankfurt fliegen wollen, sollen zum Ausgang 12 gehen.　　○＋　○－

Die nächste Aufgabe entspricht der Aufgabenstellung bei der Prüfung. Lösen Sie die Aufgabe. Arbeiten Sie ohne Wörterbuch.

1 Hörverstehen
Teil 3

🔊 **11–20** 3. Sie hören fünf kurze Texte. Sie hören diese Texte zweimal. Entscheiden Sie beim Hören, ob die Aussagen 56–60 richtig (+) oder falsch (–) sind.
Markieren Sie Ihre Lösungen für die Aufgaben 56–60 auf dem Antwortbogen.

Lesen Sie jetzt die Aufgabe 56.

56. Herr Gebauer hat diese Woche keine Zeit.

57. Sie kommen pünktlich zu Ihrem Geschäftstermin.

58. Der Anrufer möchte einen Termin verschieben.

59. Die Vorschriften zur Arbeitssicherheit werden zu wenig beachtet.

60. Sie suchen zwei Flüge nach München.

Womit hatten Sie Schwierigkeiten? Vergleichen Sie Ihr Ergebnis mit der Lösung auf Seite 43.

Im Folgenden möchten wir mit Ihnen zusammen die Aufgabe Schritt für Schritt durchgehen, Ihnen einen möglichen Lösungsweg zeigen, die Lösungen erklären und Tipps zu diesem Prüfungsteil geben.

Zwischen den Hörtexten gibt es kurze Pausen. Sie haben vor jedem Hörtext fünf Sekunden Zeit, die jeweilige Aussage zu lesen. Dann hören Sie den Text. Danach folgen ca. fünf Sekunden Pause, bevor der Text noch einmal abgespielt wird. Sie haben also für jede Aufgabe nur wenig Zeit.

👣 Schritt 1: Vor dem Hören die Aussage lesen und wichtige Wörter unterstreichen

Lesen Sie die erste Aussage oben und unterstreichen Sie die wichtigsten Wörter.

👣 Schritt 2: Beim ersten Hören auf bestimmte Wörter achten, Lösung markieren

🔊 **12** Hören Sie den ersten Hörtext. Achten Sie auf die Einleitung und auf die unterstrichenen Wörter. Markieren Sie bei der ersten Aussage die Lösung.

> **TIPP** *Sie können schon während des Hörens oder in der kurzen Pause zwischen dem ersten und zweiten Hören die Lösung ankreuzen.*

Hörverstehen

Teil 3

👣 Schritt 3: Beim zweiten Hören die Lösung überprüfen

12 Hören Sie den Hörtext noch einmal, vergleichen Sie den Inhalt der Aussage mit dem Hörtext und überprüfen Sie dabei Ihre Lösung.

> **TIPP** *Vergessen Sie nicht: Kreuzen Sie auf jeden Fall bei jeder Aussage eine Lösung an!*

👣 Schritt 4: Weitere Texte hören und die Aufgaben lösen

13–20 Hören Sie die anderen Hörtexte noch einmal und markieren Sie die Lösungen. Gehen Sie dabei wie beim ersten Hörtext vor (Schritt 1 bis 3).

Lösung

56. +; 57. +; 58. –; 59. +; 60. –
Im Folgenden wollen wir Ihnen die richtigen Lösungen erklären.

Aufgabe 56
Herr Gebauer hat diese Woche keine Zeit.

Die Aussage ist richtig. Herr Gebauer ist diese Woche geschäftlich unterwegs: „Leider bin ich diese Woche geschäftlich unterwegs. Wir müssen den Termin also verschieben".

Aufgabe 57
Sie kommen pünktlich zu Ihrem Geschäftstermin.

Die Aussage ist richtig. Der Zug nach Berlin hat zwar 30 Minuten Verspätung. Sie erreichen aber trotzdem in Berlin noch den Regionalzug nach Eisenhüttenstadt: „Es besteht aber noch planmäßiger Anschluss an …".

Aufgabe 58
Der Anrufer möchte einen Termin verschieben.

Die Aussage ist falsch. Der Anrufer bestätigt den Termin. Er hat den Termin verschoben, das war aber in der letzten Woche.

Aufgabe 59
Die Vorschriften zur Arbeitssicherheit werden zu wenig beachtet.

Die Aussage ist richtig. Der Mitarbeiter sagt, dass „kaum jemand die Sicherheitsvorschriften befolgt", „nicht befolgen" heißt „nicht beachten".

Aufgabe 60
Sie suchen zwei Flüge nach München.

Die Aussage ist falsch. Sie haben bereits zwei Flüge gebucht und wollen jetzt einen Flug stornieren, weil ein Mitarbeiter krank geworden ist.

1 Hörverstehen
Teil 1–3

Vorbereitung auf diesen Prüfungsteil im Kurs

Teil 1 und 2

Arbeiten Sie in Gruppen. Nehmen Sie Meldungen und Interviews aus der Arbeitswelt und dem Berufsleben aus dem Radio auf oder hören Sie sie im Internet (viele Beiträge finden Sie zum Beispiel unter www.dradio.de).

Schreiben Sie Aussagen zu den Meldungen und Interviews. Tauschen Sie die Hörtexte und die Aussagen mit anderen Gruppen. Entscheiden Sie, ob die Aussagen der anderen Gruppen zu ihren Texten richtig oder falsch sind.

Vergleichen Sie im Kurs.

Teil 3

Arbeiten Sie in Gruppen. Sammeln Sie zu den folgenden Situationen wichtige Wörter und Formulierungen und schreiben Sie sie auf. Hängen Sie die Listen im Kurs aus. Sie können sie auch für alle kopieren.

1. Ansagen im Zug
2. Ansagen in U-Bahnen, Bussen und Straßenbahnen
3. Ansagen am Bahnhof/Flughafen
4. Verkehrsnachrichten im Radio
5. Nachrichten auf dem Anrufbeantworter
6. Terminvorschläge, Terminabsagen, Terminänderungen auf dem Anrufbeantworter

---

Ansagen im Zug

Ankunft
Abfahrt
Verspätung
ICE
Bahnsteig/Gleis
Der ICE nach Berlin hat 20 Minuten Verspätung.
Abfahrt heute von Gleis 3.
Anschlusszug
…

Nachrichten auf dem Anrufbeantworter

Wir sind leider im Moment nicht erreichbar.
Sie können eine Nachricht hinterlassen.

Terminvorschläge, Terminabsagen, Terminänderungen auf dem Anrufbeantworter

Ich schlage den 2. Dezember vor.
Würde Ihnen der 2. Dezember passen?
Leider muss ich den Termin am 2. Dezember absagen.
Können wir den Termin auf Montag verschieben?
…

Schriftlicher Ausdruck

Übersicht

Schriftlicher Ausdruck: Übersicht

Im Prüfungsteil „Schriftlicher Ausdruck" sollen Sie einen halbformellen Brief (an eine nur flüchtig bekannte oder eine unbekannte Person) schreiben.

Was sollen Sie tun?

Sie sollen auf einen Brief, ein Fax, eine E-Mail, eine Anzeige oder Ähnliches schriftlich antworten. In der Prüfungsaufgabe stehen vier Punkte, die Sie alle in Ihrem Brief behandeln müssen. Sie haben dafür 30 Minuten Zeit und dürfen kein Wörterbuch benutzen.

In der Prüfung bekommen Sie neben dem Aufgabenblatt einen Antwortbogen (siehe Einleger, Seite 41) und gestempeltes Konzeptpapier. Das Konzeptpapier dürfen Sie für Ihre Notizen verwenden. Den fertigen Brief müssen Sie auf den Antwortbogen übertragen. Planen Sie dafür ca. zehn Minuten ein.

Die folgenden Hinweise können Ihnen beim Schreiben des Briefes helfen:

Fangen Sie nicht jeden Satz mit „ich" oder mit „wir" an. Sie können Sätze z. B mit „außerdem", „gern", „natürlich" oder auch mit einem Nebensatz beginnen.

Schreiben Sie nicht nur kurze Sätze. Wenn Sie Sätze gut miteinander verbinden, bekommen Sie mehr Punkte bei der Bewertung. Hier helfen Konjunktionen wie z. B. „wenn", „weil", „da", „ob".

Vergleichen Sie:

nicht so gut: „Wir interessieren uns für Ihre Produkte. Wir sind ein kleines Unternehmen. Wir arbeiten nicht regelmäßig mit diesen Geräten. Wir brauchen nur eine geringe Stückzahl."

besser: „Wir schreiben Ihnen, weil wir uns für Ihre Produkte interessieren. Da wir ein kleines Unternehmen sind und nicht regelmäßig mit diesen Geräten arbeiten, brauchen wir nur eine geringe Stückzahl."

1. Schreiben Sie den Brief neu und verbinden Sie die Sätze. Die Wörter rechts helfen.

> Sehr geehrte Damen und Herren,
>
> wir interessieren uns für Ihre Sprachkurse. Wir sind ein international tätiges Unternehmen. Wir machen viele Geschäfte mit Asien. Unsere Mitarbeiter sollen Chinesisch lernen.
>
> Dazu einige Fragen:
> Können Ihre Sprachtrainer zu uns in die Firma kommen?
> Können Sie auch um 7 Uhr morgens kommen?
> Gibt es bei Ihnen auch Einzelunterricht?
> Wie viel kostet eine Unterrichtsstunde?
>
> Danke für eine schnelle Antwort.
> Mit freundlichen Grüßen

da/weil

In diesem Zusammenhang

gern wissen, ob

außerdem

wir würden uns freuen, wenn …

Die nächste Aufgabe entspricht der Aufgabenstellung in der Prüfung. Schreiben Sie einen Brief. Arbeiten Sie ohne Wörterbuch und achten Sie auf die Zeit: Sie haben 30 Minuten.

1 Schriftlicher Ausdruck
Halbformeller Brief

Sie erhalten den folgenden Brief:

Hotel Zur Sonne · Breslauer Platz 12 · 50668 Köln

An den
Gastroservice International
Pfälzer Straße 1
53111 Bonn

Reklamation: Falschlieferung bei unserer letzen Bestellung　　　　　Köln, 27.4.20…

Sehr geehrte Damen und Herren,

für unseren Hotelbedarf bestellten wir am 13.4. bei Ihnen 2 Wäschewagen zum Preis von je € 110,- netto. Geliefert wurden aber 2 Besteckschränke.

Das ist bereits die zweite Falschlieferung in diesem Monat.

Wir waren in der Vergangenheit mit Ihrem Service immer sehr zufrieden und hoffen, dass Sie den Fehler schnellstmöglich beheben werden. Die Schränke werden wir dann bei Lieferung der Wäschewagen Ihrem Spediteur mitgeben.

Mit freundlichen Grüßen
Yvonne Selig
Geschäftsführerin
Hotel Zur Sonne – Köln

Sie arbeiten im Kundenservice eines Gastronomiegroßhandels und sind für Beschwerden und Reklamationen zuständig.

Antworten Sie Frau Selig und berücksichtigen Sie die folgenden vier Punkte:

- drücken Sie Ihr Bedauern aus
- Ursachen für die Falschlieferung
- Korrektur des Fehlers
- als Entgegenkommen für den Kunden: ein kleines Geschenk

Bevor Sie den Brief schreiben, überlegen Sie sich die passende **Reihenfolge der Punkte,** eine passende **Einleitung** und einen passenden **Schluss.** Vergessen Sie auch nicht **Datum** und **Anrede.**

Schriftlicher Ausdruck
Halbformeller Brief

Womit hatten Sie Schwierigkeiten? Haben Sie die Situation richtig verstanden? Haben Sie zu allen vier Punkten etwas geschrieben? Haben Sie an eine passende Einleitung und an einen passenden Schluss gedacht? Haben Sie die Sätze gut miteinander verbunden? Konnten Sie den Brief in 30 Minuten schreiben? Ein Beispiel dafür, wie eine Antwort an Frau Selig aussehen könnte, finden Sie im Lösungsschlüssel (Einleger, Seite 13).

Im Folgenden möchten wir mit Ihnen zusammen die Aufgabe Schritt für Schritt durchgehen und einige Tipps zu diesem Prüfungsteil, die Sie beim Schreiben beachten sollten, geben.

Schritt 1: Den Brief und die Punkte genau lesen

Lesen Sie den Brief, den Sie beantworten sollen, und die vier Punkte, zu denen Sie etwas schreiben sollen, genau.

Was ist die Situation? Wer ist die Person? Müssen Sie „Sehr geehrte Frau / Sehr geehrter Herr … / Sehr geehrte Damen und Herren" verwenden oder könnte auch die Anrede „Liebe Frau … / Lieber Herr …" passen?

Schritt 2: Die Reihenfolge der Punkte bestimmen und zu jedem Punkt mindestens zwei Sätze schreiben

Überlegen Sie sich dann die Reihenfolge der Punkte. Sie sollen die Punkte in eine logische Reihenfolge bringen. Schreiben Sie zuerst auf das Konzeptpapier zu jedem Punkt ca. zwei Sätze.

 *Vergessen Sie keinen Punkt und behandeln Sie auch nicht zwei Punkte in einem Satz, sonst wird Ihr Brief schlechter bewertet.*

Schritt 3: Datum, Anrede, Briefanfang, Schlusssatz, Gruß und Unterschrift

Überlegen Sie sich einen Briefanfang und einen passenden Schluss. Schreiben Sie dann Ihren Brief auf den Antwortbogen. Vergessen Sie nicht am Anfang das Datum und die Anrede und am Schluss den Gruß und die Unterschrift.

 *Spätestens nach 20 Minuten sollten Sie anfangen, Ihre Notizen auf den Antwortbogen zu übertragen. Bewertet wird nur das, was auf dem Antwortbogen steht!*

Schritt 4: Den Brief lesen und überprüfen

Lesen Sie sich den Brief noch einmal durch. Überprüfen Sie Folgendes:

Haben Sie alle vier Punkte behandelt? Stimmt die Anrede („Sie")? Haben Sie einen passenden Briefanfang und einen Schlusssatz geschrieben? Haben Sie das Datum, die Anrede, den Gruß und die Unterschrift nicht vergessen?

Das folgende Schema zeigt Ihnen die übliche Form eines halbformellen Briefes. Außerdem haben wir für Sie einige Redemittel für einen möglichen Briefanfang und für Schlusssätze zusammengestellt. Danach finden Sie Briefbausteine für häufige Themen geschäftlicher Korrespondenz.

1 Schriftlicher Ausdruck

Halbformeller Brief

Merkmale des halbformellen Briefs

Datum (mit oder ohne Ort)	Berlin, 02.02.20… / Berlin, 02. Februar 20… / 2. Februar 20…
Betreff (fett)	**Ihr Schreiben vom … / Bestellung / Reklamation**
Anrede	Sehr geehrte Frau …, / Sehr geehrter Herr …, / Sehr geehrte Damen und Herren,
Einleitung und Text	vielen Dank für Ihren Brief. Sie schreiben …
Schlusssatz	Über eine baldige Antwort würde ich mich freuen.
Gruß	Mit freundlichen Grüßen
Unterschrift (eigener Vor- u. Nachname)	…

Vergessen Sie nicht: Nach der Anrede steht ein Komma und der erste Satz fängt mit einem Kleinbuchstaben an.

In formellen Briefen benutzt man häufig den Konjunktiv II:
- *Ich wäre Ihnen dankbar, wenn Sie mir Informationen zuschicken könnten.*
- *Wir würden uns sehr freuen, wenn Sie …*
- *Könnten Sie mir mitteilen, … / Wäre es möglich, …?*

Redemittel: Briefanfang

Anrede
- *Sehr geehrte Frau Schneider, / Sehr geehrter Herr Schneider,*
- *Sehr geehrte Damen und Herren,*
- *Liebe Frau Schneider, / Lieber Herr Schneider,*

Diese Anrede benutzt man oft, wenn man Arbeitskollegen schreibt, die man gut kennt, aber nicht duzt.

Einleitung

Sehr geehrte/r Frau/Herr …, Liebe/r Frau/Herr …,
- *vielen Dank für Ihren Brief. Sie schreiben darin, dass …*
- *danke für Ihren Brief vom 2. Februar.*
- *über Ihren Brief / Ihre Nachricht habe ich mich gefreut.*

Schriftlicher Ausdruck

Halbformeller Brief

bei Anzeigen
Sehr geehrte Damen und Herren,
Ihre Anzeige in der Süddeutschen Zeitung vom 2. März habe ich mit Interesse gelesen.

Redemittel: Schluss

Schlusssätze
- *Über eine baldige Antwort würde ich mich sehr freuen.*
- *Ich freue mich auf Ihre Antwort.*
- *Vielen Dank im Voraus für Ihre Antwort.*
- *Vielen Dank für Ihre Bemühungen.*
- *Ich freue mich auf unser Treffen am …*
- *Ich melde mich wieder, sobald ich mit meinem Kollegen Herrn … / meiner Kollegin Frau … gesprochen habe.*

Grüße
- *Mit freundlichen Grüßen*
- *Viele Grüße*

Weitere Redemittel

Anfragen
- *Wir interessieren uns für …*
- *Wir suchen einen geeigneten Lieferanten für …*
- *Wir planen eine größere Bestellung von …*
- *Für die Herstellung unseres/unserer … benötigen wir dringend …*
- *Wir hätten gerne genauere Informationen über Ihr/Ihre …*
- *Bitte senden Sie uns Ihren Katalog, Ihre Preislisten und …*
- *Bitte schicken Sie uns auch Ihre Verkaufsbedingungen.*
- *Bitte legen Sie auch Ihre Liefer- und Zahlungsbedingungen bei.*
- *Über den baldigen Besuch eines Vertreters würden wir uns freuen.*

Antwort auf eine Anfrage
- *Vielen Dank für Ihre Anfrage.*
- *Wir danken Ihnen für Ihre Anfrage und für Ihr Interesse an unseren Produkten.*
- *In der Anlage finden Sie …*
- *Der beiliegende Katalog gibt Ihnen einen guten Überblick über unser Angebot.*
- *Weitere Fragen beantworten wir gerne.*
- *Falls Sie weitere Auskünfte wünschen, rufen Sie mich bitte an. Sie erreichen mich unter der Nummer …*
- *Über einen Auftrag von Ihnen würden wir uns freuen.*
- *Wir freuen uns auf Ihren Auftrag.*
- *Leider können wir den gewünschten Artikel aufgrund von … zurzeit nicht liefern.*
- *Wir können Ihnen aber … anbieten.*

1 Schriftlicher Ausdruck
Halbformeller Brief

Bestellung
- Wir haben Ihre Anzeige in … (Zeitschrift) gelesen und bestellen: …
- Wir bestellen gemäß der uns vorliegenden Preisliste: …
- Aufgrund Ihres Angebots vom … bestelle ich folgende Artikel: …
- Bitte liefern Sie uns sofort …
- Wir bitten um Lieferung von …
- Wir geben folgende Bestellung auf: …

Lieferung
- Die am … (Datum) angekündigte Sendung ist inzwischen bei uns eingetroffen. Vielen Dank.
- Heute erhielten wir Ihre Sendung/Lieferung mit … (Ware).
- Die Überweisung des Rechnungsbetrags … haben wir bereits bei unserer Bank veranlasst.

Reklamationen
- Seit … warten wir vergeblich auf die Lieferung der …
- Wir haben leider die bestellte Ware bisher noch nicht erhalten.
- Trotz unserer Mahnung ist die Sendung bis heute nicht bei uns eingetroffen.
- Die … (Artikel) sind leider immer noch nicht geliefert worden.
- Teilen Sie uns bitte umgehend mit, wann die Ware geliefert werden kann.

Zahlungserinnerungen
- Wir möchten Sie an unsere Rechnung vom … erinnern.
- Bitte überweisen Sie umgehend den Betrag von … Euro auf unser Konto.
- Zu unserem Bedauern konnten wir trotz Mahnung keinen Zahlungseingang auf unserem Konto feststellen.
- Sollten Sie den Betrag bereits überwiesen haben, so betrachten Sie dieses Schreiben bitte als gegenstandslos.

Reaktionen auf Reklamationen und Zahlungserinnerungen
- Es tut mir sehr leid, dass …
- Bitte entschuldigen Sie die Unannehmlichkeiten / die Verspätung.
- Wir werden unverzüglich …
- Wir werden noch heute die Zahlung veranlassen / die Lieferung an Sie auf den Weg schicken.
- Die Ware wird spätestens am … bei Ihnen eintreffen.
- Als Entschädigung würden wir Ihnen gerne … anbieten.
- Sie bekommen von uns kostenfrei …

Schriftlicher Ausdruck
Halbformeller Brief

Vorbereitung auf diesen Prüfungsteil im Kurs

1. Arbeiten Sie in kleinen Gruppen (zu dritt oder viert). Überlegen Sie sich eine Situation aus dem beruflichen Bereich und schreiben Sie dazu einen Brief. Arbeiten Sie dazu mit den Bausteinen auf den Seiten 48–50.

Beispiele:

1. Sie möchten neue Monitore kaufen und bitten um ein Angebot.
2. Produkte, die Sie bestellt haben, sind zu spät gekommen.
3. Ein Kunde hat trotz Mahnung nicht bezahlt.
4. Sie müssen einen Kundenbesuch verschieben.
5. Sie laden einen ehemaligen Kollegen zu einer Betriebsfeier ein.
6. Sie möchten Spanisch für den Beruf lernen und bitten um ein Angebot.
7. Sie beschweren sich, weil eine Lieferung noch nicht in Ihrer Firma eingegangen ist.

2. Legen Sie vier Punkte fest, die in der Antwort vorkommen müssen.

Beispiel Situation 1:

- Angebot: Stückpreis
- bei Bestellung von mehr als fünf Monitoren: niedrigerer Stückpreis
- Lieferzeit
- Lieferbedingungen

3. Tauschen Sie untereinander die Briefe und die vier Punkte und schreiben Sie eine Antwort.

4. Lesen Sie die Briefe vor und korrigieren Sie sie gemeinsam.

5. Haben Sie selbst berufsbezogene Briefe erhalten oder geschrieben? Sammeln Sie wichtige Redewendungen und Briefbausteine.

➡ Übungen zur geschäftlichen Korrespondenz finden Sie auch im Wortschatztraining auf den Seiten 73 bis 76.

1 Mündliche Prüfung
Übersicht

Mündliche Prüfung: Übersicht

Die mündliche Prüfung kann als Paar- oder Einzelprüfung durchgeführt werden. Bei der Einzelprüfung übernimmt eine/r der Prüfenden die Rolle der Gesprächspartnerin bzw. des Gesprächspartners.

Die mündliche Prüfung ist ein Gespräch über alltägliche Situationen aus dem Berufsleben. Es wird nicht nach Fachwissen gefragt, am wichtigsten ist die Kommunikation.

Die mündliche Prüfung hat drei Teile:

Teil 1: Kontaktaufnahme

Lernziel: Sie führen mit Ihrer Partnerin / Ihrem Partner ein kurzes Gespräch, um sich gegenseitig kennenzulernen.

Material: Aufgabenblatt mit Stichwörtern

Zeit: ca. 3 Minuten

Teil 2: Gespräch über ein Thema

Lernziel: Sie und Ihre Gesprächspartnerin / Ihr Gesprächspartner haben unterschiedliche Informationen zum selben Thema. Das Thema stammt aus dem Berufsleben. Sie tauschen Ihre Informationen aus und sprechen über das Thema.

Material: kurzer Text zu einem Thema des Berufslebens mit Bildern

Zeit: ca. 6 Minuten

Teil 3: Gemeinsam eine Aufgabe lösen

Lernziel: Sie sollen mit Ihrer Partnerin / Ihrem Partner ein berufsbezogenes Gespräch führen. Dieser Teil entspricht einem Rollenspiel. Sie sollen Vorschläge machen, auf die Vorschläge der/des anderen reagieren und zu einem gemeinsamen Ergebnis kommen.

Material: Aufgabenblatt mit Leitpunkten

Zeit: ca. 6 Minuten

Vorbereitungszeit

Nachdem Sie die Aufgabenstellungen bekommen haben, haben Sie 20 Minuten Zeit, um sich auf die Prüfung vorzubereiten. Sie dürfen sich Notizen auf einem Konzeptpapier machen, das Sie für die Vorbereitungszeit bekommen. Ein Wörterbuch dürfen Sie nicht benutzen.

Wenn die Vorbereitungszeit vorbei ist, ruft man Sie und Ihre Gesprächspartnerin / Ihren Gesprächspartner in den Prüfungsraum. Im Raum sind zwei Prüfende. Eine/r der Prüfenden wird Sie begrüßen und die Kollegin / den Kollegen vorstellen.

Mündliche Prüfung Teil 1: Kontaktaufnahme

Was sollen Sie tun?

Sie führen mit Ihrer Partnerin / Ihrem Partner ein kurzes Gespräch, um sich kennenzulernen.

Sie bekommen beide das gleiche Aufgabenblatt, auf dem verschiedene Stichwörter zu typischen Kennenlern-Themen stehen. Sie müssen nicht alle Themen nacheinander ansprechen. Wenn Sie sich bereits kennen, brauchen Sie zum Beispiel nicht nach dem Namen zu fragen. Sie können auch über Themen sprechen, die nicht auf dem Aufgabenblatt stehen.

Sprechen Sie mit Ihrer Partnerin / Ihrem Partner, nicht mit den Prüfenden! Führen Sie ein Gespräch und kein einseitiges Interview. Schauen Sie beim Sprechen Ihre Gesprächspartnerin / Ihren Gesprächspartner an, nicht die Prüfenden.

1. Lesen Sie das folgende Beispiel. Was macht Tom falsch? Schreiben Sie das Gespräch neu und versuchen Sie, die Gesprächsbeiträge von Tom zu verbessern.

- ● Hallo, wie heißt du?
- ▶ Tom.
- ● Wo wohnst du?
- ▶ In Berlin.
- ● Woher kommst du?
- ▶ Aus Großbritannien.

Die nächste Aufgabe entspricht der Aufgabenstellung in der Paarprüfung (in der Einzelprüfung übernimmt eine/r der Prüfenden die Rolle der Gesprächspartnerin / des Gesprächspartners). Führen Sie zu zweit ein kurzes Gespräch nach den Vorgaben.

2. Unterhalten Sie sich mit Ihrer Partnerin bzw. Ihrem Partner über folgende Themen:

- Name
- woher sie oder er kommt
- wie sie oder er wohnt (Wohnung, Haus, Garten …)
- Familie
- wo sie oder er Deutsch gelernt hat
- was sie oder er macht (Beruf, Arbeit, Ausbildung …)
- Sprachen (welche? wie lange? warum?)

Die Prüfenden können außerdem noch weitere Fragen stellen, z. B.:
- wie Sie das Wochenende verbringen
- welche Hobbys Sie haben

Waren Sie mit Ihrem Gespräch zufrieden? Sie können im Lösungsschlüssel (Einleger, Seite 13–14) ein Beispiel für diesen Prüfungsteil nachlesen.

Im Folgenden möchten wir Ihnen einige Tipps zu diesem Prüfungsteil geben.

1 Mündliche Prüfung
Teil 1

👣 Schritt 1: „du" oder „Sie"?

Klären Sie gleich zu Beginn mit Ihrer Partnerin / Ihrem Partner, ob Sie „du" oder „Sie" sagen wollen. Sie können gleich am Anfang fragen: „Wollen wir *du* sagen?"
Sätze wie „Wo wohnst du? Was sind Sie von Beruf?" sind zwar grammatikalisch richtig, gelten aber als Fehler in der Kommunikation (einmal „du" und einmal „Sie").

👣 Schritt 2: Führen Sie ein Gespräch: Antworten Sie und stellen Sie Fragen

Beantworten Sie die Fragen Ihrer Partnerin / Ihres Partners und fragen Sie zurück.

👣 Schritt 3: Nicht mit nur einem Satz antworten

Antworten Sie auf Fragen nicht mit nur einem Satz. Wenn Ihre Partnerin / Ihr Partner oder der/die Prüfende Sie zum Beispiel nach Ihren Hobbys fragt, könnten Sie antworten: „Ich fahre gern Rad. Das brauche ich, weil ich den ganzen Tag in einem Callcenter arbeite und bei der Arbeit viel zu wenig Bewegung habe." Vergessen Sie anschließend aber nicht die nächste Frage für Ihre Partnerin / Ihren Partner!

Die folgenden Redemittel können Ihnen bei diesem Prüfungsteil helfen.

Redemittel

Fragen an den Gesprächspartner	Antworten über die eigene Person
• Wie heißen Sie / heißt du?	• Ich heiße … / Mein Name ist …
• Woher kommen Sie / kommst du?	• Ich komme aus …
• Wie lange sind Sie / bist du schon in Deutschland?	• Ich bin seit … Jahren in Deutschland.
• Wie wohnen Sie / wohnst du?	• Ich wohne mit meinem Mann in einer 3-Zimmerwohnung / in einem kleinen Haus mit Garten / in der Innenstadt / am Stadtrand. / Ich wohne mit meiner Familie in …
• Sind Sie / bist du verheiratet?	• Ich bin verheiratet und habe zwei Kinder.
• Wie lange lernen Sie / lernst du schon Deutsch?	• Ich lerne seit … Jahren Deutsch.
• Wo haben Sie / hast du Deutsch gelernt?	• Ich habe an der Volkshochschule in … / in der Schule Deutsch gelernt.
• Was ist Ihr / dein Beruf?	• Mein Beruf ist … / Ich bin … von Beruf. • Ich habe … gelernt/studiert. • Ich habe eine Ausbildung als …
• Wo arbeiten Sie / arbeitest du?	• Ich arbeite bei … / als …
• Welche Sprachen sprechen Sie / sprichst du?	• Ich spreche … / Außer … spreche ich … • Ich habe Englisch gelernt, weil …

Mündliche Prüfung Teil 2: Gespräch über ein Thema

Was sollen Sie tun?

Sie sollen mit Ihrer Partnerin / Ihrem Partner ein Gespräch über ein Thema aus dem Berufsleben führen. Dazu bekommen Sie und Ihre Partnerin / Ihr Partner ein Aufgabenblatt mit unterschiedlichen Informationen zu diesem Thema. Die Informationen entnehmen Sie einem kurzen Text und mehreren Bildern. Sie teilen Ihrer Partnerin / Ihrem Partner Ihre Informationen mit und umgekehrt. Anschließend sprechen Sie gemeinsam über das Thema: Haben Sie zum Beispiel persönliche Erfahrungen mit diesem Thema? Oder kennen Sie Personen, die Erfahrungen mit diesem Thema haben?

1. Lesen Sie zur Vorbereitung auf diesen Prüfungsteil den folgenden Text und sehen Sie sich die Abbildung an. Was ist das Thema?

Bei meiner Arbeit wäre es mir unmöglich, auf mein Auto zu verzichten. Ich bin IT-Techniker und muss täglich Kunden besuchen. Kunden rufen mich an, wenn sie Probleme mit ihrem Computer haben. Und oft muss ich ganz schnell kommen. Das geht nicht mit öffentlichen Verkehrsmitteln oder mit dem Fahrrad. Auch sonst könnte ich ohne Auto nicht leben, obwohl mir klar ist, dass Autofahren nicht gut für die Umwelt ist.
(Hans Kleinschmidt, 40 Jahre, IT-Techniker)

Thema: ....

....

2. Fassen Sie den Text in ein bis zwei Sätzen zusammen.

Hans Kleinschmidt sagt/erzählt, dass …
Er ist der Meinung/Auffassung, dass …

....

....

Die folgende Aufgabe entspricht der Aufgabenstellung in der Paarprüfung (in der Einzelprüfung übernimmt eine/r der Prüfenden die Rolle der Gesprächspartnerin / des Gesprächspartners). Führen Sie zu zweit ein Gespräch.

Mündliche Prüfung
Teil 2

Teilnehmer/in A

Sie haben in einer Zeitschrift etwas zum Thema „Nachtarbeit" gelesen.

Berichten Sie Ihrer Partnerin bzw. Ihrem Partner, welche Informationen Sie haben.

Ihre Partnerin bzw. Ihr Partner hat zum selben Thema andere Informationen und berichtet auch darüber. Unterhalten Sie sich danach über das Thema. Erzählen Sie von persönlichen Erfahrungen, stellen Sie Fragen und reagieren Sie auf die Fragen Ihrer Partnerin bzw. Ihres Partners.

Ich arbeite bei einem Paketdienst, immer von 22 Uhr abends bis 5 oder 6 Uhr morgens. Am Anfang war es sehr schwer, mich an die Nachtarbeit zu gewöhnen, aber im Augenblick finde ich Nachtarbeit besser als wechselnde Schichten. Das habe ich vorher gemacht. Der Vorteil der Nachtarbeit in meiner Firma ist, dass ich fest angestellt bin, für mich ein Tarifvertrag gilt und ich Zuschläge für die Nachtarbeit bekomme. Ich bekomme also mehr Geld. Nach vier Tagen Nachtschicht habe ich dann drei Tage frei. Ich lebe allein, mit Familie wäre Nachtarbeit sicher nicht so einfach.

Martin Arnsburger (32 Jahre, Auslieferungsfahrer/Paketzusteller)

Mündliche Prüfung
Teil 2

Teilnehmer/in B

Sie haben in einer Zeitschrift etwas zum Thema „Nachtarbeit" gelesen.

Berichten Sie Ihrer Partnerin bzw. Ihrem Partner, welche Informationen Sie haben.

Ihre Partnerin bzw. Ihr Partner hat zum selben Thema andere Informationen und berichtet auch darüber. Unterhalten Sie sich danach über das Thema. Erzählen Sie von persönlichen Erfahrungen, stellen Sie Fragen und reagieren Sie auf die Fragen Ihrer Partnerin bzw. Ihres Partners.

Wechselnde Arbeitszeiten und vor allem Nachtarbeit belasten die Gesundheit. Viele meiner Patienten, die nachts arbeiten müssen, haben ein großes Schlafdefizit, sind gereizt, nervös und appetitlos. Sie trinken nachts zu viel Kaffee, um wach zu bleiben, und nehmen oft Tabletten, um morgens einschlafen zu können. Ich empfehle dann, vor allem nachts auf eine gesunde, leichte Ernährung zu achten, zu versuchen, vor dem Einschlafen einen kurzen Spaziergang zu machen, und sich in der Freizeit viel zu bewegen. Am besten wäre es natürlich, weniger Nachtdienste zu machen.

Martha Steinbach (53 Jahre, Ärztin)

1 Mündliche Prüfung
Teil 2

Waren Sie mit Ihrem Gespräch zufrieden? Sie können im Lösungsschlüssel (Einleger, Seite 14) Beispiele für die Zusammenfassung der Informationen und Stichworte für einen möglichen Dialogverlauf nachlesen.

Im Folgenden möchten wir Ihnen einige Tipps zu diesem Prüfungsteil geben.

 Schritt 1: Den Text / die Stellungnahme zusammenfassen

Beginnen Sie das Gespräch mit einer kurzen Textzusammenfassung. Geben Sie mit eigenen Worten die wichtigsten Informationen wieder, lesen Sie den Text nicht vor.

> **TIPP** *Benutzen Sie zur Textwiedergabe die indirekte Rede:*
> *„Martha Steinbach sagt, dass … / Sie findet, dass … / Sie fragt sich, ob …"*
> ➡ *Grammatiktraining: Indirekte Rede*

 Schritt 2: Freies Gespräch

Nachdem Sie und Ihre Partnerin / Ihr Partner die Texte kurz zusammengefasst und die Informationen ausgetauscht haben, führen Sie ein Gespräch zu dem Thema. Auch hier sollen Sie auf die Aussagen der Partnerin / des Partners reagieren und nachfragen.

> **TIPP** *Wenn Sie Wörter im Text nicht kennen, versuchen Sie, diese aus dem Kontext zu verstehen. Benutzen Sie diese schwierigen Wörter auch nicht bei der Textzusammenfassung. Ihre Partnerin / Ihr Partner wird sie wahrscheinlich auch nicht verstehen und kann dann nicht auf Ihre Aussagen reagieren.*

Die folgenden Redemittel brauchen Sie für die Zusammenfassung von Stellungnahmen und für das freie Gespräch.

Redemittel

Textwiedergabe
- Sie/Er sagt, dass …
- Sie/Er findet, dass …
- Sie/Er ist der Meinung, dass …
- Nach ihrer/seiner Meinung muss/sollte man …
- Sie/Er fragt sich, ob/wann/wie/warum …
- Sie/Er weiß nicht, ob/warum/…
- Sie/Er ist sich nicht sicher, ob/warum/…
- Sie/Er würde gern wissen, ob / warum/…
- Sie/Ihn interessiert, ob/warum/…

Die eigene Meinung sagen
- Ich finde es interessant, dass …
- Mich überrascht, dass …
- Ich denke aber, dass …
- Ich finde es auch (nicht) sehr wichtig / (nicht) gut, dass …
- Meiner Meinung nach …
- Bei uns ist es ähnlich/anders: …

Mündliche Prüfung
Teil 3

Mündliche Prüfung Teil 3: Gemeinsam eine Aufgabe lösen

Was sollen Sie tun?

Sie sollen zusammen mit Ihrer Partnerin / Ihrem Partner eine Aufgabe lösen. Sie sollen sich gegenseitig Ihre Ideen mitteilen, Vorschläge machen, auf Vorschläge der Partnerin / des Partners reagieren, mit ihr/ ihm Kompromisse aushandeln und eine gemeinsame Lösung finden.

Beide Teilnehmer bekommen dieselbe Aufgabenstellung.

Dieser Prüfungsteil ist ein Rollenspiel. Lesen Sie sich genau die Situationsbeschreibung durch.

1. Arbeiten Sie zu zweit. Lesen Sie die folgende Situation und notieren Sie – jede/r für sich – zu jedem Punkt mindestens einen Vorschlag. Vergleichen Sie Ihre Vorschläge im Gespräch und einigen Sie sich auf eine Lösung.

Sie arbeiten in einem Krankenhaus. Eine Kollegin geht nächsten Monat in Frührente. Ihre Station möchte sie mit einer Feier überraschen.

- Wann?
- Wo?
- Geschenk?
- Wen einladen?

2. Bearbeiten Sie die beiden folgenden Situationen nacheinander mit verschiedenen Partnerinnen/Partnern wie in Aufgabe 1.

Situation 1
Sie arbeiten beide in einer mittelständischen Sanitär-Firma. Ihre Aufgabe ist es, den Besuch eines potentiellen Großkunden aus dem Ausland zu organisieren.

- Abholung vom Flughafen?
- Wie wird die Übernachtung organisiert?
- Wann werden die Produkte vorgestellt?
- Abendessen? Wo? Wann? Mit wem?
- Freizeitprogramm für den Gast?

Situation 2
Für die Weihnachtsfeier Ihrer Abteilung mit ca. 120 Kolleginnen und Kollegen sollen Sie sich gemeinsam etwas Nettes ausdenken.

- Wo? Erreichbarkeit des Ortes für alle?
- Essen: vorher wählen oder Menü für alle?
- Sitzordnung: frei oder vorgegeben?
- Musik?
- Nette Überraschung?

Die folgende Aufgabe entspricht der Aufgabenstellung in der Paarprüfung (in der Einzelprüfung übernimmt eine/r der Prüfenden die Rolle der Gesprächspartnerin / des Gesprächspartners). Führen Sie zu zweit ein Gespräch.

Mündliche Prüfung

Teil 3

Teilnehmer/in A und B

Sie arbeiten in einer mittelgroßen Firma. Bis jetzt haben Sie für das Mittagessen Essensmarken bekommen, mit denen Sie außerhalb der Firma essen gehen konnten. Jetzt möchte die Firma im Dachgeschoss (großer Raum mit Terrasse) ein Betriebsrestaurant einrichten.

Ihre Abteilung hat die Aufgabe, Ideen für ein Betriebsrestaurant zu entwickeln.

Hier einige Punkte, die Ihnen bei Ihrer Planung helfen:

- Öffnungszeiten?
- Speiseplan?
- Köche einstellen oder Fremdfirma beauftragen?
- Nur als Restaurant nutzbar oder Ort für Feste, Feiern, Events?
- Einrichtung?
- …
- …

Entscheiden Sie zuerst, was Sie machen möchten und warum.

Tragen Sie Ihrem Partner bzw. Ihrer Partnerin Ihre Ideen vor und begründen Sie sie.

Reagieren Sie auf die Ideen Ihres Partners bzw. Ihrer Partnerin und die Begründungen. Einigen Sie sich auf gemeinsame Vorschläge.

Waren Sie mit Ihrem Gespräch zufrieden? Sie können im Lösungsschlüssel (Einleger, Seite 15) Stichworte für einen möglichen Dialogverlauf nachlesen.

Im Folgenden möchten wir Ihnen einige Tipps zu diesem Prüfungsteil geben und nützliche Redemittel vorstellen.

Mündliche Prüfung
Teil 3

Schritt 1: Die Situation lesen und zu jedem Punkt Vorschläge notieren

Lesen Sie die Situation genau, damit Sie verstehen, was Ihre Rolle ist und was Sie tun sollen. Machen Sie sich während der Vorbereitungszeit Notizen. Notieren Sie zu jedem Punkt ein paar Ideen, damit im Prüfungsgespräch nicht nur Ihre Partnerin / Ihr Partner Vorschläge macht und Sie immer nur „ja" oder „nein" sagen.

Schritt 2: Das Gespräch führen

Führen Sie das Gespräch mit Ihrer Partnerin / Ihrem Partner: Machen Sie Vorschläge, reagieren Sie auf Vorschläge Ihrer Partnerin / Ihres Partners, fragen Sie nach, wenn Sie etwas nicht verstanden haben, versuchen Sie, Kompromisse zu finden. Am Ende sollten Sie sich gemeinsam auf eine Lösung geeinigt haben.

> **TIPP** *Wie auch in den anderen Teilen der mündlichen Prüfung sollen Sie miteinander diskutieren, aufeinander reagieren, das Gespräch so lebendig wie möglich gestalten.*

Die folgenden Redemittel können Ihnen bei diesem Prüfungsteil helfen.

Redemittel

etwas vorschlagen
- Ich habe eine Idee / einen Vorschlag: …
- Ich schlage vor, dass …
- Mein Vorschlag wäre …
- Wollen wir …
- Wir könnten auch …
- Was hältst du / Was halten Sie davon, wenn …?
- Wie findest du / finden Sie …?
- Vielleicht wäre es besser, wenn …

zustimmen
- Ja, das ist eine gute Idee / ein guter Vorschlag. Dazu könnten wir noch …
- Das gefällt mir. Wir dürfen aber nicht vergessen …
- Das finde ich gut/super/prima. Außerdem finde ich wichtig …
- Ich bin deiner/Ihrer Meinung. Wir müssen auch noch …
- Damit bin ich einverstanden. Könnten wir dazu auch noch …
- Du hast / Sie haben recht, so machen wir es. Dann …

Zweifel ausdrücken
- Ich weiß nicht. Vielleicht sollten wir eher …
- Vielleicht können wir das so machen, aber …
- Das ist zwar ein ganz guter / kein schlechter Vorschlag, aber …
- Ich finde es besser, wenn …
- Wollen wir nicht lieber …?

ablehnen
- Es tut mir leid, aber ich kann dir/Ihnen nicht zustimmen. Besser wäre es, wenn …
- Das finde ich nicht gut. Ich habe eine andere Idee: …
- Ich bin anderer Meinung. Wir sollten …
- Das kommt nicht in Frage, so geht es nicht. Wir müssen auf jeden Fall zuerst …
- Als Kompromiss schlage ich vor, dass …

1 Mündliche Prüfung
Teil 1–3

Vorbereitung auf diesen Prüfungsteil im Kurs

Teil 1

1. Arbeiten Sie mit den Redemitteln auf Seite 54 und notieren Sie ganze Sätze für die eigene Vorstellung.

2. Führen Sie Kennenlerngespräche zu dritt: Zwei Personen übernehmen die Rolle der Geprüften und eine Person die Rolle der/des Prüfenden. Die/Der Prüfende „beurteilt" am Ende das Gespräch.

Teil 2

Arbeiten Sie zu zweit. Wählen Sie eins der folgenden Themen. Erzählen Sie Ihrer Partnerin / Ihrem Partner kurz etwas zu dem Thema. Sie/Er wiederholt dann mit eigenen Worten, was Sie gesagt haben.

- Überstunden machen – ja/nein
- Sicherheitsvorschriften im Betrieb
- Pausenregelung
- Urlaubsregelung
- Benutzung des Firmenparkplatzes
- Atmosphäre am Arbeitsplatz
- Einführung neuer Arbeitnehmer
- Wartungsarbeiten und Reparaturen
- Erfahrungen mit Praktika
- Erfahrungen mit Ausbildungsgängen

Teil 3

Setzen Sie sich im Kreis zusammen. Einer macht einen Vorschlag zu einem Thema. Die/der Nächste reagiert auf den Vorschlag und macht einen neuen Vorschlag, auf den dann wieder die/der Nächste reagiert usw. Benutzen Sie die Redemittel auf Seite 61.

Beispiel: Thema „Wie bereitet man sich am besten auf ein Vorstellungsgespräch vor?"

- Ich schlage vor, dass wir zuerst darüber sprechen, wer von uns schon konkrete Erfahrungen mit einem Vorstellungsgespräch hat.
- Das ist eine sehr gute Idee! Und dann können wir alle einen Text auswendig lernen, der immer passt.
- Das finde ich nicht so gut. Ein Vorstellungsgespräch ist ein Gespräch und kein Monolog. Wir sollten üben, auf Fragen zu reagieren.
- Ich bin deiner Meinung. Mein Vorschlag wäre, dass wir Tipps dafür im Internet sammeln und …
- …

Mündliche Prüfung

Teil 1–3

Weitere Tipps

Es fällt Ihnen ein Wort auf Deutsch nicht ein.

Wiederholen Sie, was Sie gerade gesagt haben. Dann haben Sie etwas Zeit, um zu überlegen und wieder ruhig zu werden: „Ich möchte noch einmal sagen, dass …"

Sprechen Sie es offen aus, vielleicht kann Ihnen Ihre Partnerin / Ihr Partner oder die/der Prüfende helfen: „Es tut mir leid. Mir fällt das richtige Wort nicht ein." / „Wie heißt das noch einmal auf Deutsch?"

Ihre Partnerin / Ihr Partner redet sehr viel und lässt Sie nicht zu Wort kommen.

Sprechen Sie es direkt an: „Moment bitte, darf ich dazu auch etwas sagen?" / „Darf ich bitte ausreden?".

Bleiben Sie höflich, aber halten Sie sich nicht zu sehr zurück. Es ist wichtig, dass die Prüfenden Sie sprechen hören.

Ihre Partnerin / Ihr Partner weiß nicht mehr weiter oder sagt überhaupt nichts.

Stellen Sie ihr/ihm eine Frage, um sie/ihn wieder ins Gespräch zu bringen: „Meinst du / Meinen Sie vielleicht, dass …?" / „Was hältst du / halten Sie davon, wenn wir …?".

2 Wortschatztraining

Personalien

Personalien

1. **Schreiben Sie Fragen zu den Antworten.**

   1. ....? – Nein, ich bin verheiratet.
   2. ....? – Ja, eine Schwester und zwei Brüder.
   3. ....? – Ich bin Spanierin.
   4. ....? – Seit 2007 bin ich in Deutschland.
   5. ....? – Ich wohne in einem schönen Haus mit Garten.
   6. ....? – Ja, ich habe einen Sohn.
   7. ....? – Ich spreche Spanisch, Englisch und Deutsch.
   8. ....? – Ich bin Krankenschwester.
   9. ....? – Seit zwei Jahren arbeite ich in meinem Beruf.
   10. ....? – Ja, mein Beruf gefällt mir sehr gut.
   11. ....? – Ja, leider muss ich viele Überstunden machen.
   12. ....? – Meine E-Mail-Adresse ist lola@web.de.

2. **Welches Wort passt nicht? Streichen Sie durch.**

   1. Adresse: die Straße – der Platz – die Telefonnummer – die Postleitzahl – das Land
   2. Name: der Vorname – der Nachname – die Personalien – ledig – heißen
   3. Familienstand: ledig – verheiratet – geschieden – verwitwet – allein
   4. Familie: der Bruder – der Schwager – der Cousin – die Freundin – die Nichte
   5. Aussehen: dünn – attraktiv – bequem – groß – hübsch
   6. Eigenschaften: hoch – flexibel – zuverlässig – neugierig – höflich
   7. Arbeitsplatz: Büro – Fabrik – Werk – Geschäft – Gehalt

3. **Anja Zubiri stellt sich vor. Ergänzen Sie.**

   kümmere – erreichbar – darf – Bereich – Aufgaben – zuständig – arbeite – zusammen

   Guten Tag, ... (1) ich mich vorstellen? Mein Name ist Anja Zubiri.

   Ich .... (2) seit zwei Jahren im .... (3)

   Kundendienst und bin für Bestellungen .... (4).

   Ich arbeite mit vier Kollegen und Kolleginnen .... (5).

   Zu meinen .... (6) gehört die Beratung der Kunden,

   ich .... (7) mich auch um Reklamationen. Ich bin telefonisch unter

   der Nummer 0 69 – 2 34 41 22 .... (8).

Wortschatztraining 2

Arbeit und Beruf allgemein

Arbeit und Beruf allgemein

1. **Berufsgruppen. Ergänzen Sie weitere Berufe.**

    1. Verkehr: Taxifahrer/in, ...

    2. Gesundheit: Arzt/Ärztin, ...

    3. Pflegeberufe: Gesundheits- und Krankenpfleger/in, ...

    4. Hotel und Gaststätten: Koch/Köchin, ...

    5. Erziehung und Schule: Lehrer/in, ...

    6. Dienstleistungen/Handel: Bankkaufmann/-frau, ...

    7. öffentlicher Dienst: Polizist/in, ...

    8. Handwerksberufe: Schreiner/in, Tischler/in, ...

    9. Landwirtschaft: Landwirt/in, ...

    10. Kunst: Schauspieler/in, ...

2. **Berufe und Tätigkeiten. Wer macht was? Schreiben Sie Sätze. Es gibt mehrere Möglichkeiten.**

Arzt/Ärztin	verkaufen	Autos
Lehrer/in	saubermachen	Möbel
Bürokaufmann/-frau	arbeiten	alte und kranke Menschen
Automechaniker/in	unterrichten	Rechnungen
Hotelfachmann/-frau	pflegen	an der Rezeption
Schreiner/in	bauen	Patienten
Verkäufer/in	schreiben	Hotelzimmer
Erzieher/in	schneiden	Schüler
Gesundheits- und Krankenpfleger/in	reparieren	am Computer
	sich kümmern um	im Seniorenheim
Friseur/in	untersuchen	Waren
Kellner/in	bedienen	Kinder
Lagerist/in	behandeln	Haare
Zimmermädchen/Roomboy	ein- und auspacken	Gäste
Altenpfleger/in	bringen	Essen und Getränke

    Beispiel: *Der Automechaniker repariert Autos.*

2 Wortschatztraining

Arbeit und Beruf allgemein

3. Wo arbeiten die Personen? Schreiben Sie Sätze. Es gibt mehrere Möglichkeiten.

Automechaniker – Gärtner – Elektriker – Maler – Arzt – Installateur – Architekt – Laborant – Lackierer – Bauarbeiter – Verkäufer – Schreiner – Bandarbeiter – Koch – Kellner – Roomboy – Nachtportier – Fliesenleger – Lagerist – Altenpfleger – Erzieher

der Kindergarten – die Gärtnerei – die Werkstatt – das Seniorenheim – das Lager – die Wohnung – das Krankenhaus – das Hotel – die Baustelle – die Fabrik – das Labor – das Büro – das Restaurant – die Küche – das Kaufhaus – das Geschäft

Beispiel: *Der Architekt arbeitet im Büro und auf der Baustelle.*

4. Wer braucht was für seine Arbeit? Ordnen Sie zu und schreiben Sie Sätze. Es gibt mehrere Möglichkeiten.

der Putzeimer – der Gabelstapler – das Wasser – das Werkzeug – der PC/Laptop – die Kreide – der Helm – das Papier – die Schere – das Navigationsgerät – der Beamer – der Schraubenschlüssel – der Drucker – die Spritze – das Wechselgeld – der Kugelschreiber – der Schwamm – die Gießkanne – das Faxgerät – der Staubsauger – die Tafel

Lagerist – Bürokaufmann/-frau – Handwerker – Verkäufer – Informatiker – Journalist – Reinigungspersonal – Friseur – Bauarbeiter – Taxifahrer – Lehrer – Arzt – Gärtner

Beispiel: *Der Lagerarbeiter braucht einen Gabelstapler.*

5. Fragen und Antworten. Was passt zusammen? Orden Sie die Sätze zu.

1. Kümmern Sie sich um Menschen?
2. Haben Sie feste Arbeitszeiten?
3. Ist die Arbeit anstrengend?
4. Arbeiten Sie im Büro?
5. Sind Sie selbstständig?
6. Stellen Sie etwas her?
7. Arbeiten Sie mit anderen zusammen?
8. Haben Sie ein gutes Gehalt?

A) Nein, die Arbeit ist leicht.
B) Ja, ich verdiene nicht schlecht.
C) Nein, ich arbeite im Schichtdienst.
D) Ja, ich habe einen eigenen Betrieb.
E) Nein. Ich arbeite in der Fabrik.
F) Ja, ich arbeite in einem netten Team.
G) Ja, ich arbeite in einem Pflegeberuf.
H) Ja, wir produzieren Autoreifen.

6. Die Arbeitswelt. Was passt zusammen? Verbinden Sie und schreiben Sie Sätze.

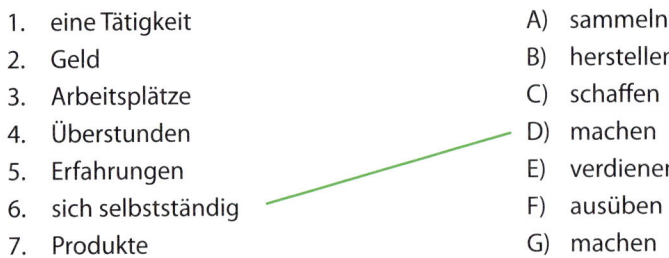

1. eine Tätigkeit
2. Geld
3. Arbeitsplätze
4. Überstunden
5. Erfahrungen
6. sich selbstständig
7. Produkte

A) sammeln
B) herstellen
C) schaffen
D) machen
E) verdienen
F) ausüben
G) machen

Beispiel: *Ich habe mich selbstständig gemacht.*

Wortschatztraining 2
Arbeit und Beruf allgemein

7. **Welche Begriffe passen? Ergänzen Sie die Wörter aus dem Kasten. Nicht alle Wörter werden gebraucht.**

Abteilungsleiter – angestellt – ~~Arbeitnehmer~~ – Arbeitgeber – Aushilfe – Schichtarbeit – Gewerkschaft – Kündigung – Einstellung – Teilzeit – Rente – Praktikum – Streik – Lebenslauf – Karriere – Gehalt – Steuer – Betriebsrat – Urlaub – Werkstatt – halbtags – Vorstellungsgespräch

1. Ein anderes Wort für Arbeiter und Angestellter ist *Arbeitnehmer*.
2. Mein Freund arbeitet manchmal morgens, manchmal abends, manchmal nachts. .... ist sehr anstrengend.
3. Ein anderes Wort für Arbeitnehmerorganisation ist die ....
4. Wenn man mir sagt, dass ich meine Arbeit verliere, bekomme ich die ....
5. Der .... vertritt die Interessen der Mitarbeiter.
6. Tom war lange selbstständig. Jetzt hat er aber eine feste Stelle und bekommt jeden Monat sein Gehalt. Er ist ....
7. Frau Schmidt ist 60 Jahre alt. Sie hört jetzt auf zu arbeiten und geht in ....
8. Ich habe noch keine Berufserfahrung, aber ich habe im letzten Jahr ein .... bei Siemens gemacht.
9. Für eine Bewerbung brauche ich einen tabellarischen ....
10. Ein anderes Wort für Lohn ist das ....
11. Die Firma, bei der ich mich beworben habe, hat mich zum .... eingeladen.
12. Seit Diana ein Kind hat, arbeitet sie nur noch .... , das heißt ....
13. Wenn die Forderungen nicht erfüllt werden, wollen die Arbeiter einen .... organisieren.
14. Den Chef einer Abteilung nennt man den ....

8. **Welches Wort passt nicht? Streichen Sie durch.**

1. das Werk – der Betrieb – die Firma – das Unternehmen – die Gewerkschaft
2. der Einkauf – der Verkauf – die Verwaltung – die Produktion – die Kantine
3. der Mitarbeiter – der Kollege – der Angestellte – der Arbeitgeber – der Arbeitnehmer
4. der Chef – der Arbeitgeber – der Abteilungsleiter – die Geschäftsführung – der Betriebsrat
5. der Umsatz – der Absatz – der Preis – der Gewinn – die Niederlassung
6. der Sitz – die Niederlassung – die Filiale – die Mitarbeiter – die Zweigstelle

2 Wortschatztraining
Arbeit und Beruf allgemein

9. Abteilungen im Betrieb. Wie heißen die Wörter? Lösen Sie das Kreuzworträtsel.

1. In dieser Abteilung wird mit Konten gearbeitet und alle Geldbewegungen werden registriert.
2. Hier werden die Produkte verschickt.
3. In dieser Abteilung wird die Produktqualität überprüft und gesichert.
4. Ein anderes Wort für Verkauf.
5. In diesem Raum macht man technische oder medizinische Untersuchungen.
6. In dieser Abteilung wird entschieden, wer eingestellt wird.
7. Hier werden Waren aufbewahrt.
8. Die Leitung des Unternehmens, ein anderes Wort für Management/Direktion.
9. Hier macht man alles, um Produkte gut zu verkaufen, z. B. Marktforschung und Preispolitik.
10. Hier werden Maschinen zusammengebaut.
11. In dieser Abteilung werden die Kunden betreut, Reparaturen angenommen usw.

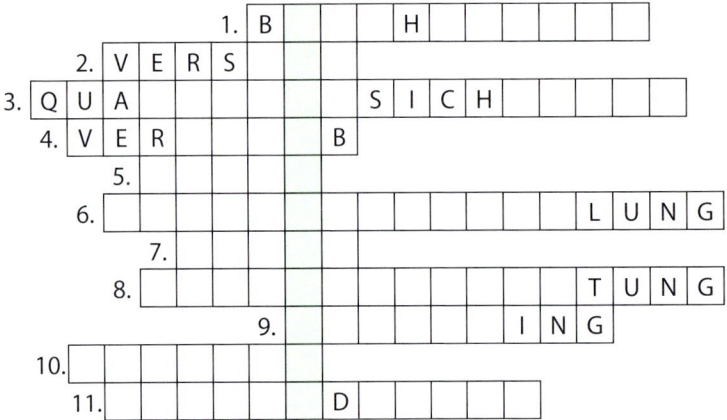

Lösung: Ein anderes Wort für Betrieb: ....

10. Von der Planung eines Produkts bis zum Verkauf. Beschreiben Sie die Übersicht. Die Wörter im Kasten helfen.

planen – konstruieren – herstellen – prüfen – versenden – liefern – (nicht) bezahlen – mahnen

Im Unternehmen wird ein Produkt geplant und anschließend konstruiert. Dann …

Wortschatztraining
Arbeit und Beruf allgemein
2

11. Wortfeld „Termin". Finden Sie Komposita. Notieren Sie die Nomen mit Artikel.

Termin ...

ab – ände – an – bestä – bung – der – druck – frage – kalen – kei – nung – pla – rung – sage – ~~sage~~ – schie – schlag – schwierig – ten – tigung – ver – vor – ~~zu~~

die Terminzusage ....

....

....

12. Ergänzen Sie die Sätze mit Wörtern aus 11.

1. Bitte entschuldigen Sie die .... von Montag auf Dienstag.

    Leider sind alle Mitarbeiter am Montag verhindert.

2. Ich muss mal in meinen .... schauen, ob ich Zeit habe.

3. Vielen Dank für Ihren Auftrag. Der Drucker wird am 5. Mai repariert sein. Ich schicke Ihnen

    noch eine .... / ....

4. Wir haben großen .... Ich hoffe, wir können die Waren rechtzeitig liefern.

13. Welche Verben passen? Ergänzen Sie.

1. Terminvorschlag   einen Termin   *vorschlagen* ....
2. Terminvereinbarung   ....
3. Terminbestätigung   ....
4. Terminverschiebung   ....
5. Terminänderung   ....
6. Terminabsage   ....

14. Sie haben folgende E-Mail bekommen. Schreiben Sie zwei Antworten.

1. Sie kommen zum Termin.
2. Sie können nicht kommen. Sagen Sie warum und schlagen Sie einen anderen Termin vor.

Liebe Kolleginnen und Kollegen,

wir müssen bald die Urlaubsplanung für das nächste Jahr besprechen. Als Besprechungstermin schlagen wir den kommenden Dienstag, 12. Dezember, 15 Uhr im Personalbüro vor. Bitte um kurze Mitteilung, ob Ihnen dieser Termin möglich ist.

Viele Grüße
Hans Beckmann

2 Wortschatztraining

Arbeit und Beruf allgemein

15. Kurze Gespräche. Welche Reaktion ist richtig? Kreuzen Sie an.

1. Darf ich Sie einen Moment stören?
   - A) ☐ Ja, kein Problem.
   - B) ☐ Haben Sie einen Moment Zeit?

2. Darf ich Ihnen Frau Mohn vorstellen?
   - A) ☐ Leider nicht, sie ist im Moment nicht erreichbar.
   - B) ☐ Sehr erfreut.

3. Guten Tag, ich habe eine Reklamation.
   - A) ☐ Die Werbeabteilung ist im ersten Stock.
   - B) ☐ Es tut mir leid, dafür bin ich nicht zuständig. Wenden Sie sich bitte an …

4. Guten Tag. Ich komme von der Hightech-KG. Ich habe einen Termin mit Frau …
   - A) ☐ Nehmen Sie bitte einen Moment Platz. Möchten Sie einen Kaffee?
   - B) ☐ Wo kann ich warten?

5. Können Sie mich informieren, wann die Sitzung stattfindet?
   - A) ☐ Ja, ich gebe Ihnen sofort Bescheid.
   - B) ☐ Es sind leider keine Stühle mehr frei.

6. Brauchen Sie diese Artikel?
   - A) ☐ Ja, wir haben noch welche. Ich gehe gleich ins Lager.
   - B) ☐ Nein, tut mir leid. Für diese Artikel besteht kein Bedarf.

7. Ist Herr Schmidt erreichbar?
   - A) ☐ Ja, ich verbinde Sie.
   - B) ☐ Kein Problem. Ich rufe zurück.

8. Soll ich Herrn Schmidt etwas ausrichten?
   - A) ☐ Vielen Dank. Vielleicht später.
   - B) ☐ Können Sie ihn bitten, mich heute noch anzurufen?

9. Vielen Dank für Ihre Hilfe.
   - A) ☐ Gern geschehen.
   - B) ☐ Das ist sehr nett.

10. Entschuldigung, ich glaube, ich habe die falsche Nummer gewählt.
    - A) ☐ Das macht nichts, auf Wiederhören.
    - B) ☐ Kein Problem. Rufen Sie später noch mal an.

16. Am Telefon. Welche Sätze passen zusammen? Verbinden Sie.

1. Könnte ich bitte Herrn Reisner sprechen?
2. Herr Dr. Rausch ist im Augenblick leider nicht im Büro.
3. Frau Kohl ist nicht da. Soll ich ihr etwas ausrichten?
4. Guten Tag. Mein Name ist Renate König. Könnten Sie mir Informationen zu Ihren Büromöbeln zuschicken?
5. Hier ist der automatische Anrufbeantworter von Peter Kern. Im Augenblick bin ich nicht erreichbar. Sie können aber eine Nachricht hinterlassen, ich rufe dann sofort zurück.

A) Guten Tag, Herr Kern. Hier Computerservice Mitte. Ihr PC ist fertig und kann abgeholt werden. Rufen Sie mich bitte zurück? Vielen Dank.
B) Könnten Sie ihn bitten, mich zurückzurufen? Meine Nummer hat er.
C) Einen Moment, ich verbinde Sie.
D) Aber natürlich, gern. Wie lautet Ihre Adresse?
E) Ja. Könnten Sie ihr sagen, dass ich ab sofort wieder telefonisch erreichbar bin? Sie hat meine Nummer.

Wortschatztraining 2
Im Büro

Im Büro

1. Ordnen Sie die Wörter den Dingen im Büro zu.

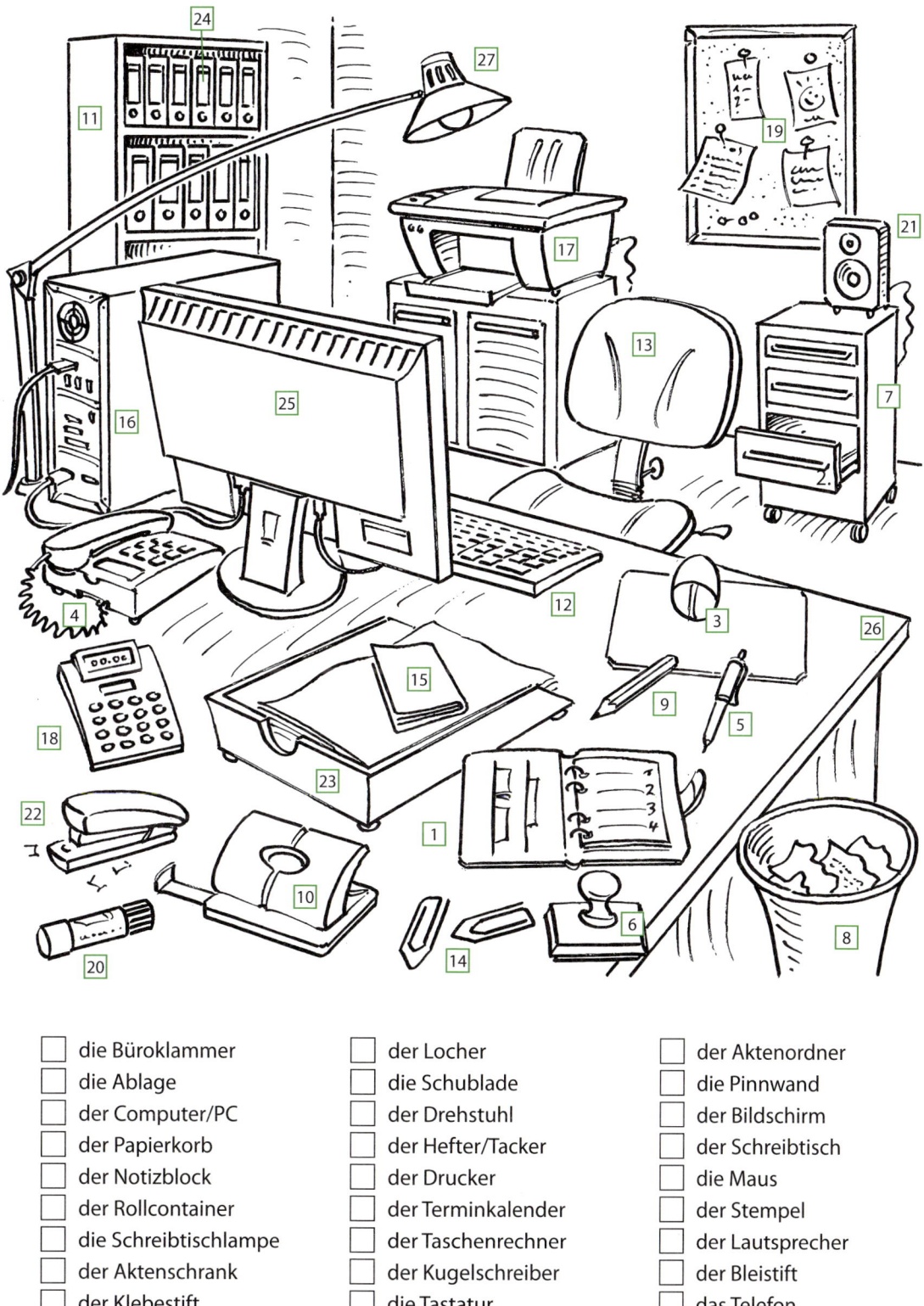

- [ ] die Büroklammer
- [ ] die Ablage
- [ ] der Computer/PC
- [ ] der Papierkorb
- [ ] der Notizblock
- [ ] der Rollcontainer
- [ ] die Schreibtischlampe
- [ ] der Aktenschrank
- [ ] der Klebestift
- [ ] der Locher
- [ ] die Schublade
- [ ] der Drehstuhl
- [ ] der Hefter/Tacker
- [ ] der Drucker
- [ ] der Terminkalender
- [ ] der Taschenrechner
- [ ] der Kugelschreiber
- [ ] die Tastatur
- [ ] der Aktenordner
- [ ] die Pinnwand
- [ ] der Bildschirm
- [ ] der Schreibtisch
- [ ] die Maus
- [ ] der Stempel
- [ ] der Lautsprecher
- [ ] der Bleistift
- [ ] das Telefon

2 Wortschatztraining

Im Büro

2. Tätigkeiten im Büro beschreiben. Schreiben Sie Sätze mit den Gegenständen aus 1.

   Akten aufbewahren – Papiere einordnen – Termine eintragen – etwas notieren –
   Unterlagen stempeln – Beträge addieren – Notizen aufhängen – etwas ausdrucken –
   etwas aufkleben – eine E-Mail schreiben – Büromaterial aufbewahren

   Beispiele: *Im Aktenschrank werden Akten aufbewahrt.*
   Wenn ich etwas ausdrucken möchte, brauche ich / benutze ich den Drucker.

3. Sie haben Kopierpapier bestellt und bekommen die folgende E-Mail. Streichen Sie die falsche Möglichkeit durch.

Von:	info@bürodiscount.de
An:	LohmannKG
Betreff:	Auftragsbestätigung

   Sehr geehrte Damen und Herren / ~~Herren und Damen~~,

   vielen Dank für Ihre Bestellung / Lieferung.

   Wie vereinbart liefern / bezahlen wir 20 Pack Linox Business Papier zum Preis von € 5,19 pro Pack. Die Waren werden morgen im Laufe des Vormittags bei Ihnen eintreffen / abgeholt. Beachten Sie auch unsere weiteren Angebote / Aufträge auf unserer Homepage.

   Mit freundlichen Grüßen
   bürodiscount

4. Wortfeld „Waren". Finden Sie Komposita. Notieren Sie die Nomen mit Artikel.
   Waren …

   ~~an~~ – an – aus – bot – dung – fe – ein – gang – gang – ge – ger – haus – la –
   lie – ment – ~~nahme~~ – rung – sen – sor – ti

   die Warenannahme
   ....

5. Ergänzen Sie die Sätze mit Wörtern aus 4.

   1. Schau doch mal im Lager, ob die .... schon gekommen ist.
   2. Ja, sie ist gerade angekommen. Ich bestätige gleich den ....
   3. Danke für Ihr .... Wir werden bestimmt bei Ihnen bestellen.

Geschäftskorrespondenz

1. Die Anfrage. Ergänzen Sie passende Wörter. Nicht alle Wörter werden gebraucht.

Mobil Discount GmbH München, 13.08.20…
Postfach 2000
80316 München

Anfrage

Sehr geehrte Damen und Herren,

für unsere Ausbildungsabteilung ……………………………………… (1) wir zwei digitale Projektoren,

auch geeignet für den Einsatz auf Geschäftsreisen. ……………………………………… (2) Sie uns bitte ein

unverbindliches Angebot ……………………………………… (3)? Vielen Dank für Ihre ……………………………………… (4).

Mit freundlichen Grüßen
Sabine Buchner, Atlas GmbH Abt. Weiterbildung

---

abholen – Anfrage – Bemühungen – benötigen – Könnten – liefern – Sollten – zusenden

2. Das Angebot. Ergänzen Sie passende Wörter. Nicht alle Wörter werden gebraucht.

Atlas GmbH München, 17.08.20…
Frau Buchner
Danklstraße 12
80121 München

Ihre Anfrage vom 13.08.20…

Sehr geehrte Frau Buchner,

bezugnehmend auf Ihre ……………………………………… (1) können wir Ihnen folgendes Angebot unterbreiten:

KHS tragbarer Projektor – Mini-Beamer: ideal für den Einsatz auf Ihren Geschäftsreisen, passt in jede

Aktentasche, liefert hervorragende Präsentationen. Projektor nicht größer als ein Blackberry. Auflösung für

Breitbild-Displays (854×480), nur € 443.

Alle ……………………………………… (2) sind Nettopreise und verstehen sich ……………………………………… (3) 19 % MwSt.

Ab einem Warenwert von € 100 frachtfreie Lieferung, das heißt, die ……………………………………… (4)

übernehmen wir. Es gelten unsere beiliegenden Allgemeinen Geschäftsbedingungen (AGB).

Über einen Auftrag von Ihnen würden wir uns freuen.
Mit freundlichen Grüßen

Joachim Groß, Vertrieb Mobil Discount GmbH

Anfrage – Auftrag – außerdem – Lieferung – Preise – Versandkosten – Zahlungen – zuzüglich

2 Wortschatztraining

Geschäftskorrespondenz

3. Der Auftrag / die Bestellung. Ergänzen Sie passende Wörter. Nicht alle Wörter werden gebraucht.

Mobil Discount GmbH München, 24.08.20…
Herrn Groß
Postfach 2000
80316 München

Bestellung

Sehr geehrter Herr Groß,

wir danken Ihnen für Ihr .... (1) vom 17. August und .... (2) hiermit
2 Stück KHS tragbarer Projektor – Mini-Beamer.

Da wir die Waren dringend benötigen, bitten wir um .... (3), wann Sie liefern können.

Vielen Dank.
Mit freundlichen Grüßen

Sabine Buchner
Atlas GmbH Abt. Weiterbildung

Angebot – Auftrag – bestellen – Feststellung – liefern – Mitteilung

4. Die Auftragsbestätigung. Ergänzen Sie passende Wörter. Nicht alle Wörter werden gebraucht.

Frau Buchner München, 27.08.20…
Danklstraße 12
80121 München

Ihre Bestellung vom 24.08.20…

Sehr geehrte Frau Buchner,

vielen Dank für Ihre .... (1) vom 24. August, die wir hiermit .... (2).

Wir werden Ihnen die Projektoren im Laufe der Woche zusenden, das heißt, die .... (3)

werden spätestens am Freitag, dem 31. August, bei Ihnen .... (4).

Der Rechnungsbetrag ist ohne Abzug innerhalb von 30 Tagen .... (5).

Bitte .... (6) Sie die Ihnen vorliegenden Allgemeinen Geschäftsbedingungen.

Mit freundlichen Grüßen

Joachim Groß
Vertrieb Mobil Discount GmbH

Angebot – beachten – bestellen – bestätigen – bezahlt – Bestellung – eintreffen – fällig – Lager – Waren – vorstellen

Wortschatztraining

Geschäftskorrespondenz

5. Von der Anfrage bis zur Bezahlung. Ergänzen Sie passende Verben in der richtigen Form.

annehmen – bezahlen – erstellen – liefern – prüfen – prüfen – senden – schicken – stellen – verweigern

1. Der Käufer .... eine Anfrage an den Verkäufer.
2. Der Verkäufer .... ein Angebot und .... es dem Käufer.
3. Der Käufer .... das Angebot und bestellt, wenn er damit zufrieden ist.
4. Der Verkäufer .... die Ware und .... die Rechnung.
5. Der Käufer .... die Ware, um festzustellen, ob alles richtig ist.
6. Entweder .... der Käufer die Ware .... oder er .... die Annahme.
7. Wenn mit der Lieferung alles in Ordnung war, ... der Käufer die Rechnung.

6. Die Reklamation. Ergänzen Sie passende Wörter. Nicht alle Wörter werden gebraucht.

Mobil Discount GmbH　　　　　　　　　　　　　　　　　　　　　　　　München, 03.09.20...
Herrn Groß
Postfach 2000
80316 München

Reklamation wegen falscher Lieferung

Sehr geehrter Herr Groß,

Ihre .... (1) haben wir .... (2). Leider haben Sie uns aber nicht die bestellten Projektoren geliefert, sondern zwei Projektionswagen.

Bitte liefern Sie uns die Projektoren schnellstmöglich. Der .... (3) kann bei Lieferung die versehentlich zugeschickten Produkte wieder mitnehmen.

Sollten die Projektoren nicht innerhalb der nächsten Woche bei uns eintreffen, sehen wir uns gezwungen, vom Kauf .... (4).

Mit freundlichen Grüßen

Sabine Buchner
Atlas GmbH Abt. Weiterbildung

Bestellung – bezahlt – erhalten – Kunde – kündigen – Lieferung – Spediteur – zurückzutreten

2 Wortschatztraining
Geschäftskorrespondenz

7. Die Mahnung. Ergänzen Sie passende Wörter. Nicht alle Wörter werden gebraucht.

Atlas GmbH   München, 28.09.20...
Frau Buchner
Danklstraße 12
80121 München

Zahlungserinnerung

Sehr geehrte Frau Buchner,

für die unten angegebenen Posten konnten wir bis zum heutigen Tag keinen .... (1) auf unserem Konto .... (2).

2 x KHS tragbarer Projektor, geliefert am 07. September: € 443,–   886,00 €
                                                         + MwSt. 19 %   168,34 €
                                                                        1054,34 €

Wir bitten Sie, diesen .... (3) bis zum 10. Oktober auf unser Konto zu .... (4).

Sollten Sie die .... (5) bereits bezahlt haben, betrachten Sie dieses Schreiben bitte als gegenstandslos.

Mit freundlichen Grüßen

Mobil Discount GmbH

---

abbuchen – Betrag – feststellen – Geld – Rechnung – schicken – überweisen – Zahlungseingang – Zahlungstermin

8. Wählen Sie eine Situation aus und schreiben Sie eine kurze E-Mail. Die Satzanfänge im Kasten helfen Ihnen.

1. Sie haben Arbeitshandschuhe bestellt. Es wurden aber Arbeitsschuhe geliefert. Sie haben die Schuhe bereits zurückgeschickt. Informieren Sie den Lieferanten.
2. Sie brauchen dringend Druckerpatronen. Der Lieferant wollte sie heute schicken. Jetzt ist es schon 16 Uhr.

Sehr geehrte Damen und Herren / Sehr geehrter Herr … / Sehr geehrte Frau …
Wir haben / Ich habe bei Ihnen … bestellt. Leider … / Ich bitte Sie … Mit freundlichen Grüßen

Wortschatztraining 2

Arbeitsrecht und Arbeitsbedingungen

Arbeitsrecht und Arbeitsbedingungen

1. **Komposita. Was passt zusammen? Verbinden Sie und schreiben Sie die Nomen mit Artikel auf.**

1.	Arbeits	A)	abrechnung	*der Arbeitsschutz*	
2.	Sozial	B)	schicht	....	
3.	Über	C)	versicherung	....	
4.	Früh	D)	frist	....	
5.	Stunden	E)	schutz	....	
6.	Gehalts	F)	lohn	....	
7.	Probe	G)	zeit	....	
8.	Kündigungs	H)	stunden (Plural)	....	

2. **Ergänzen Sie mit den Wörtern aus 1.**

   1. Zur .... gehören in Deutschland die Kranken-, die Renten-, die Unfall-, die Pflege- und die Arbeitslosenversicherung.
   2. Wenn man mit gefährlichen Stoffen arbeitet, ist .... wichtig.
   3. Ich soll wieder mal länger arbeiten, ich hasse ....
   4. Die .... geht von 6 bis 14 Uhr.
   5. Ich arbeite für einen .... von 12 Euro.
   6. In meiner .... stimmt etwas nicht. Ich habe viel mehr gearbeitet.
   7. Ich habe die Stelle noch nicht ganz sicher, weil die ersten drei Monate .... sind.
   8. Sie können mich nicht sofort entlassen. Es gibt doch eine ....!

3. **Die Gehaltsabrechnung. Was passt zusammen? Notieren Sie mit Artikel.**

   ~~Solidaritäts~~ – Brutto – Sozial – Orts – Kirchen – ~~zu~~ – zu – versicherung – steuer – schlag – ~~schlag~~ – steuer – gehalt – Lohn

   1. *der Solidaritätszuschlag*
   2. ....
   3. ....
   4. ....
   5. ....
   6. ....

2 Wortschatztraining

Arbeitsrecht und Arbeitsbedingungen

4. Auszug aus einem Arbeitsvertrag. Was ist richtig? Kreuzen Sie an.

Arbeitsvertrag

Zwischen
Erwin Maier, im Folgenden genannt: der Arbeitnehmer
und
Gastro-Service, im Folgenden genannt: der Arbeitgeber

wird Folgendes vereinbart:

§ 1 Tätigkeit, Vertragsdauer und Probezeit
Der Arbeitnehmer wird als Koch eingestellt. Das Arbeitsverhältnis beginnt am 01.05. Der Arbeitsvertrag wird auf unbestimmte Zeit geschlossen. Die ersten drei Monate gelten als Probezeit.

§ 2 Arbeitsvergütung
Der Arbeitnehmer erhält zurzeit monatlich 2200 € brutto. Das entspricht einem Stundenlohn von 13,75 €. Ansprüche wegen Überstunden bestehen nur, wenn der Arbeitgeber die Mehrarbeit genehmigt hat.

§ 3 Arbeitszeit
Die regelmäßige wöchentliche Arbeitszeit beträgt zurzeit 40 Stunden. Beginn und Ende der Arbeitszeit wie auch die Pausen werden vom Arbeitgeber festgesetzt.

§ 4 Urlaub
Der Arbeitnehmer hat Anspruch auf einen gesetzlichen Mindesturlaub von 20 Arbeitstagen im Kalenderjahr – ausgehend von einer Fünf-Tage-Woche. Der Arbeitgeber gewährt zusätzlich einen Urlaub von weiteren 4 Arbeitstagen. Die Urlaubszeiten werden mit dem Arbeitnehmer abgestimmt.

§ 5 Kündigung
Nach Ablauf der Probezeit gelten die gesetzlichen Kündigungsfristen.

---

		richtig	falsch
1.	Der Arbeitsvertrag ist auf drei Monate befristet.	☐	☐
2.	Herr Maier erhält für Überstunden einen Zuschlag von 13,75 €.	☐	☐
3.	Wenn Herr Maier die Überstunden bezahlt haben will, muss der Arbeitgeber vorher zustimmen.	☐	☐
4.	Arbeitnehmer und Arbeitgeber vereinbaren gemeinsam die Pausenregelung.	☐	☐
5.	Bei der Urlaubsregelung muss der Arbeitgeber sich an die Gesetze halten.	☐	☐
6.	Nach Ende der Probezeit ist der Arbeitnehmer unkündbar.	☐	☐

Wortschatztraining

Arbeitssuche

Arbeitssuche

1. **Was passt zusammen? Verbinden Sie und schreiben Sie die Wörter mit Artikel auf.**

1.	Neben	A)	gespräch	*der Nebenjob*
2.	Zeitarbeits	B)	lohn	
3.	Stunden	C)	erfahrung	
4.	Stellen	D)	firma	
5.	Urlaubs	E)	stelle	
6.	Halbtags	F)	vertretung	
7.	Berufs	G)	job	
8.	Vorstellungs	H)	lauf	
9.	Lebens	I)	anzeige	

2. **Ergänzen Sie die Sätze mit Wörtern aus 1.**

   1. Ich habe viele Bewerbungen geschrieben. Heute bin ich zu einem .... eingeladen.
   2. Das Jobcenter hat keine Arbeit für mich. Jetzt versuche ich es bei einer ....
   3. Ich suche einen Job mit einem höheren .... Jetzt verdiene ich nur 8 €.
   4. Ich suche einen .... , vielleicht ein paar Mal pro Woche morgens Zeitungen austragen.
   5. Um eine Arbeit zu finden, schaue ich mir nicht nur die .... in der Zeitung an, sondern auch die im Internet.
   6. Ich habe .... und gute Fachkenntnisse als Elektriker.

3. **Berufswünsche. Welches Wort passt? Entscheiden Sie.**

   1. Seit zwei Jahren arbeite ich bei einem privaten Pflegedienst als Pflegehelferin. Ich habe aber keine .... (Arbeit / Ausbildung)
   2. Mein Ziel ist: Ich möchte gerne Gesundheits- und Krankenpflegerin .... (werden / bekommen)
   3. Vielleicht kann ich dann auch eine .... (Weiterbildung / Arbeitsplatz) zur Kinderkrankenpflegerin machen.
   4. Ich denke, ich werde schnell lernen, weil ich schon .... (Bewerbung / Erfahrung) in der Krankenpflege habe.

2 Wortschatztraining

Arbeitssuche

4. Sie suchen Arbeit. Welche Anzeige passt zu welcher Situation? Ordnen Sie zu.

1. Sie können gut Wände streichen, möchten aber nicht im Verkauf arbeiten. ☐

2. Sie suchen eine neue Stelle als Kellnerin. Ihre alte Arbeit gefällt Ihnen nicht mehr, weil Sie dort nur wenige Stunden pro Woche arbeiten können. ☐

3. Sie suchen eine Stelle als Fahrer. Sie haben einen Führerschein. ☐

A Für unser Restaurant in Aschaffenburg suchen wir ab sofort eine erfahrene, motivierte und zuverlässige
Bedienung/Servicekraft (w/m).
Die Stelle wird zuerst in Teilzeit besetzt und kann dann in eine Vollzeitanstellung übergehen.
Sie arbeiten in einem kleinen Team.

B **VEGA-Baumarkt**
sucht Mitarbeiter/in für die Kundenberatung in der Farbenabteilung. Berufserfahrung als Maler und Lackierer von Vorteil.

C **EURO-PIZZA**
sucht zuverlässige und flexible Mitarbeiter für den Fahrdienst (Auslieferung).

D Der *Verein Arbeit und Soziales* sucht einen Koordinator (m/w) für seine Bereiche Haushaltshilfe, Gartenhilfe und Fahrdienste. Sie werden von kompetenten Sozialarbeitern unterstützt.

E **Maler/Tapezierer**
für gelegentliche Kleinaufträge gesucht.
Führerschein von Vorteil.

F Restaurant *Zur Schänke* sucht zuverlässige Servicekräfte für die Bewirtung unserer Gäste im Mittagsgeschäft am Wochenende. Auch auf 400 €-Basis.

5. Wortschatz „Bewerbung". Wie heißen die Wörter? Notieren Sie sie mit Artikel.

Arbeits – Bewerbungs – Lebens – Stellen – ~~Vorstellungs~~ – Zeugnis

anzeige – ~~gespräch~~ – kopie – lauf – mappe – vertrag

1. *Vorstellungsgespräch*   4. ....
2. ....   5. ....
3. ....   6. ....

6. Tipps für das Anschreiben. Ergänzen Sie.

1. Das Anschreiben für eine Bewerbung sollte nicht mehr als eine S __ __ __ __ lang sein.

2. Nennen Sie Ihre F __ __ __ __ k __ __ ten und St __ rk __ n. Schreiben Sie nicht, was Sie nicht können.

3. Nennen Sie kurz Ihre Erf __ __ __ __ __ __ __ __ und Kenntn __ __ __ __, die für die angebotene Stelle von Interesse sind.

Wortschatztraining

Arbeitssuche

7. Lesen Sie das Anschreiben. Welche Wörter passen? Sie können jedes Wort nur einmal benutzen. Nicht alle Wörter passen in den Text.

Annette Weer Kiel, 06.09.20…
Hafengasse 3
32145 Kiel

Frau Brigitte Reimann
Reimann GmbH & Co. KG
Strandweg 3
32165 Kiel

Bewerbung als Programmiererin

Sehr geehrte Frau Reimann,

Ihre Anzeige in der Abendzeitung vom 4. September, in der Sie eine Programmiererin für Ihre EDV-Abteilung suchen, habe ich mit großem .... (1) gelesen. Ich möchte mich um diese .... (2) bewerben. Besonders würde mich eine Tätigkeit im Bereich Automatisierungstechnik interessieren.

Ich bin 34 Jahre alt, mein Studium der Informatik habe ich an der Hochschule Darmstadt .... (3). Ich .... (4) über Kenntnisse verschiedener Datenbanken und Betriebssysteme und habe praktische Erfahrungen in Java-Programmierung im Bereich Automatisierungstechnik. Mein .... (5) habe ich bei IT&Partners in Köln gemacht. Weitere .... (6) zu meiner Ausbildung und Berufstätigkeit können Sie dem beigefügten .... (7) entnehmen.

Die .... (8) neuer Programme macht mir Spaß und ich glaube, von mir sagen zu können, dass ich hierbei kreative Lösungen anbieten kann.

Ich würde mich freuen, wenn ich Sie in einem persönlichen Gespräch von meinen .... (9) überzeugen könnte.

Mit freundlichen Grüßen
Annette Weer

.... (10):   Lebenslauf mit Foto
                                         Zeugniskopien

A) abgeschlossen   D) Anlagen   G) Beilagen   J) Interesse   M) Entwicklung
B) Details   E) Lebenslauf   H) Stelle   K) Kenntnisse   N) Studium
C) Praktikum   F) Qualifikationen I) verfüge   L) besucht   O) habe

2 Wortschatztraining

Aus- und Weiterbildung

Aus- und Weiterbildung

1. **Welche Verben passen? Es gibt mehrere Möglichkeiten.**

   ablegen – absolvieren – anmelden – abschließen – bekommen – bestehen – besuchen – machen – teilnehmen – vorbereiten

die Schule	*besuchen, abschließen*
eine Lehre	....
einen Kurs	....
an einem Kurs	....
die Universität	....
einen Abschluss	....
eine Prüfung	....
sich zu einer Prüfung	....
ein Zeugnis	....
sich auf das Examen	....
eine Ausbildung	....

2. **Welches Wort passt zu welcher Erklärung? Ordnen Sie zu.**

   1. Ein anderes Wort für Arbeit:
   2. Sie arbeiten schon lange in einem Beruf, Sie haben:
   3. Sie wollen in Ihrem Beruf noch besser werden. Sie machen eine:
   4. Sie finden in Ihrem alten Beruf keine Arbeit mehr. Sie machen eine:
   5. Fortbildungen, die 8 Stunden am Tag dauern:
   6. Fortbildungen, die 4 Stunden am Tag dauern:
   7. Sie haben eine eigene Firma gegründet. Sie sind:
   8. Sie müssen Ihre Ausbildung noch einmal machen. Sie wird in Deutschland nicht:

   A) Fortbildung
   B) selbstständig
   C) Tätigkeit
   D) anerkannt
   E) Berufserfahrung
   F) Umschulung
   G) Teilzeitkurse
   H) Vollzeitkurse

3. **Ausbildung im Handwerksbetrieb. Ergänzen Sie.**

   Meister – Azubi – Geselle – Lehrling

   1. Der .... lernt den Beruf. Man nennt ihn auch .... (= Auszubildender).
   2. Nach der Ausbildung macht er eine Prüfung und ist dann ....
   3. Wenn der Geselle die .... prüfung gemacht hat, darf er selbst Lehrlinge ausbilden.

Wortschatztraining 2
Aus- und Weiterbildung

4. Welche Anzeige passt zu welcher Situation? Ordnen Sie zu.

1. Sie haben Buchhaltung gelernt und haben gute Computerkenntnisse. Sie haben bereits in verschiedenen Büros gearbeitet und möchten sich weiterbilden. ☐
2. Sie haben gute Computerkenntnisse und möchten lernen, eine eigene Webseite zu gestalten. ☐

A

Akademie für Berufsfortbildung e.V.

Unsere Fortbildungsangebote:

Fachkraft für Buchhaltung und Bilanzierung

Sie lernen Finanzbuchhaltung mit Lexware und DATEV, SAP. Sie erarbeiten sich berufliche Perspektiven in den Bereichen Buchhaltung und Kaufmännische Sachbearbeitung.

Voraussetzung:

Realschulabschluss

B

Akademie für Berufsfortbildung e.V.

Unsere Fortbildungsangebote:

Internet für Fortgeschrittene

Sie wollen Ihr Projekt oder Ihren Betrieb erfolgreich im Internet darstellen? Hier lernen Sie die wichtigsten Techniken.

Voraussetzung:

Erfahrungen im Umgang mit dem Internet.

C

Akademie für Berufsfortbildung e.V.

Unsere Fortbildungsangebote:

Fachkraft Marketing

Sie erwerben kommunikative Fähigkeiten und erlernen die aktuellen Marketing- und Vertriebsmethoden. Dabei werden Sie spezialisiert auf Event-Marketing, Öffentlichkeitsarbeit, Pflege von Websites.

Voraussetzung:

Kaufmännische Ausbildung

5. Lesen Sie die Anzeigen und ergänzen Sie die Wörter A)–I).

Deutsch für den Beruf: Sie arbeiten in einem deutschsprachigen Unternehmen? Sie __1__ in Ihrem Heimatland die Fachrichtung Wirtschaft / Handel / Tourismus? Dann ist unser Kurs Deutsch für den Beruf das Richtige für Sie. Die behandelten Themen sind u. a. Telefonieren, Korrespondenz, Kundengespräche. __2__ werden Sprachkenntnisse auf dem Niveau des Zertifikats B1+. Am Ende des Kurses können Sie sich zur Prüfung B2 + Beruf __3__ . Ihre schriftlichen Hausaufgaben werden regelmäßig von unseren Dozenten __4__ .

Deutsch für medizinische Berufe: Sie arbeiten in einer Pflegeeinrichtung oder einer Arztpraxis oder wollen in diesem Bereich __5__ sein? In diesem Kurs lernen Sie, sich in diesen Berufen schriftlich und mündlich gut zu __6__ . Sie werden auch wichtige Informationen über das deutsche Gesundheitssystem __7__ .

A) anmelden   D) bekommen   G) korrigiert
B) lehren   E) studieren   H) tätig
C) verständigen   F) Vorausgesetzt   I) vorbereitet

1. .... 2. .... 3. .... 4. .... 5. .... 6. .... 7. ....

2 Wortschatztraining

Werkzeuge und Arbeitsmittel

Werkzeuge und Arbeitsmittel

1. Was ist im Werkzeugkasten? Was braucht man zum Renovieren? Ordnen Sie zu.

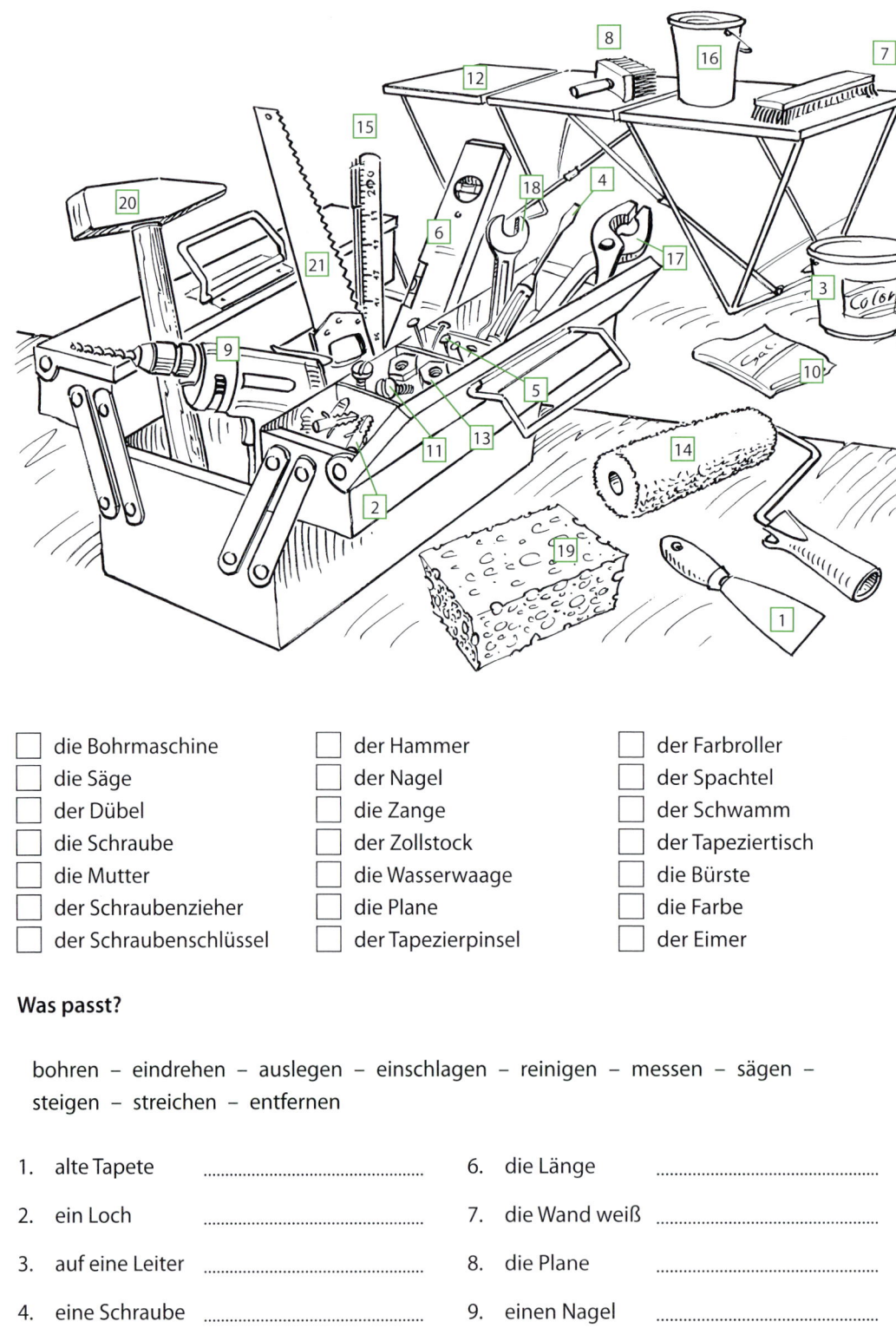

- ☐ die Bohrmaschine
- ☐ die Säge
- ☐ der Dübel
- ☐ die Schraube
- ☐ die Mutter
- ☐ der Schraubenzieher
- ☐ der Schraubenschlüssel

- ☐ der Hammer
- ☐ der Nagel
- ☐ die Zange
- ☐ der Zollstock
- ☐ die Wasserwaage
- ☐ die Plane
- ☐ der Tapezierpinsel

- ☐ der Farbroller
- ☐ der Spachtel
- ☐ der Schwamm
- ☐ der Tapeziertisch
- ☐ die Bürste
- ☐ die Farbe
- ☐ der Eimer

2. Was passt?

bohren – eindrehen – auslegen – einschlagen – reinigen – messen – sägen – steigen – streichen – entfernen

1. alte Tapete ....
2. ein Loch ....
3. auf eine Leiter ....
4. eine Schraube ....
5. ein Brett durch..

6. die Länge ....
7. die Wand weiß ....
8. die Plane ....
9. einen Nagel ....
10. den Pinsel ....

Wortschatztraining

Mobilität

Mobilität

1. **Wie komme ich …?**
   Beschreiben Sie den Weg.

   1. zur Post
   2. zum Hotel „Goldene Gans"
   3. zum Kongresszentrum
   4. zum Bahnhof

   links/rechts abbiegen – geradeaus gehen – die Ecke – die Kreuzung – die Ampel – überqueren – die Richtung – in der Nähe von – liegen bei

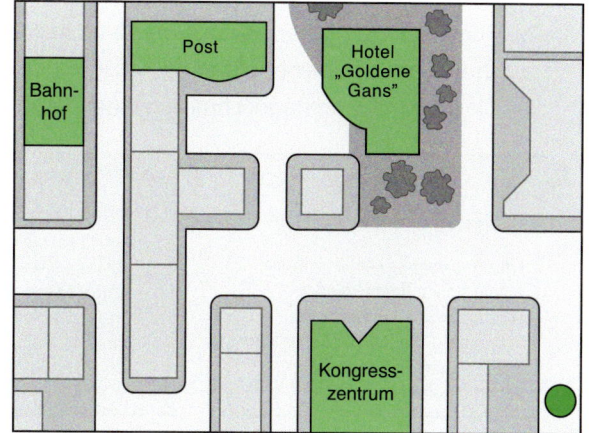

   1. Biegen Sie an der Ecke nach links ab und dann …

2. **Wie heißen die Wörter? Lösen Sie das Kreuzworträtsel.**

   1. Am Bahnhof: Ist das eine direkte Verbindung oder muss ich …
   2. Ein Hotelzimmer für zwei Personen heißt …
   3. Eine Fahrkarte nach Bonn bitte, hin und …
   4. U- und S-Bahnen, Straßenbahnen und Busse nennt man auch öffentliche …
   5. Der Zug fährt von … 8 ab.
   6. Am Flughafen: Das Gegenteil vom Start ist die …
   7. Im Hotel meldet man sich an der …
   8. Können Sie bitte das … ausfüllen?

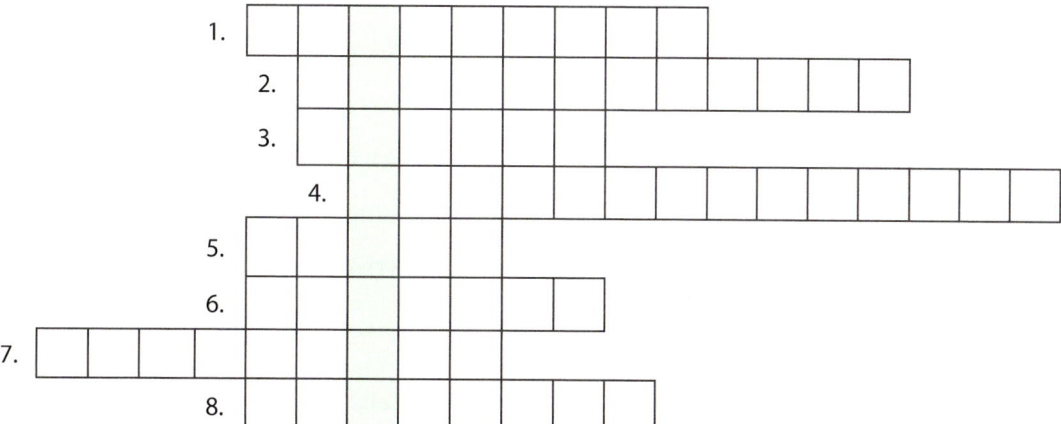

Lösung: Etwas, was man von einer Reise mitbringen kann: ....

2 Wortschatztraining

Mobilität

3. Welche Anzeige passt? Ordnen Sie zu.

1. Sie suchen für mehrere Tage einen Tagungsraum mit Übernachtung und möchten nach der Tagung mit Ihren Mitarbeitern etwas Nettes unternehmen. ☐
2. Für eine Präsentationsveranstaltung suchen Sie geeignete Räume. Sie möchten Ihre Kunden mit einem Abendessen im Tagungshaus verwöhnen. ☐
3. Sie suchen für Freitagnachmittag einen Tagungsraum in verkehrsgünstiger Lage. ☐

A Stilvolle Konferenzräume
Unsere Konferenz- und Seminarräume stehen Ihnen stunden- oder tageweise kurzfristig zur Verfügung. Die Räume liegen nur 5 Minuten zu Fuß vom Hauptbahnhof entfernt.

B Das Kongresscenter Taunus
bietet Tagungsräume und Kongressräume für jeden Anlass. Ganz besonders empfehlen wir unseren gastronomischen Service. Auf Wunsch können Sie Spezialitäten aus der Region genießen.

C Das Tagungshotel Burg Schwarzenau
bietet Ihnen Tagungsräume mit Charme und einen persönlichen Service. Außerdem erwartet Sie ein attraktives Rahmenprogramm, z. B. Ausflüge in die Umgebung mit Weinprobe.

4. Im Reisecenter der Deutschen Bahn. Ergänzen Sie den Dialog.

Rückfahrt – Fahrkarten – Person – fahren … ab – hin – Verbindung – umsteigen – Abfahrt – kommen … an

● Guten Tag. Ich möchte zwei .... (1) nach München.

▶ Guten Tag, ... (2) und zurück?

● Ja, morgen hin und zurück am Sonntag, den 10. Mai.

▶ Einen Augenblick. Also, eine mögliche .... (3) ist über Stuttgart. Sie .... um 12:13 in Köln .... (4) und sind um 18:05 in München. Sie müssen dann in Stuttgart .... (5).

● Und die .... (6)?

▶ Die .... (7) in München ist um 15:45 Uhr, Sie .... um 21:37 Uhr .... (8).

● Gut. Wie viel kosten die Fahrkarten?

▶ Das macht 156 Euro pro .... (9).

● Kann ich mit EC-Karte zahlen?

▶ Ja, natürlich. Hier sind die Fahrkarten.

● Vielen Dank und auf Wiedersehen.

5. Lesen Sie die Meldungen. Sind die Aussagen richtig oder falsch? Kreuzen Sie an.

Baden-Baden: Zwischen Alexanderschanze und Fritzschestraße ist die Bundesstraße B 500 in beiden Richtungen wegen Bauarbeiten gesperrt. Die Umleitung ist gut ausgeschildert und führt über die B 203.

Letzter Aufruf für die Passagiere zum Flug 257 nach Berlin. Bitte begeben Sie sich schnellstmöglich zum Flugsteig 12 B.

	richtig	falsch
1. Herr Schmitz, unterwegs auf der B 500, muss die Bundesstraße verlassen.	☐	☐
2. Das Flugzeug nach Berlin hat Verspätung.	☐	☐

Wortschatztraining 2
In der Gastronomie

In der Gastronomie

1. **Ordnen Sie die Lebensmittel zu. Ergänzen Sie weitere Lebensmittel. Notieren Sie auch die Artikel.**

   Kartoffel – Schinken – Banane – Salami – Bier – Butter – Käse – Apfel – Apfelsaft – Kuchen – Knoblauch – Salz – Zwiebel – Wein – Eis – Birne – Brötchen – Geflügel – Apfelsine – Milch – Zitrone – Karotte – Tomate – Sahne – Hähnchen – Rindersteak – Pfeffer – Brot – Schokolade – Mineralwasser – Pudding

   1. Milchprodukte: ....
   2. Obst: ....
   3. Gemüse: ....
   4. Gewürze: ....
   5. Wurst und Fleischprodukte: ....
   6. Backwaren: ....
   7. Süßigkeiten: ....
   8. Getränke: ....

2. **Bilden Sie Komposita.**

   Beispiel: die Speise + die Karte = die Speisekarte

   1. ....

   2. ....

   3. ....
   4. ....

   5. ....

   6. ....

3. **Lebensmittel und Mengenangaben. Was passt? Kreuzen Sie an.**

	ein Glas	eine Flasche	ein Stück	eine Tafel	eine Dose	ein Kasten	ein Päckchen
Milch	X	X					
Saft							
Butter							
Schokolade							
Wasser							
Erbsen							
Zucker							

2 Wortschatztraining

In der Gastronomie

4. Wie werden Bratkartoffeln gemacht? Ergänzen Sie das Rezept.

braten – dazugeben – ~~erhitzen~~ – schälen – waschen – schneiden – würzen

Die Kartoffeln zuerst .... (1), dann .... (2), danach in Scheiben .... (3). In einer Pfanne Öl *erhitzen* (4), dann die Kartoffeln .... (5). Nach Geschmack mit Paprika, Salz und Pfeffer .... (6). So lange .... (7), bis die Kartoffeln weich und goldbraun sind.

5. In der Küche. Ordnen Sie die Wörter den Gegenständen zu.

☐ der Topf ☐ der Deckel ☐ die Bratpfanne ☐ die Mikrowelle ☐ das Sieb
☐ die Schüssel ☐ die Küchenmaschine ☐ die Küchenwaage ☐ der Dosenöffner
☐ der Herd/Backofen ☐ der Kochlöffel ☐ die Geschirrspülmaschine ☐ die Kelle
☐ das Backblech ☐ das Nudelholz

1.   2.   3.   4.   5.

6.   7.   8.   9.   10.

11.   12.   13.   14.   15.

6. Im Restaurant. Ergänzen Sie die fehlenden Wörter.

1. ● Entschuldigung, ich habe einen Salat .... , kein Schnitzel.
   ▸ Das tut mir leid, ich bringe Ihnen gleich den Salat.

2. ● Das Essen war gut, nur der Braten war leider zu ....
   ▸ Für das nächste Mal empfehle ich Ihnen Rindersteak. Das ist sehr mager.

3. ● Ich hätte gern ein Wiener Schnitzel.
   ▸ Und als .... ? Möchten Sie Pommes oder Bratkartoffeln?

4. ● Wir essen kein Fleisch. Haben Sie auch .... Gerichte?

5. ● Möchten Sie noch einen .... ?
   ▸ Ja, gern. Haben Sie Erdbeereis?

Wortschatztraining
Im Hotel

Im Hotel

1. **Wie heißen die Gegenstände? Ordnen Sie zu.**

   - [ ] das Bett
   - [ ] die Bettdecke
   - [ ] das Kopfkissen
   - [ ] die Fernbedienung
   - [ ] der Safe
   - [ ] der Tisch
   - [ ] das Telefon
   - [ ] die Gardine / der Vorhang
   - [ ] der Nachttisch
   - [ ] das Bettlaken
   - [ ] der Kleiderschrank
   - [ ] die Minibar
   - [ ] der Sessel
   - [ ] der Stuhl
   - [ ] der Papierkorb
   - [ ] der Fernseher
   - [ ] die Lampe
   - [ ] der Aschenbecher
   - [ ] der Teppich
   - [ ] der Kleiderbügel

   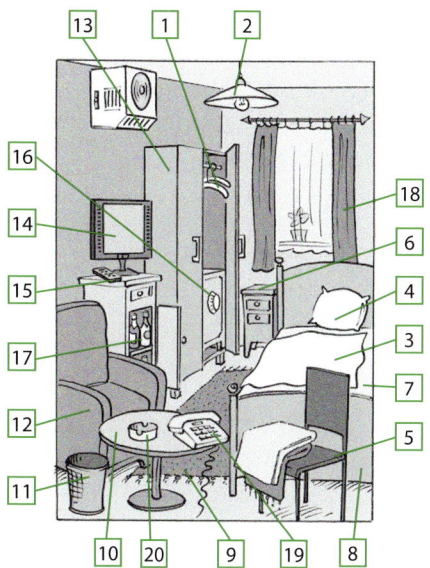

2. **Suchen Sie zehn Nomen zum Thema Hotel. Notieren Sie die Nomen mit Artikel.**

   Ge – vie – Anmelde – zimmer – Einzel – Halb – Re – Über – fer – formular – Re – nach – pension – rung – saison – Doppel – ser – tion – päck – tung – zep – Kof – zimmer – Haupt

   1. ....
   2. ....
   3. ....
   4. ....
   5. ....
   6. ....
   7. ....
   8. ....
   9. ....
   10. ....

3. **Wie heißen die Gegenstände im Bad? Ordnen Sie zu.**

   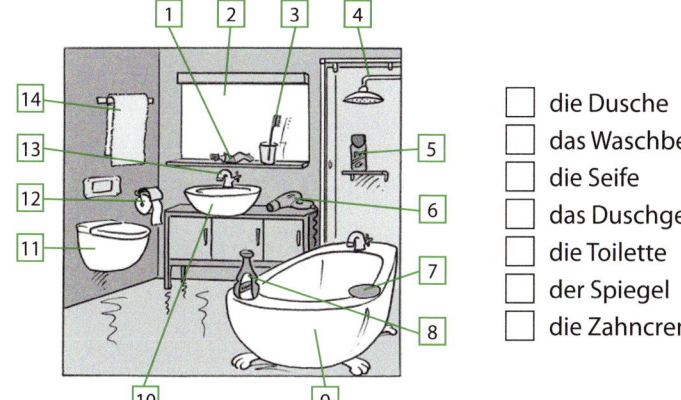

   - [ ] die Dusche
   - [ ] das Waschbecken
   - [ ] die Seife
   - [ ] das Duschgel
   - [ ] die Toilette
   - [ ] der Spiegel
   - [ ] die Zahncreme
   - [ ] die Badewanne
   - [ ] der Wasserhahn
   - [ ] das Shampoo
   - [ ] das Handtuch
   - [ ] das Toilettenpapier
   - [ ] die Zahnbürste
   - [ ] der Föhn

2 Wortschatztraining

Körper und Gesundheit

Körper und Gesundheit

1. Suchen Sie 12 Körperteile und notieren Sie sie mit Artikel. Ergänzen Sie dann die Pluralformen.

H	A	N	D	L	O	K	Z	M
E	R	A	J	K	H	N	A	K
I	M	C	K	O	P	F	H	A
H	H	H	Ä	N	D	I	N	U
A	A	G	B	E	I	N	N	G
A	L	K	N	I	E	G	E	E
R	S	A	N	A	S	E	G	Ö
B	O	M	X	O	H	R	E	R

1. die Hand, die Hände
2. ...., ...
3. ...., ...
4. ...., ...
5. ...., ...
6. ...., ...
7. ...., ...
8. ...., ...
9. ...., ...
10. ...., ...
11. ...., ...
12. ...., ...

2. Welche Körperteile passen zu den Verben? Notieren Sie die Nomen mit Artikel.

hören	....	essen	....
sprechen	....	laufen	....
greifen	....	riechen	....
lesen	....	schwimmen	....
schreiben	....	klettern	....

3. Welches Wort passt nicht? Streichen Sie durch.

   1. die Drogerie – die Sprechstunde – die Praxis – die Arzthelferin
   2. die Ohrenschmerzen – das Rezept – der Schnupfen – der Husten
   3. die Grippe – das Fieber – die Operation – die Halsschmerzen
   4. das Krankenhaus – die Besuchszeit – die Station – das Pflaster
   5. die Tablette – das Verbandszeug – die Tropfen – das Zäpfchen
   6. der Gips – der Verband – das Pflaster – das Labor

Wortschatztraining 2

Körper und Gesundheit

4. Wie heißen die Nomen und Verben? Ergänzen Sie.

Verben	Nomen	Verben	Nomen
1. sich erkälten	*die Erkältung*	4.	das Blut
2.	die Verletzung	5. untersuchen	....
3. husten	....	6.	die Operation

5. Arzneimittel, Verbandszeug und Versorgung von Wunden. Was passt? Ergänzen Sie.

Pflaster – Tropfen – Spritze – Verband – Tabletten – Salbe – -saft – Spray

1. Ich würde mich gern gegen Tetanus impfen lassen. Können Sie mir die .... geben?

2. Haben Sie .... gegen Kopfschmerzen?

3. Mein Nacken tut weh. Haben Sie etwas zum Einreiben? Gibt es eine gute ....?

4. Ich habe Schnupfen. Können Sie mir ein .... für die Nase geben?

5. Vickopron ist ein Husten................................, der schmeckt.

6. Als ich mir das Bein verstaucht hatte, bekam ich einen ....

7. Ich habe mir in den Finger geschnitten, haben Sie ein ....?

8. Ich habe Heuschnupfen und brauche im Frühling immer .... für die Augen, damit sie nicht rot werden und jucken.

6. Berufe in der Pflege. Ordnen Sie zu.

1. Er/Sie betreut Patienten im Krankenhaus oder ambulant.
2. Er/Sie betreut alte Menschen, die Hilfe brauchen.
3. Er/Sie betreut Mütter während der Schwangerschaft und hilft bei der Geburt der Kinder.
4. Er/Sie betreut und pflegt kranke Kinder und Jugendliche.
5. Er/Sie übernimmt die häusliche Pflege kranker und alter Menschen.

A) Gesundheits- und Kinderkrankenpfleger/in
B) Hebamme / Geburtshelfer/in
C) Gesundheits- und Krankenpfleger/in
D) Mitarbeiter/in im ambulanten Pflegedienst
E) Altenpfleger/in

1. .... 2. .... 3. .... 4. .... 5. ....

2 Wortschatztraining

Im Krankenhaus

Im Krankenhaus

1. Suchen Sie zehn Abteilungen und schreiben Sie die Nomen mit Artikel.

   Am – Chi – Gy – In – Kin – Neu – Not – Ope – Ra – Rönt – abtei – auf – bu – der – dio – gen – gie – ko – lanz – logie – logie – logie – lung – nä – nah – me – ra – ro – rur – saal – sta – sta – tensiv – tion – tion – tions

   1. ....
   2. ....
   3. ....
   4. ....
   5. ....
   6. ....
   7. ....
   8. ....
   9. ....
   10. ....

2. Aufgaben im Krankenhaus. Welche Verben passen zu den Wörtern in Kasten 1? Ordnen Sie zu. Manchmal gibt es mehrere Möglichkeiten.

   1
   bei der Körperpflege
   Bewohner
   Blutdruck
   die Betten
   Medikamente
   mit den Menschen
   Spritzen
   Verbände
   Essen
   die Angst
   bei einer Entbindung

   2
   helfen
   sprechen
   geben
   machen
   wechseln
   nehmen
   messen
   verteilen
   trösten
   betreuen
   austeilen

   Spritzen geben ....
   ....
   ....

3. Wer macht was? Schreiben Sie Sätze mit den Wörtern aus 2. Es gibt mehrere Möglichkeiten.

   der Gesundheits- und Krankenpfleger – die Hebamme/Geburtshelferin – die Ärztin

   Beispiel: *Der Gesundheits- und Krankenpfleger hilft Patienten bei der Körperpflege.*

4. Eine Gesundheits- und Krankenpflegerin erzählt. Bilden Sie Sätze wie im Beispiel.

   die Seife – das Handtuch – die Schere – der Föhn – der Kamm – der Rasierapparat

   rasieren – waschen – die Nägel schneiden – die Haare föhnen – abtrocknen – kämmen

   Beispiel: *Mit dem Rasierapparat rasiere ich den Patienten.*

Wortschatztraining 2

Gesundheit am Arbeitsplatz

Gesundheit am Arbeitsplatz

1. Gesundheit am Arbeitsplatz. Was passt? Ordnen Sie zu.

   A)   B)   C)   D)   E)   F)   G)   H)   I)

   1. ☐ kein Trinkwasser
   2. ☐ giftige oder gefährliche Stoffe
   3. ☐ Handschuhe tragen
   4. ☐ Kopfschutz (Helm) tragen
   5. ☐ Rutschgefahr
   6. ☐ kein Mobilfunk
   7. ☐ Ohrenschutz tragen
   8. ☐ kein offenes Feuer
   9. ☐ Schutzbrille tragen

2. Was ist was? Ordnen Sie zu und schreiben Sie zu jedem Schild einen Hinweis.

   Gebot: *C: Hier muss man Handschuhe tragen.*

   Verbot: *H: Das Wasser darf man nicht trinken.*

   Warnung: *A: Achtung, dieser Stoff ist gefährlich! Nicht anfassen!*

2 Wortschatztraining

Umwelt

Umwelt

1. **Umweltschutz im Betrieb. Welche Wörter haben dieselbe Bedeutung? Verbinden Sie.**

   1. der Müll
   2. recyceln
   3. lagern
   4. Container

   A) Behälter
   B) der Abfall
   C) wiederverwerten
   D) deponieren

2. **Welches Wort passt zu welcher Erklärung? Verbinden Sie.**

   1. (gefährliche) Stoffe nach den gesetzlichen Bestimmungen entfernen oder wegbringen
   2. oft schädliche Stoffe, die in die Umwelt gelangen, z. B. Gase und verschmutztes Wasser
   3. so wenig Abfall wie möglich entstehen lassen
   4. Abfall je nach Art in verschiedene Behälter tun

   A) die Abfallvermeidung
   B) die Abfalltrennung
   C) die Entsorgung
   D) die Emissionen

3. **Ergänzen Sie.**

   vermeiden – wiederzuverwerten – Deponie – gesammelt – entsorgen

   In jedem Betrieb entsteht eine große Menge Abfall. Wie in den privaten Haushalten wird auch hier der Abfall getrennt, das heißt, er wird in verschiedenen Behältern ....(1). Man sollte versuchen, Abfall so weit wie möglich zu ....(2). Man muss allen Abfall ....(3). Er landet auf einer ....(4). Die beste Lösung ist aber, die Materialien aus dem Abfall ....(5).

4. **Natur und Umwelt. Welches Wort passt nicht? Streichen Sie durch.**

   1. der Wald – die Wiese – der Lärm – der See – die Blume
   2. der Sondermüll – der Wind – das Altglas – die Dose – das Altpapier
   3. das Gift – die Abgase – der Schadstoff – die Verschmutzung – die Sonnenenergie
   4. Biomüll – Sperrmüll – Abgase – Altmetall – Altpapier
   5. Müll: recyceln – trennen – steigern – sortieren
   6. Energie: sparen – verbrauchen – verschwenden – sammeln
   7. Abfall: reduzieren – vermeiden – versorgen – begrenzen

5. **Wie heißen die Nomen? Ergänzen Sie.**

   1. verschmutzen *die Verschmutzung*
   2. trennen ....
   3. verbrauchen ....
   4. benutzen ....
   5. reduzieren ....
   6. begrenzen ....
   7. vermeiden ....
   8. entsorgen ....

Informationstechniken

1. Der Computer. Ordnen Sie zu.

   1. der Computer
   2. der Bildschirm/Monitor
   3. die Maus
   4. die Tastatur
   5. das CD-ROM-Laufwerk
   6. der Drucker
   7. der Scanner
   8. das Kabel
   9. der Lautsprecher

2. Welches Wort passt nicht? Streichen Sie durch.

   1. eine Datei: öffnen – speichern – drucken – ausschalten
   2. eine CD: kaufen – einlegen – verbinden – hören
   3. eine SMS: schreiben – surfen – beantworten – senden
   4. den Computer: anmachen – herunterfahren – arbeiten – hochfahren

3. Arbeiten mit dem PC. Was passt? Unterstreichen Sie.

   1. den Monitor mit dem Rechner   verbinden / anwenden / montieren
   2. die Maus und den Drucker an den Rechner   ergänzen / schließen / anschließen
   3. Papier in den Drucker   lagern / geben / einlegen
   4. das Netzkabel   abschließen / anschließen / zuschließen
   5. auf dem USB-Stick Texte   speichern / nehmen / einpacken
   6. eine Datei aus dem Internet   abladen / herunterladen / aufladen
   7. eine E-Mail   versenden / befördern / liefern
   8. mit Antivirensoftware den Computer   schützen / betreuen / sparen
   9. eine Taste   einschalten / drücken / drucken

4. Wie schreiben Sie einen Brief am Computer? Ordnen Sie und schreiben Sie Sätze.

   Computer einschalten – Text drucken – Datei schließen – Text schreiben –
   neue Datei öffnen – Datei speichern – Computer ausschalten

   Zuerst schalte ich den Computer ein. Dann ...

2 Wortschatztraining

Banken und Post

Banken und Post

1. Was kann man mit Geld alles machen? Welche Verben passen? Markieren Sie.

   ☐ ausgeben   ☐ abheben   ☐ sparen   ☐ anmelden
   ☐ einzahlen ☐ abnehmen ☐ überweisen ☐ verweisen

2. Auf der Bank. Ergänzen Sie die Sätze.

   Zinsen – Kredit – EC-Karte – Geldautomaten – Konto – Bankleitzahl (BLZ)

   1. Mit der .... (1) kann man Geld am .... (2) abheben.
   2. Ich habe bei der Bank ein .... (3).
   3. Wenn man Geld auf ein anderes Konto überweisen will, braucht man die Kontonummer und die .... (4).
   4. Herr Usta finanziert sein neues Auto mit einem .... (5).
   5. Frau Kim hat viel gespart. Für dieses Geld bekommt sie jedes Jahr drei Prozent .... (6).

3. Lösen Sie das Rätsel zum Thema Banken und Geld. Wie heißt das Lösungswort?

   1. ein anderes Wort für Papiergeld
   2. Auf diesem Papier sehen Sie, wie viel Geld auf Ihrem Konto ist.
   3. Man zahlt nicht alles auf einmal, sondern monatlich einen Teil. Man zahlt in …
   4. ein anderes Wort für die PIN-Nummer, die Sie am Geldautomaten brauchen
   5. Ich habe kein …, kann ich mit EC-Karte bezahlen?
   6. Was bedeutet die Abkürzung BLZ?
   7. Geld aus Metall (Plural)
   8. Geld nicht ausgeben, sondern zur Bank bringen

   Lösung: Ein anderes Wort für das Geld auf Ihrem Konto: ....

Wortschatztraining

Banken und Post

4. Definitionen. Welche Erklärung passt? Verbinden Sie.

1. der Kredit
2. die Gebühr
3. die Schulden (Plural)
4. die Überweisung
5. der Dispo(sitionskredit)
6. die Einzahlung
7. die Zinsen (Plural)

A) Geld, das man noch nicht bezahlt hat

B) Geld, das man bei einer Bank leihen kann

C) Geld, das man von einem Konto auf ein anderes Konto transportieren lässt

D) Geldbetrag, den man für bestimmte Leistungen (z. B. Kontoführung) bezahlen muss

E) Geldbetrag (in Prozent), den man bekommt, wenn man jemandem Geld geliehen hat

F) Geld, das man bar auf die Bank bringt, damit es auf das Konto kommt

G) Betrag, um den man ein Girokonto überziehen darf, also Geld, das man über das Guthaben hinaus abheben kann

5. Frau Yildirim braucht einen Kredit. Ergänzen Sie den Dialog.

Monatsraten – Zinsen – Firmenwagen – Unterlagen – Einnahmen – Eigenkapital – gründen – aufnehmen

● Guten Tag, mein Mann und ich möchten einen Kredit .... (1). Wir möchten uns selbstständig machen und einen Partyservice .... (2).

▶ Wie hoch soll der Kredit denn sein?

● Wir haben an 25000 Euro gedacht. 10000 Euro .... (3) besitzen wir. Wir haben auch schon einen Geschäftsplan mit den Ausgaben und .... (4), die wir erwarten. Außerdem haben wir bereits Büroräume gemietet. Wir brauchen aber einen Kredit für einen .... (5), mit dem wir unsere Kunden beliefern können.

▶ Wir können im Moment Existenzgründerkredite mit 5 % .... (6) anbieten, rückzahlbar in 36 oder 60 .... (7). Über die genauen Konditionen können wir sprechen, wenn ich mir Ihre .... (8) angeschaut habe.

2 Wortschatztraining
Banken und Post

6. Auf der Post. Ergänzen Sie die Wörter aus dem Kasten.

Absender – Briefkasten – Einschreiben – Empfänger – Porto – Schalter

1. Könnten Sie die Briefe für mich in den .... werfen? Ich habe leider keine Zeit.
2. Die Person, die einen Brief oder ein Paket abschickt, ist der ....
3. Können Sie mir sagen, wie hoch das .... für einen Brief nach Thailand ist?
4. Sie sind der ...., das heißt, das Paket ist für Sie.
5. Wenn Sie einen Brief als .... verschicken, wird der Empfang durch eine Unterschrift bestätigt.
6. Expresssendungen werden am .... 12 bearbeitet.

7. Welches Verb passt nicht? Streichen Sie durch.

1. einen Brief: aufgeben – versenden – verschicken – aufkleben – frankieren
2. ein Paket: zustellen – abholen – anstellen – bekommen – wiegen
3. die Postleitzahl: angeben – aufgeben – eintragen – suchen – finden

8. Ergänzen Sie Verben und Nomen.

Verben	Nomen	Verben	Nomen
1. senden	*die Sendung / der Versand*	4.	die Beförderung
2.	die Abholung	5. zustellen	....
3. transportieren	....	6.	das Gewicht

9. Rund um den Transport. Wie heißen die Wörter? Ergänzen Sie die Vokale und Umlaute.

1. Güter, die mit dem Flugzeug transportiert werden   L _ ftfr _ cht
2. Preis für das Verschicken   V _ rs _ ndk _ st _ n
3. Beruf: Diese Person bringt die Post.   Br _ _ ftr _ g _ r
4. Sie frankieren am PC. Sie frankieren   _ nl _ ne
5. Wenn Sie etwas sehr schnell versenden, versenden Sie es per _ xpr _ ss
6. ein anderes Wort für versenden   v _ rsch _ cken
7. ein kleines Paket   P _ ckch _ n
8. ein Transportunternehmen   Sp _ d _ t _ _ n
9. bei Lieferung bar bezahlen: per … zahlen   N _ chn _ hme
10. ein anderes Wort für einen großen Behälter   C _ nt _ _ n _ r

Grammatiktraining

Modalverben

Modalverben

1. **Herr Bauer ist krank. Welches Modalverb passt? Ergänzen Sie.**

    dürfen – sollen – wollen – können – müssen

    Beispiel: Herr Bauer _will_ heute eine Power-Point-Präsentation vorbereiten. (Er plant das.)

    1. Er .... gut mit Power-Point arbeiten. (Er hat es gelernt.)
    2. Er .... aber heute im Bett bleiben, weil er krank ist. (Es geht nicht anders.)
    3. Er .... auch morgen nicht arbeiten. (Der Arzt hat es ihm verboten.)
    4. Er .... sich ausruhen. (Das hat der Arzt ihm gesagt.)
    5. Herr Bauer findet es schade, dass er nicht arbeiten .... (Es ist nicht möglich.)
    6. Nächste Woche .... er auf jeden Fall wieder arbeiten gehen. (Er plant das.)

2. **Bilden Sie Sätze mit Modalverben. Achten Sie auf die Zeiten.**

    Beispiel: können: Ludmila ist gestern nicht zur Arbeit gekommen.
    Ludmila konnte gestern nicht zur Arbeit kommen.

    1. müssen: Haben Sie letzte Woche Überstunden gemacht?
    2. müssen: Frau Gonzalez hat gestern länger gearbeitet.
    3. müssen: Sie sprechen mit der Chefin.
    4. wollen: Warum haben Sie den Kunden nicht angerufen?
    5. sollen: Herr Schade hat Kopierpapier bestellt.
    6. sollen: Ich besuche nächste Woche einen neuen Kunden.
    7. können: Wir haben letzte Woche nicht für die Prüfung gelernt.
    8. können: Warum seid ihr zum Termin letzten Montag nicht gekommen?
    9. dürfen: Ich betrat das Werk nicht.
    10. dürfen: Auf dem Firmenparkplatz parkt man tagsüber.

3. **Traumjob gefunden? Bilden Sie Sätze mit Modalverben.**

    Beispiel: Der Job gefällt mir und ich wünsche mir, dass ich die Stelle bekomme.
    Der Job gefällt mir und ich will die Stelle bekommen.

    1. Es geht nicht anders. Ich rufe morgen in der Firma an.
    2. Vielleicht wäre es besser, wenn ich schon heute anrufe?
    3. Ich habe keine Möglichkeit anzurufen, weil ich mein Handy nicht finde.
    4. Habe ich wirklich vor, heute schon anzurufen?
    5. Mein Freund rät mir, heute noch nicht anzurufen.
    6. Es gibt auch eine andere Möglichkeit: Morgen gehe ich direkt in der Firma vorbei.
    7. Ich verbiete mir, so nervös zu sein!

Grammatiktraining

Trennbare und untrennbare Verben

Trennbare und untrennbare Verben

1. Mein Tag. Trennbares Verb oder nicht? Ergänzen Sie.

Beispiel: Mein Arbeitstag *beginnt* um 8 Uhr ....   beginnen
Um 6.30 Uhr *stehe* ich *auf*.   aufstehen

1. Ich .... mich .... und ....   anziehen, losgehen
2. Am Theaterplatz .... ich immer in die U-Bahn ....   umsteigen
3. Am Bahnhof .... ich .... Ich gehe in ein Café und .... einen Kaffee .... und ....   aussteigen / bestellen, frühstücken
4. Als Leiter der Verkaufsabteilung .... ich Kundenaufträge .... , ... manchmal Waren .... oder .... Kunden ....   bearbeiten / abholen, besuchen
5. Ich .... auch Angebote von Lieferanten .... und .... Werbemaßnahmen ....   durchlesen / vorbereiten
6. Abends .... ich meistens etwas ....   fernsehen

2. Die Sekretärin hat schon alles erledigt. Schreiben Sie kurze Gespräche.

Beispiel: den Text abschreiben
Chefin: *Schreiben Sie den Text bitte ab.*
Sekretärin: *Ich habe ihn schon abgeschrieben.*

1. mit der Arbeit beginnen – 2. das Paket abholen – 3. den Kollegen anrufen – 4. die Waren bestellen – 5. das Fenster zumachen – 6. die Unterlagen vorbereiten – 7. den Brief unterschreiben – 8. den Computer anschalten

3. Bilden Sie Sätze. Achten Sie auf die Zeiten.

Beispiel: Um wie viel Uhr / ankommen / du / gestern Abend / ?
Um wie viel Uhr bist du gestern Abend angekommen?

1. Letzten Freitag / ich / mit der Arbeit / anfangen / erst spät / .
2. ● Ausleihen / du / mir / die Projektbeschreibung / ?
   ▶ Wenn / du / zurückgeben / sie mir / nächste Woche / .
3. ● Wann / losfahren / wir / ?
   ▶ Ich / vorschlagen / um 9 Uhr / .
4. ● Wir sind zu spät! Der Zug / abfahren / gerade / .
   ▶ Aufregen / dich / nicht. Dann / einsteigen / wir / in den nächsten Zug / .
5. Christine hat erzählt, dass / die Besprechung / gestern / ausfallen / .
6. Wissen Sie, wann / die Besprechung / jetzt / stattfinden / ?
7. Ich verstehe nicht, warum Sie / entscheiden / sich / immer noch / nicht / .

Grammatiktraining

Verben im Perfekt

Verben im Perfekt

1. **Ergänzen Sie die Verben im Perfekt.**

Liebe Sylvia,

lange _habe_ ich dir nicht mehr _geschrieben_ (1. schreiben). Wie geht es dir denn? Bei mir gibt es Neuigkeiten! Ich .... vielleicht endlich eine Stelle .... (2. finden). Ich .... in der letzten Zeit sehr viele Bewerbungen .... (3. wegschicken), aber nie eine positive Antwort .... (4. bekommen). Jeden Morgen .... ich zum Briefkasten .... (5. gehen) und .... (6. hoffen), dass ich eine Antwort bekommen habe. Nichts .... (7. kommen). Vor zwei Wochen .... ich schließlich eine Anzeige .... (8. sehen), die mich sofort .... (9. interessieren): „BKK EDV-Systeme sucht Mitarbeiter für den Kundendienst." Ich .... mich also sofort .... (10. bewerben) und gestern .... mich jemand von dieser Firma .... (11. anrufen): eine Frau Bauer, sehr sympathisch, die mich zu einem Vorstellungsgespräch übermorgen .... (12. einladen).

Ich bin ganz aufgeregt. Heute Nacht .... ich kaum .... (13. schlafen), ich .... ein paar Mal in der Nacht .... (14. aufwachen). Heute .... ich lange im Bett .... (15. bleiben), ich .... erst spät .... (16. aufstehen), ... viel .... (17. lesen) und .... (18. ferngesehen). Jetzt warte ich auf Tom, wir .... gestern .... (19. telefonieren), er kommt vorbei und wir gehen ins Kino.

Und er .... mir .... (20. versprechen), dass er morgen mit mir mein Vorstellungsgespräch üben wird.

Jetzt muss ich Schluss machen. Erzähl doch mal, was bei dir in der letzten Zeit so .... (21. passieren). Hast du inzwischen eine neue Wohnung? .... du schon .... (22. umziehen)?

Liebe Grüße von deiner Claudia

2. **Welche Verben bilden das Perfekt mit „sein"? Kreuzen Sie an.**

- ☐ fahren
- ☐ einschlafen
- ☐ bleiben
- ☐ kommen
- ☐ zurückrufen
- ☐ sagen
- ☐ bekommen
- ☐ werden
- ☐ gefallen
- ☐ sich bewerben
- ☐ verstehen
- ☐ aufwachen
- ☐ sein
- ☐ gehen
- ☐ telefonieren
- ☐ fliegen
- ☐ arbeiten
- ☐ aufstehen
- ☐ passieren
- ☐ umziehen

3 Grammatiktraining

Verben im Präteritum

Verben im Präteritum

1. Ordnen Sie die Verben zu und ergänzen Sie die Tabelle.

~~sehen~~ – ~~sagen~~ – fahren – kommen – fragen – hören – rufen – schreiben – liegen – leben – suchen – gehen – geben – feststellen – werden – bleiben – sitzen – fliegen – gefallen – fallen – frühstücken – schlafen – arbeiten – nehmen – bringen – mitteilen – vorschlagen – zeigen – schenken – essen – trinken – treffen – glauben – denken – wissen – kennen – nennen

Regelmäßige Verben			Unregelmäßige Verben		
Infinitiv	Präteritum	Perfekt	Infinitiv	Präteritum	Perfekt
sagen	sagte	hat gesagt	sehen	sah	hat gesehen

2. Zwei Zeitungsmeldungen. Ergänzen Sie die Verben im Präteritum.

Frankfurt. Am Freitagmorgen _ereignete sich_ (1. sich ereignen) in der Lagerhalle des Blumengroßmarkts ein Arbeitsunfall. Der Fahrer eines Gabelstaplers .... (2. wollen) Kisten aufladen und .... (3. sehen) einen Kollegen nicht, der mit dem Zusammenstellen der Paletten beschäftigt .... (4. sein). Der Stapler .... (5. fahren) auf die Paletten zu. Es .... (6. kommen) zu einem Zusammenstoß. Mitarbeiter .... (7. rufen) den Krankenwagen. Der Notarzt .... (8. feststellen), dass der Kollege Glück gehabt hatte und nur leicht verletzt .... (9. werden). Der Fahrer des Gabelstaplers .... (10. wissen) nach dem Unfall nicht mehr, was passiert war. Er .... (11. haben) einen Schock.

Warnstreiks im öffentlichen Nahverkehr – neue Verhandlungen
Berlin. Wie Vertreter der Stadt und der Gewerkschaft .... (12. mitteilen), soll es im Tarifkonflikt des öffentlichen Dienstes wieder zu Verhandlungen kommen. Ein Sprecher der Gewerkschaft .... (13. sagen), dass an einem Warnstreik ungefähr 280 Fahrer von Bussen, U- und S-Bahnen .... (14. teilnehmen). Der Warnstreik .... (15. beginnen) gestern um 3 Uhr und .... (16. dauern) bis zum Nachmittag. Wegen des Streiks .... rund 20 Prozent der U- und S-Bahnen .... (17. ausfallen) und Busse und Straßenbahnen .... (18. fahren) mit großer Verspätung. Wenn die Verhandlungen zu keinem Ergebnis führen, wird es zu neuen Streiks kommen. Das .... ein Sprecher der Gewerkschaft .... (19. bekannt geben).

Grammatiktraining

Konjunktiv II

Konjunktiv II

1. Höfliche Bitten. Kreuzen Sie die richtige Lösung an.

Sehr geehrte Damen und Herren,   *München, 5.7.20…*

......1...... Sie mir bitte Informationsmaterial zu den von Ihnen angebotenen Kursen „Spanisch für den Beruf" zuschicken? Ich ......2...... mich sehr freuen, wenn ich das Material bald erhalten ......3......, da ich bereits in kurzer Zeit geschäftlich nach Spanien fahren werde.

Weiter ......4...... ich Ihnen für Auskünfte über die Kurse „Spanisch lernen in Spanien" dankbar.

Mit freundlichen Grüßen
Sabine Rehm

1. A) ☐ konnten
   B) ☐ könnten
   C) ☐ werden

2. A) ☐ werde
   B) ☐ wurde
   C) ☐ würde

3. A) ☐ hätte
   B) ☐ könnte
   C) ☐ werde

4. A) ☐ hätte
   B) ☐ wäre
   C) ☐ würde

2. Schreiben Sie Sätze wie im Beispiel.

Beispiel: Sie die Rechnung sofort bezahlen
Es wäre gut, wenn *Sie die Rechnung sofort bezahlen würden.*

1. wir den Auftrag nicht annehmen
   Es wäre besser, wenn ....
2. Sie mich zurückrufen
   Es wäre schön, wenn ....
3. sie mehr verdienen
   Anja wäre glücklich, wenn ....
4. das Betriebsklima besser sein
   Ich würde mir wünschen, dass ....
5. die Messgeräte genauer funktionieren
   Es wäre gut, wenn ....

3. Wenn ich …! Schreiben Sie Sätze wie im Beispiel.

Beispiel: ich – eine neue Arbeit finden – glücklich sein
Wenn ich eine neue Arbeit finden würde, wäre ich glücklich!

1. ich – nicht so viel arbeiten – nicht so müde sein
2. die Mitarbeiter – die Sicherheitsvorschriften beachten – es weniger Unfälle geben
3. wir – für das Projekt mehr Zeit haben – das Ergebnis besser sein
4. Frau Holzmann – als Betriebsrätin gewählt werden – sie die Interessen der Mitarbeiter besser vertreten können

3 Grammatiktraining

Passiv

Passiv

1. **Die Zeiten ändern sich. Was wurde früher gemacht? Was wird heute gemacht? Schreiben Sie Sätze.**

   Beispiel: Wäsche waschen – mit der Hand / mit der Waschmaschine
   Früher wurde Wäsche mit der Hand gewaschen.
   Heute wird sie mit der Waschmaschine gewaschen.

   1. schreiben – mit der Schreibmaschine / am Computer
   2. schreiben – Briefe / SMS oder E-Mails
   3. telefonieren – mit dem Telefon / meistens mit dem Handy
   4. bezahlen – bar / oft mit Kreditkarte
   5. einkaufen – im Geschäft / online
   6. arbeiten – am Arbeitsplatz / oft von zu Hause oder unterwegs
   7. Produkte nach Amerika transportieren – mit dem Schiff / mit dem Flugzeug

2. **Was ist richtig? Kreuzen Sie an.**

   Das Tagungs- und Kongresszentrum der Lohmann AG, das zwei Jahre lang __1__ , __2__ gestern endlich __2__ . Zur Eröffnung __3__ alle Mitarbeiter der Firma und die Anwohner aus dem Stadtteil __3__ und das Interesse an der Feier war sehr groß. Vom Konzert, das zur Eröffnung __4__ , gibt es eine DVD, die für 10 Euro __5__ . Morgen Abend __6__ im Fernsehen eine Reportage über die Eröffnung __6__ .

   1. A) ☐ gebaut werde
      B) ☐ gebaut wird
      C) ☐ gebaut wurde

   2. A) ☐ ist … eröffnet worden
      B) ☐ wird … eröffnet
      C) ☐ ist … eröffnet geworden

   3. A) ☐ sind … eingeladen
      B) ☐ werden … eingeladen
      C) ☐ wurden … eingeladen

   4. A) ☐ gegeben wurde
      B) ☐ gegeben ist
      C) ☐ gegeben werden

   5. A) ☐ kann gekauft werden
      B) ☐ gekauft werden kann
      C) ☐ gekauft worden

   6. A) ☐ ist … gesendet
      B) ☐ wird … gesendet
      C) ☐ wurde … gesendet

Grammatiktraining

Verben mit Präpositionen

Verben mit Präpositionen

1. Welche Präpositionen passen? Ergänzen Sie auch den Kasus: Akkusativ (A) oder Dativ (D).

an – auf – für – mit – nach – über – um – von – zu – bei

abhängen	von + D	diskutieren	........./.........	nachdenken	....
achten	....		....	passen	....
anfangen	mit + D	einladen	....	reagieren	....
anrufen	....	sich engagieren	........./.........	schicken	....
antworten	....		....	sprechen	........./.........
sich ärgern	....	sich entschuldigen	........./.........		........./.........
aufpassen	....		....		....
sich aufregen	....	sich erinnern	....	teilnehmen	....
ausgeben	....	fragen	....	telefonieren	....
sich bedanken	........./.........	sich freuen	........./.........	sich treffen	....
	....		....	träumen	....
beginnen	....	gehören	....	sich unterhalten	........./.........
sich beschweren	........./.........	sich gewöhnen	....		....
	....	gratulieren	....	sich verlassen	....
sich bewerben	........./.........	hoffen	....	verzichten	....
	....	sich informieren	........./.........	sich vorbereiten	....
bitten	....			warten	....
danken	....	sich interessieren	....	sich wundern	....
denken	....	sich kümmern	....	zweifeln	....

2. Ordnen Sie die Verben aus Übung 1 nach Präpositionen und machen Sie eine Tabelle. Suchen Sie dann zehn Verben aus und schreiben Sie Sätze.

Akkusativ					Dativ					
an	auf	für	über	um	an	mit	nach	von	zu	bei
								abhängen		

Beispiel: 1. Der Gewinn hängt vom Umsatz ab.

3 Grammatiktraining

Verben mit Präpositionen

3. Ergänzen Sie die Präpositionen.

1. Frau Pöschl, Kantinenleiterin, achtet sehr .... (1) die Gesundheit der Mitarbeiter. Sie kümmert sich .... (2) gesunde Lebensmittel, sie gibt viel Geld .... (3) Rohkost aus und verzichtet .... (4) fetthaltige Speisen.

2. John geht es nicht gut. Er hat heute .... (5) seinem Chef gesprochen und sich wieder .... (6) ihn geärgert. Er wundert sich .... (7) seine Kollegen. Die haben dieselben Probleme und sie interessieren sich auch .... (8) das Klima am Arbeitsplatz, regen sich .... (9) alles auf, aber sie reagieren nicht .... (10) die Situation. Vielleicht haben sie sich ja schon .... (11) alles gewöhnt. Jetzt freut er sich .... (12) das Wochenende.

4. Ergänzen Sie die Dialoge wie im Beispiel.

Beispiel: denken? / unsere Betriebsfeier / auch oft denken? / unser Chef / nie
- Woran denkst du?   • An wen denkst du?
▸ An unsere Betriebsfeier.   ▸ An unseren Chef.
- Daran denke ich auch oft.   • An ihn denke ich nie.

1. sich beschweren? / unseren Chef / die ganze Abteilung
2. sich interessieren? / die Arbeit im Kundendienst / überhaupt nicht
3. sich nicht gewöhnen können? / die vielen Überstunden / auch nicht
4. sich gerne erinnern? / Linda, unsere ehemalige Kollegin / gar nicht
5. Geld ausgeben / neue Software / auch

5. Welche Präposition ist richtig? Kreuzen Sie an.

Martin soll morgen auf einer Messe ein neues Transportsystem vorstellen. Nachdem er sich gut ...1... die Präsentation vorbereitet hat, trifft er sich ...2... zwei Kollegen. Sie laden ihn ...3... einem schönen Abendessen ein. Aber in der Nacht hat er einen schlechten Traum: Er träumt ...4... seiner Präsentation. Am Morgen der Präsentation fahren keine S-Bahnen und er muss eine Stunde ...5... ein Taxi warten. Als er an der Messe aussteigt, bemerkt er, dass er nicht ...6... gedacht hat, seinen Terminkalender mitzunehmen. In welche Messehalle soll er gehen? Und wo sind die Messebesucher? Er will einen Mitarbeiter der Messe ...7... Hilfe bitten, aber auch am Eingang ist niemand zu sehen. Plötzlich sieht er seinen Abteilungsleiter mit einem Terminkalender in der Hand. „Wo bleiben Sie? Was machen Sie hier in Köln? Ich konnte mich bis jetzt doch immer ...8... verlassen!" Jetzt erinnert er sich ...9..., dass die Messe in Düsseldorf ist. Er wundert sich ...10..., dass ihm so etwas passieren konnte. Da wird er wach. Zum Glück war alles nur ein Traum!

1. A) ☐ auf
   B) ☐ für
   C) ☐ zu

2. A) ☐ für
   B) ☐ mit
   C) ☐ bei

3. A) ☐ nach
   B) ☐ für
   C) ☐ zu

4. A) ☐ an
   B) ☐ über
   C) ☐ von

5. A) ☐ um
   B) ☐ auf
   C) ☐ für

6. A) ☐ daran
   B) ☐ darum
   C) ☐ an es

7. A) ☐ an
   B) ☐ für
   C) ☐ um

8. A) ☐ darauf
   B) ☐ auf Sie
   C) ☐ für Sie

9. A) ☐ an sie
   B) ☐ daran
   C) ☐ darüber

10. A) ☐ darauf
    B) ☐ über es
    C) ☐ darüber

Grammatiktraining 3
Verben mit Ergänzungen

Verben mit Ergänzungen

1. **Was ist richtig? Akkusativ oder Dativ? Streichen Sie die falsche Möglichkeit durch.**

    1. Ich möchte Sie / ~~Ihnen~~ gern einladen.
    2. Ich rufe dich / dir morgen an.
    3. Herr Bauer, könnten Sie bitte die / der Kundin helfen?
    4. Ich danke Sie / Ihnen für Ihre Hilfe.
    5. Mich / Mir fällt das Passwort einfach nicht mehr ein.
    6. Fragen Sie mich / mir einfach, dann antworte ich Sie / Ihnen.
    7. Sie können mich / mir glauben, die Maschine hat eine hohe Qualität.
    8. Erik sucht den / dem Weg zum Personalbüro, aber er kann ihn / ihm nicht finden.
    9. Das Fahrrad gehört unseren / unserem Chef.
    10. Hat Sie / Ihnen die Präsentation gefallen?

2. **Verben mit zwei Ergänzungen. Streichen Sie die falsche Möglichkeit durch.**

    1. Herr Bauer erklärt ~~seine~~ / seiner Praktikantin ~~dem~~ / den Computer.
    2. Könntest du ihr sagen, dass sie mich / mir das / dem Buch zurückgeben soll?
    3. Was / Wem schenkt ihr die / der Mitarbeiterin zum Dienstjubiläum? – Ich weiß noch nicht. Vielleicht kaufen wir sie / ihr einen / einem Theatergutschein.
    4. Frau Schmidt zeigt die Besucher / den Besuchern den / dem Weg zum Konferenzraum.
    5. Herr Kuhlmann liest seine Mitarbeiter / seinen Mitarbeitern die Sicherheitshinweise / den Sicherheitshinweisen vor.

3. **Zwei Pronomen im Satz. Ergänzen Sie die Pronomen.**

    Beispiel: Kannst du mir die Unterlagen geben? – Ich habe _sie dir_ doch schon gegeben.

    1. Können Sie mir meine Frage beantworten? – Ich habe .... doch schon beantwortet.
    2. Haben Sie den Mitarbeitern die Texte gezeigt? – Ja, ich habe .... schon gezeigt.
    3. Hast du uns das Protokoll mitgebracht? – Ich habe .... auf den Tisch gelegt.
    4. Hast du dem Studenten das Projekt erklärt? – Ja, ich habe .... ausführlich beschrieben.
    5. Haben Sie Frau Kuhn die Stelle gegeben? – Nein, ich konnte .... leider nicht geben.
    6. Ich brauche unbedingt den Brief. Geben Sie .... bitte?

4. **Bestandene Prüfung. Streichen Sie die falsche Möglichkeit durch.**

    ● Ich möchte ~~Sie~~ / Ihnen zur bestandenen Prüfung gratulieren und Sie / Ihnen gerne zum Essen einladen. Ein Bekannter hat mich / mir ein gutes / einem guten Restaurant gezeigt. Das wird Sie / Ihnen sicher gefallen. Passt es Sie / Ihnen am Mittwoch?

    ▶ Das ist aber nett, vielen Dank. Ja, Mittwoch passt mich / mir gut. Ich weiß nur noch nicht genau, um wie viel Uhr. Ich rufe Sie / Ihnen an und sage Sie / Ihnen Bescheid.

3 Grammatiktraining

Reflexive Verben

Reflexive Verben

1. **Auf einer Präsentation. Ergänzen Sie die Reflexivpronomen im Akkusativ.**

   1. Ich freue .... schon auf den Vortrag.
   2. Könnten Sie .... bitte einen Platz weiter setzen? Ich sehe nichts.
   3. Mein Kollege neben mir langweilt ....
   4. Er unterhält .... laut mit seiner Nachbarin. Könnt ihr .... nicht etwas leiser unterhalten?
   5. Ärgere .... nicht, sonst hast du nichts von der Präsentation.

2. **Ergänzen Sie die Reflexivpronomen im Dativ.**

   1. ● Hast du .... schon den Laser-Farbdrucker gekauft, der dir so gut gefällt?
      ▶ Nein, ich kann .... einen so teuren Drucker im Moment nicht leisten.
   2. ● Ziehen Sie .... Sicherheitshandschuhe an, im Labor lagern giftige Stoffe.
      ▶ Ich habe .... schon eine Schutzbrille aufgesetzt. Ist das nicht genug?
   3. ● Ich kann .... die vielen unregelmäßigen Verben einfach nicht merken.
      ▶ Dann schreib sie .... auf ein Blatt und wir hängen sie .... zu Hause an die Wand.

3. **Reflexive Verben mit Präposition. Ergänzen Sie.**

   1. Wir haben .... sehr .... Ihren Brief gewundert.
   2. Ludmila kann .... die vielen Überstunden einfach nicht gewöhnen.
   3. Sie freut .... sehr .... die Gehaltserhöhung, die Sie nach zwei Jahren bekommen hat.
   4. Könnten Sie .... das Gepäck kümmern? Die Gäste haben Zimmer 223.
   5. Es tut mir leid, ich kann .... Ihre Bestellung nicht erinnern.
   6. Die Gäste im Hotel regen .... den schlechten Service auf.
   7. Herr Arias hat .... das Empfangspersonal beschwert.
   8. Die Firma Alter-Energie GmbH engagiert .... eine gesunde Umwelt.
   9. Interessierst du .... auch .... die Fortbildung?
   10. Ricardo hat .... eine neue Stelle beworben.
   11. Wir müssen .... gut .... die Prüfung vorbereiten.
   12. Ich möchte .... herzlich .... die Einladung bedanken.

Grammatiktraining

Adjektive

Adjektive

1. **Kleinanzeigen. Ergänzen Sie die Adjektivendungen.**

    1. Wir suchen einen groß...... Besprechungstisch mit passend...... Stühlen. Tel. 0178-1231534

    2. Suchen einen nett...... Servicemitarbeiter mit langjährig...... Erfahrung. Wir sind ein stark...... und lustig...... Team von 5 Mitarbeitern. Restaurant Dellinger, Tel. 578 45 69

    3. Schön...... Tagungshaus mit groß...... Zimmern und schön...... Garten zu vermieten. Ruhig...... Lage. Anfragen bitte an info@telepro.de

    4. Fast neu...... Multifunktionsgerät (Drucker, Scanner, Fax) zu verkaufen. Hat noch ein ganz...... Jahr Garantie. Tel. 285 83 49

    5. Günstig...... Angebot! Preiswert...... Schreibtisch zu verkaufen. Tel. 0184/5588949

2. **Die neue Arbeit. Ergänzen Sie die Adjektivendungen und die Artikelwörter, wenn nötig.**

    1. Ich träume von ein...... Arbeit mit regelmäßig...... Arbeitszeiten. Kurz...... Wege zur Arbeit und nett...... Kollegen wären mir wichtig.

    2. Das Wichtigste für mich ist ein...... sicher...... Arbeitsplatz. Flexibl...... Arbeitszeiten würde ich dafür in Kauf nehmen.

    3. Für mich ist wichtig, dass ich mein...... eigen...... Chef bin. Natürlich wünsche ich mir auch ein...... angenehm...... Team und nett...... Kollegen. Aber bitte kein...... schlecht gelaunt...... Chef!

    4. Ich habe keine Lust, d...... ganz...... Tag in einem langweilig...... Büro zu sitzen. Ich wünsche mir ein...... interessant...... Tätigkeit, bei der ich sowohl im Innendienst als auch im Außendienst arbeiten kann. Ich bin gern unterwegs und lerne gern neu...... Menschen kennen.

    5. Ich wünsche mir ein...... interessant...... Arbeit in ein...... groß...... Hotel. Da gibt es so viel...... Möglichkeiten. Am liebsten würde ich d...... ganz...... Tag Gäste betreuen.

3. **Vergleiche: Komparativ oder Superlativ? Ergänzen Sie.**

    1. Der .... Zug in Deutschland ist der ICE. (schnell)

    2. Den neuen Kopierer finde ich .... den alten, aber .... funktioniert das Multifunktionsgerät von Alson. (gut)

    3. Welche Bank hat .... Umsatz? Die Deutsche Bank, die Dresdner Bank oder die Frankfurter Sparkasse? (hoch)

    4. Die .... Probleme im Deutschen habe ich mit der Adjektivdeklination. (viel)

3 Grammatiktraining

Präpositionen

Präpositionen

1. Welche Präpositionen verlangen den Akkusativ, welche den Dativ, welche den Genitiv? Welche sind Wechselpräpositionen? Ordnen Sie die Präpositionen.

   ~~an~~ – auf – aufgrund – ~~aus~~ – ~~außerhalb~~ – bei – durch – ~~für~~ – gegen – hinter – in – innerhalb – mit – nach – neben – ohne – trotz – über – um – unter – von – vor – während – wegen – zu – zwischen

Akkusativ	Dativ	Akkusativ oder Dativ (Wechselpräpositionen)	Genitiv
für	aus	an	außerhalb

2. Bilden Sie Sätze.

Ich werde	in	das Ausland	arbeiten.
	nach	der Außendienst	fahren.
	an	Österreich	
		die Türkei	
		die Ostsee	

   Beispiel: Ich werde im Ausland arbeiten.

3. Arbeiten Sie in einem Groß- oder Kleinbetrieb? Welche Präposition passt? Kreuzen Sie an.

   Vor mir liegt das Ergebnis einer Umfrage __1__ Thema „Arbeit in einem Groß- oder Kleinbetrieb". __2__ dem Text geht hervor, dass die meisten Befragten lieber __3__ einem Großbetrieb arbeiten möchten. Die Verdienstmöglichkeiten __4__ die Mitarbeiter sind besser und man glaubt auch, dass __5__ die Größe des Betriebs die Arbeitsplätze sicherer sind. __6__ dieser Präferenz sagen viele Befragte, dass auch kleine Betriebe Vorteile haben. Der Kontakt __7__ den Mitarbeitern ist direkter und man braucht nicht so viel Zeit __8__ Entscheidungen.

   Ich finde, es hängt __9__ Betrieb ab, wie das Betriebsklima aussieht. Ich würde erst konkrete Informationen __10__ die Firma suchen, zum Beispiel __11__ Internet, und dann entscheiden, ob ich mich __12__ dieser Firma bewerben möchte.

   1. A) ☐ über
      B) ☐ zum
      C) ☐ von

   2. A) ☐ Aus
      B) ☐ Bei
      C) ☐ In

   3. A) ☐ an
      B) ☐ auf
      C) ☐ in

   4. A) ☐ zwischen
      B) ☐ für
      C) ☐ von

   5. A) ☐ durch
      B) ☐ unter
      C) ☐ mit

   6. A) ☐ Gegen
      B) ☐ Trotz
      C) ☐ Wegen

   7. A) ☐ an
      B) ☐ für
      C) ☐ zu

   8. A) ☐ für
      B) ☐ auf
      C) ☐ an

   9. A) ☐ am
      B) ☐ vom
      C) ☐ im

   10. A) ☐ über
       B) ☐ nach
       C) ☐ um

   11. A) ☐ auf
       B) ☐ am
       C) ☐ im

   12. A) ☐ bei
       B) ☐ an
       C) ☐ zu

Grammatiktraining 3
Präpositionen

4. Wo oder wohin? Ergänzen Sie die Verben und die Präpositionen mit dem richtigen Artikel.

1. liegen / legen
   - Wo .... meine Unterlagen?
   - Ich habe sie .... Tisch .... (auf)

2. sitzen / sich setzen
   - .... Sie sich doch, Herr Müller.
   - Nein, danke. Ich .... den ganzen Tag lang .... Computer, ich möchte lieber stehen. (an)

3. stehen / stellen
   - Wo .... der Rollcontainer?
   - Ich habe ihn .... Ecke .... (in)
   - .... Sie ihn lieber .... Computer. (neben)

4. liegen / sich legen
   - Geht es Ihnen nicht besser, Frau Weiß? .... Sie sich doch lieber .... Bett. (in)
   - Nein, ich habe schon zwei Tage .... Bett .... (in)

5. Das Hotel wird renoviert. Ergänzen Sie die Präpositionen und die Artikel, wenn nötig.

Der Frühstücksraum .... (1) Erdgeschoss des Hotels Seeblick, gelegen direkt .... (2) Meer, muss renoviert werden. Dazu werden die Tische und Stühle .... (3) Flur gestellt. Die Frühstückstheke .... (4) Wand kann .... (5) Zimmer bleiben. Das Fenster bekommt eine Doppelverglasung, da .... (6) anderen Straßenseite eine Schule ist und es oft sehr laut ist. Alle Mitarbeiter des Hotels helfen .... (7) Renovierung mit. Die Malerarbeiten werden .... (8) Firma Ohlbrecht durchgeführt.

Die Renovierung wird .... (9) 3. Januar bis .... (10) 10. Januar dauern. .... (11) dieser Woche wird das Frühstück .... (12) ersten Stock des Hotels serviert.

Wir sind davon überzeugt, dass sich die Gäste .... (13) Renovierung wohler fühlen werden, nicht zuletzt .... (14) frischen Farbe an den Wänden und der angenehmen Ruhe.

6. Ergänzen Sie „außerhalb", „innerhalb", „trotz", „während", „wegen" und die Endungen im Genitiv.

1. .... d........ Geschäftsreise habe ich viele Kunden besucht.
2. .... d........ schlecht........ Wetter........ bin ich mit dem Rad zur Arbeit gefahren.
3. .... sein........ Erkältung konnte Peter nicht zum Termin kommen.
4. Der Zug kommt .... d........ nächst........ fünf Minuten.
5. Sie rufen .... unser........ Geschäftszeiten an.

3 Grammatiktraining

Hauptsatz und Nebensatz

Hauptsatz und Nebensatz

1. **Wo steht das Verb? Bilden Sie Sätze und tragen Sie sie in die Tabelle ein.**

   1. Wir / holen / ab / den Kopierer / morgen / .
   2. Wann / Sie / antworten / dem Kunden / ?
   3. du / Hilfst / mir / bitte / an der Rezeption / ?
   4. Die Mitarbeiter / wollen / frei haben / am Samstag / .
   5. Wir / bereiten / vor / die Tagung / .
   6. Der Personalchef / hat / angerufen / mich / gestern / .
   7. Bringen / Sie / bitte / mit / neues Kopierpapier / !
   8. Ich / gerne / würde / ausmachen / einen Termin / .

1. Position	2. Position		Ende
Wir	holen	den Kopierer morgen	ab.

2. **Unterschiedliche Satzanfänge. Bilden Sie Sätze und variieren Sie sie wie im Beispiel.**

   Beispiel: ich / war / letzte Woche / auf Geschäftsreise
   Ich war letzte Woche auf Geschäftsreise. / Letzte Woche war ich auf Geschäftsreise.

   1. meine Kollegin / kommt / heute Abend / zu Besuch
   2. die Sitzung / fällt / aus / morgen / schon wieder
   3. wir / haben / gekauft / uns / einen Computer / letztes Wochenende
   4. ich / werde / haben / bald / einen tollen Job

3. **Bilden Sie Sätze wie im Beispiel und unterstreichen Sie im Hauptsatz das Verb.**

   Beispiel: Ich bleibe heute zu Hause. Ich bin krank. (weil)
   Ich <u>bleibe</u> heute zu Hause, weil ich krank bin.
   Weil ich krank bin, <u>bleibe</u> ich heute zu Hause.

   1. Ich ärgere mich. Die Kollegen kommen zu spät. (wenn)
   2. Anja interessiert sich für die Stelle. Der Arbeitstag ist sehr lang. (obwohl)
   3. Die Stelle ist nichts für Ramon. Sein Englisch ist nicht gut. (weil)
   4. Die Abteilung muss Überstunden machen. Der Auftrag ist erledigt. (bis)
   5. Das Betriebsklima ist besser. Wir haben einen neuen Chef. (seitdem)
   6. Ich rufe Sie an. Sie sind wieder im Büro. (wenn)
   7. Yasmin kam nach Deutschland. Sie war 18 Jahre alt. (als)
   8. Martin möchte im Kundendienst arbeiten. Er hat noch keine Erfahrung auf diesem Gebiet. (obwohl)

Grammatiktraining

Satzverbindungen

Satzverbindungen

1. **Ergänzen Sie „und", „aber", „oder", „denn" oder „sondern".**

    1. Als Kellnerin nehme ich Bestellungen auf .... gebe sie an die Küche weiter.
    2. Heute gibt es viel Stress, ... alles muss sehr schnell gehen.
    3. Ich muss nicht nur kassieren, ... auch die Tische abräumen.
    4. Die Gäste bezahlen bar .... sie zahlen mit Kreditkarte.
    5. Nadja ist Küchenhilfe. Sie macht ihre Arbeit gern, ... sie würde lieber kochen.

2. **Verbinden Sie die Sätze mit „und", „aber", „oder", „denn" oder „sondern".**

    1. Olga ist Gesundheits- und Krankenpflegerin. Sie hat ihre Ausbildung in Kiew gemacht.
    2. Sie durfte in Deutschland nicht sofort arbeiten. Ihre Ausbildung wurde nicht anerkannt.
    3. Sie pflegt die Patienten. Die Behandlung übernehmen die Ärzte.
    4. Sie hat zwei Möglichkeiten: Sie arbeitet in der Frühschicht. Sie arbeitet in der Spätschicht.
    5. Das Pflegepersonal bringt nicht nur die Medikamente. Es hat noch viele andere Aufgaben.

3. **Verbinden Sie die Sätze mit „deshalb, „deswegen" oder „darum".**

    Beispiel: In meiner Abrechnung stimmt etwas nicht. Ich gehe ins Personalbüro.
    In meiner Abrechnung stimmt etwas nicht, deshalb / deswegen / darum gehe ich ins Personalbüro.

    1. Ich möchte bessere Chancen im Beruf haben. Für mich ist die Prüfung wichtig.
    2. Ich habe lange nichts mehr von Ihnen gehört. Ich schreibe Ihnen.
    3. Ich habe keinen Führerschein. Ich kann mich nicht um die Stelle bewerben.
    4. Ich habe in der letzten Zeit zu viel gearbeitet. Ich nehme mir ein paar Tage frei.

4. **Verbinden Sie die Sätze aus Übung 3 mit „denn" und „weil".**

    Beispiel: Ich gehe ins Personalbüro, denn *in meiner Abrechnung stimmt etwas nicht.*
    Ich gehe ins Personalbüro, weil *in meiner Abrechnung etwas nicht stimmt.*

    1. Für mich ist die Prüfung wichtig, denn ....

       Für mich ist die Prüfung wichtig, weil ....

    2. Ich schreibe Ihnen, denn ....

       Ich schreibe Ihnen, weil ....

    3. Ich kann mich nicht um die Stelle bewerben, denn ....

       Ich kann mich nicht um die Stelle bewerben, weil ....

    4. Ich nehme mir ein paar Tage frei, denn ....

       Ich nehme mir ein paar Tage frei, weil ....

3 Grammatiktraining

Satzverbindungen

5. **Was passt? Ergänzen Sie.**

   1. nachdem – danach – nach

      .... ich gegessen hatte, musste ich noch einige E-Mails beantworten. ....
      hatte ich einen Kundentermin. .... diesem Termin bin ich nach Hause gegangen.

   2. bevor – vorher – vor

      ▸ .... wir uns morgen treffen, muss noch die Themenliste verschickt werden.

      ● Ja, ich weiß, wir müssen ja .... dem Termin alle über die Tagesordnung
      informieren. .... werde ich die einzelnen Punkte aber noch mit dem Chef
      besprechen.

   3. wenn – wann

      ● .... möchten Sie morgen vorbeikommen?

      ▸ .... es möglich ist, schon früh, vielleicht um 8 Uhr?

      ● In Ordnung, kommen Sie einfach, ... Sie wollen. .... ich noch nicht
      da bin, warten Sie bitte am Empfang.

6. **Ergänzen Sie „obwohl" oder „trotzdem".**

   1. Der Zug hatte Verspätung, ... bin ich pünktlich zum Termin gekommen.

      Ich bin pünktlich zum Termin gekommen, ... der Zug Verspätung hatte.

   2. Die Kunden haben die Rechnung noch nicht bezahlt, ... sie zufrieden waren.

      Die Kunden waren zufrieden, ... haben sie die Rechnung noch nicht bezahlt.

   3. Ivana muss nachts arbeiten, ... gefällt ihr ihre Arbeit.

      Ivana gefällt ihre Arbeit, ... sie nachts arbeiten muss.

   4. Ich helfe Ihnen gern, ... ich nur wenig Zeit habe.

      Ich habe nur wenig Zeit, ... helfe ich Ihnen gern.

7. **Verbinden Sie die Sätze mit „als" oder „wenn".**

   Beispiel: Ich wurde heute Morgen wach. Es war schon hell.
   Als ich heute Morgen wach wurde, war es schon hell.

   1. Ich war letztes Jahr auf einer Fortbildung. Es hat die ganze Zeit geregnet.
   2. Ich arbeite nächsten Monat in der Verwaltung. Ich habe die Abende frei.
   3. Ich kam nach Deutschland. Ich konnte noch wenig Deutsch.
   4. Ich wollte Herrn Gerhard besuchen. Er hatte eine Besprechung.
   5. Ich komme morgen bei Ihnen vorbei. Wir können alles besprechen.
   6. Ich war auf Messen. Jedes Mal habe ich viel verkauft.

Grammatiktraining

Satzverbindungen

8. Verbinden Sie die Sätze mit „damit" oder „um … zu".

Beispiel: Ich lerne viel. Ich möchte die Prüfung bestehen.
Ich lerne viel, um die Prüfung zu bestehen / damit ich die Prüfung bestehe.
Ich lerne Fremdsprachen. Meine Chancen im Beruf steigen.
Ich lerne Fremdsprachen, damit meine Chancen im Beruf steigen.

1. Andreas benutzt einen Beamer. Er kann sein Projekt vorstellen.
2. Der Betrieb stellt ein Jobticket zur Verfügung. Die Mitarbeiter können kostenlos mit öffentlichen Verkehrsmitteln zur Arbeit kommen.
3. Herr Meier liest die Wirtschaftsnachrichten. Er will immer gut informiert sein.
4. Wir machen nach der Arbeit Sport. Wir möchten Spaß haben.
5. In der Firma wird eine neue Lagerhalle gebaut. Es soll mehr Platz für die Waren geben.

9. Welche Wörter passen? Kreuzen Sie an.

Hallo Ewa,

ich weiß nicht, __1__ du es schon gehört hast: Ich habe vor vier Wochen meine Arbeit gekündigt. __2__ die Arbeit o.k. war und ich mich dort wohlgefühlt habe, fand ich ein attraktiveres Angebot: einen Job direkt bei mir um die Ecke. Ich dachte, das wäre viel besser, __3__ ich nicht mehr jeden Tag 50 Kilometer fahren muss, __4__ zur Arbeit zu kommen. So weit – so gut. __5__ ich meine neue Stelle antrat, war ich zuerst guter Dinge. Aber inzwischen bin ich ganz unglücklich mit meiner Entscheidung. __6__ ich in der neuen Firma bin, fühle mich überhaupt nicht akzeptiert. Es gibt hier ein unglaubliches Mobbing, jeder kämpft gegen jeden. __7__ ich extreme Kopfschmerzen hatte, bin ich zum Arzt gegangen, der mich erst einmal zwei Wochen krankschrieb. Was soll ich tun? __8__ ich das schreibe, geht mir noch durch den Kopf, __9__ ich vielleicht meinen ehemaligen Chef anrufen könnte. __10__ er einverstanden wäre, würde ich sofort wieder bei meiner alten Firma arbeiten. Vielleicht würde er mich ja tatsächlich wieder einstellen? Fragen über Fragen …
Ich brauche deinen Rat!

Liebe Grüße
Antonia

1. A) ☐ dass
   B) ☐ ob
   C) ☐ wenn

2. A) ☐ Nachdem
   B) ☐ Trotzdem
   C) ☐ Obwohl

3. A) ☐ denn
   B) ☐ weil
   C) ☐ deshalb

4. A) ☐ damit
   B) ☐ um
   C) ☐ -

5. A) ☐ Als
   B) ☐ Wenn
   C) ☐ Seit

6. A) ☐ Nachdem
   B) ☐ Seit
   C) ☐ Als

7. A) ☐ Wenn
   B) ☐ Bevor
   C) ☐ Als

8. A) ☐ Während
   B) ☐ Seit
   C) ☐ Wenn

9. A) ☐ dass
   B) ☐ damit
   C) ☐ während

10. A) ☐ Wenn
    B) ☐ Damit
    C) ☐ Nachdem

3 Grammatiktraining

Satzverbindungen

10. Welche Wörter passen? Kreuzen Sie an.

> Sehr geehrter Herr Kochmann,
>
> ...1... ich Sie telefonisch nicht erreichen kann, schreibe ich Ihnen eine kurze E-Mail. Ich habe Ihre Nachricht erhalten, ...2... Sie unseren Termin verschieben müssen. ...3... Sie möchten, können wir auch einen Termin am Wochenende ausmachen. Es wäre wichtig, ...4... wir uns bald treffen, ...5... wir müssen Verschiedenes besprechen. ...6... uns in Ihrem Büro zu treffen, könnten wir aber auch alles bei einem Mittagessen klären.
>
> Mit freundlichen Grüßen
> Hans Bauer

1. A) ☐ da
   B) ☐ denn
   C) ☐ trotzdem

2. A) ☐ damit
   B) ☐ dass
   C) ☐ wenn

3. A) ☐ Falls
   B) ☐ Weil
   C) ☐ Ob

4. A) ☐ dass
   B) ☐ um
   C) ☐ wann

5. A) ☐ damit
   B) ☐ denn
   C) ☐ weil

6. A) ☐ Anstatt
   B) ☐ Um
   C) ☐ Wenn

11. Verbinden Sie die Sätze und schreiben Sie die E-Mail neu.

> Liebe Frau Kohl,
>
> vielen Dank für Ihre E-Mail. Sie teilen mir mit: Wir werden bald zusammenarbeiten.
>
> Ich war zwei Wochen im Urlaub. Ich habe meine E-Mails nicht gelesen. Ich kann mich erst heute mit Ihnen in Verbindung setzen.
>
> Sie fragen mich: Kann ich Ihnen bei der Einarbeitung in das Projekt helfen?
>
> Kein Problem. Wir können aber erst morgen Nachmittag einen Termin machen. Am Vormittag bin ich nicht in der Firma.
>
> Sagen Sie mir: Wann haben Sie Zeit?
>
> Lesen Sie diese E-Mail heute noch? Schicken Sie mir sofort eine Antwort. Sie können mich sonst morgen Nachmittag in meinem Büro erreichen.
>
> Ich freue mich sehr. Wir werden zusammenarbeiten. Ich bin überzeugt: Es wird ein großer Erfolg.
>
> Viele Grüße
> Annetta Selig

Liebe Frau Kohl,

vielen Dank für Ihre E-Mail, in der Sie mir mitteilen, dass wir bald zusammenarbeiten werden.
Da ich zwei Wochen ...

Grammatiktraining

Indirekte Rede

Indirekte Rede

1. **Die Prüfung B1+ Beruf. Schreiben Sie indirekte Fragen oder Aussagen.**

    Beispiel: Wann beginnt die Prüfung?
    Wissen Sie, wann die Prüfung beginnt?
    Beginnt die Prüfung um 9 Uhr?
    Ich möchte wissen, ob die Prüfung um 9 Uhr beginnt.

    1. Wo findet die Prüfung statt?

        Wissen Sie, ...?

    2. Wie lange dauert die Prüfung?

        Ich möchte gern wissen, ...

    3. Darf man ein Wörterbuch benutzen?

        Können Sie mir sagen, ...?

    4. Wie lange dauert die Pause?

        Haben Sie den Prüfer gefragt, ...?

    5. Habe ich die Prüfung bestanden?

        Ich weiß nicht, ...

    6. Wann erfahren wir das Ergebnis?

        Mich interessiert, ...

2. **Was meint Roberto? Schreiben Sie Aussagen in der indirekten Rede.**

    1. Roberto: Der Gewinn der Firma MediaGmbH ist im letzten Jahr stark gestiegen.

        Roberto sagt, *dass* ....

    2. Roberto: Könnten die Mitarbeiter eine Gehaltserhöhung bekommen?

        Er möchte wissen, *ob* ....

    3. Roberto: Die Firma könnte sich das leisten.

        Er ist der Meinung, ...

    4. Roberto: Welche Projekte wird es im laufenden Jahr geben?

        Ihn interessiert, ...

    5. Roberto: Werden neue Mitarbeiter eingestellt?

        Er fragt, ...

    6. Roberto: Umsatz und Gewinn können weiter steigen.

        Er meint, ...

3 Grammatiktraining

Infinitiv mit „zu"

Infinitiv mit „zu"

1. **Infinitiv mit „zu". Bilden Sie Sätze wie im Beispiel.**

   Beispiel: dich auf die Prüfung vorbereiten
   Vergiss nicht, *dich auf die Prüfung vorzubereiten.*

   1. den Termin planen

      Hätten Sie Interesse, ...?

   2. fremde Sprachen lernen

      Ich habe Lust, ...

   3. die Kundenanfragen bearbeiten

      Wir haben heute keine Zeit, ...

   4. die Maschine bedienen

      Versuchen Sie doch mal, ...!

   5. meine Krankmeldung vorbeibringen

      Ich habe vergessen, ...

   6. das Labor ohne Schutzkleidung betreten

      Es ist verboten, ...

   7. abends die Werkstatt abschließen

      Ich bitte Sie, ...

2. **Infinitiv mit „zu" oder „dass"-Satz? Bilden Sie Sätze wie im Beispiel.**

   Beispiel: Ich schlage vor, … (Sie morgen vorbeikommen) / (in den Besprechungsraum gehen)
   Ich schlage vor, dass Sie morgen vorbeikommen.
   Ich schlage vor, in den Besprechungsraum zu gehen.

   1. Es ist schön, … (Sie an der Fortbildung teilnehmen) / (gemeinsam Fortbildungen machen)
   2. Es ist wichtig, … (Sie die Kundin anrufen) / (sich ausreichend Zeit für Kontakte nehmen)
   3. Ich hoffe, … (die Verhandlungen erfolgreich sein) / (das Projekt bald abschließen)
   4. Es freut mich, … (es geklappt haben) / (Ihnen helfen können)

3. **Mit „zu" oder ohne „zu"? Ergänzen Sie „zu", falls notwendig.**

   1. Ich gehe jetzt ..../.... essen. Hast du Lust mit...........gehen?
   2. Ich muss den Termin leider ab...........sagen.
   3. Ich sah Frau Funke am Empfang ....stehen.
   4. Sie hatte keine Lust mehr ....warten.
   5. Ich habe mich entschieden, den Termin morgen nicht wahr...........nehmen.

Grammatiktraining

Relativsätze

Relativsätze

1. **Schreiben Sie Relativsätze.**

    Beispiel: Mein Kollege ist schon wieder krank. Er ist immer schlecht gelaunt.
    Mein Kollege, der immer schlecht gelaunt ist, ist schon wieder krank.

    Nominativ
    1. Der Kollege geht nächste Woche in Rente. Er wohnt in unserer Straße.
    2. Die Prüfung haben wir bestanden. Sie war nicht einfach.
    3. Das Faxgerät hat kein Papier mehr. Es steht in der Personalabteilung.

    Akkusativ
    4. Der Computer ist schon kaputt. Wir haben ihn letzte Woche angeschafft.
    5. Frau Müller ist unsere neue Chefin. Ich kenne sie kaum.
    6. Das Buch war sehr interessant. Ich habe es letzte Woche gelesen.

    Dativ
    7. Herr Delmonte hat noch nicht geantwortet. Ich habe ihm vor zwei Wochen geschrieben.
    8. Eine Kollegin sucht eine neue Stelle. Ihr gefällt die Arbeit nicht mehr.
    9. Die Kunden werden noch mehr bestellen. Ihnen hat unser erstes Angebot gefallen.

    Genitiv
    10. Mein Chef möchte bald in die USA zurück. Seine Familie wohnt in New York.
    11. Meine Kollegin fühlt sich sehr einsam. Ihr Freund wohnt in Berlin.
    12. Das Gerät haben wir zurückgegeben. Seine Elektronik funktioniert nicht mehr.

2. **Ergänzen Sie die Relativpronomen.**

    1. Das ist der Kollege, über .... wir gestern gesprochen haben.
    2. Wo ist das Gerät, zu .... diese Kabel gehören?
    3. Wann hast du die Mitteilung bekommen, über .... du dich so aufgeregt hast?
    4. Hier ist das Fax, nach .... er gefragt hat.
    5. Das ist die neue Software, mit .... Präsentationen noch einfacher werden.
    6. Wo ist der Katalog, in .... so tolle Sonderangebote stehen?

3. **Auf der After-Work-Party. Ergänzen Sie die Relativpronomen.**

    ● Erinnerst du dich noch an Patrick? Der Typ, ... wir bei der Party kennengelernt haben, ... so sympathisch war und .... so gut aussah, ... Haare dir so gut gefallen haben, von .... uns auch Petra erzählt hat, über .... du dich geärgert hast, weil er dir Rotwein über den Rock gekippt hat und mit .... wir uns dann unterhalten haben, ... aber leider so früh gegangen ist.

    ▶ Klar, der Typ, ... mich angerufen hat und mit .... ich im Kino war!

3 Grammatiktraining

Die n-Deklination

Die n-Deklination

1. Welche Nomen folgen der n-Deklination? Ordnen Sie zu.

Herr – Mensch – Adresse – Name – Buchstabe – Anlage – Nachbar – Nachbarin – Chef – Kollege – Mitarbeiter – Kunde – Lieferant – Praktikant – Zulieferer – Bote – Produzent – Branche – Student – Biologe – Laborant – Fotograf – Journalist – Tourist – Engländer – Franzose – Pole – Automat – Maschine – Ware – Lampe – Portier – Chance – Bürokrat – Geschichte – Polizist – Zeuge – Patient – Gedanke

n-Deklination:	normale Deklination:
der Herr	*die Adresse*

2. Wo fehlt ein -n oder -en? Ergänzen Sie.

1. Ich habe gestern den neuen Kollege......., Herr....... Maier, getroffen. Wir arbeiten nicht nur zusammen, er ist auch mein neuer Nachbar........

2. Wir sind ein internationales Unternehmen: Wir haben nicht nur Mitarbeiter....... aus Deutschland, bei uns arbeiten auch viele Engländer......., Franzose....... und Pole........

3. Herr Schmidt ist ein neuer Kunde........ Mit diesem Kunde....... verstehen sich alle sehr gut. So einen netten Kunde....... hatten wir bisher noch nicht.

4. Hilfst du mir mit diesem Automat.......? Der alte Automat....... war einfacher zu bedienen.

5. Sagen Sie mir bitte Ihren Name....... noch einmal? Ich bin mir nicht sicher, ob ich als ersten Buchstabe....... ein F oder ein W gehört habe.

6. Die Adresse....... unseres Lieferant....... ist Schlossallee 12.

7. Auf dem Weg zur Arbeit bin ich von einem Polizist....... angehalten worden. Ich soll bei Rot über die Ampel gefahren sein. Das stimmt nicht, aber ich habe keine Zeuge........

8. Darf ich Ihnen unseren Praktikant....... vorstellen? Er ist Student....... der Betriebswirtschaft.

3. Ergänzen Sie die Nomen in der richtigen Form.

Anlage – ~~Herr~~ – Lieferant – Ware – Kunde – Kollege

Liebe Frau Roth, wie mit *Herrn* Maier vereinbart wurde, werden wir ab sofort den .... wechseln. Die .... wird ab sofort hoffentlich pünktlich bei den .... eintreffen. Könnten Sie bitte die .... darüber informieren? Weitere Informationen finden Sie in der ....

Modelltest 2

Leseverstehen Teil 1

Leseverstehen Teil 1

ca. 20'

Lesen Sie die folgenden fünf Texte. Es fehlt jeweils der Betreff. Entscheiden Sie, welcher Betreff (a–j) am besten zu welcher Betreffzeile (1–5) passt.
Tragen Sie Ihre Lösungen für die Aufgaben 1–5 in den Antwortbogen ein.

1. Betreff:

Sehr geehrter Herr Leibrand,

wir möchten Sie darauf hinweisen, dass Sie unsere Rechnung vom 20. Juli über € 688,80 noch nicht beglichen haben. Wir bitten um Zahlung bis zum 20. August. Sollten Sie den Betrag inzwischen überwiesen haben, so betrachten Sie diese E-Mail bitte als gegenstandslos.

Mit freundlichen Grüßen
Marcel Hermany

2. Betreff:

Liebe Mitarbeiterinnen und Mitarbeiter,

ich werde ab sofort nicht mehr als Ansprechpartnerin für Reiseplanung und Rechnungsstellung zur Verfügung stehen, da ich eine andere Position im Unternehmen übernehmen werde. Meine Nachfolgerin Hanna Beus wird meine bisherigen Aufgaben übernehmen und sich bereits ab heute um alle Anfragen und organisatorischen Dinge kümmern. Sie übernimmt meine Telefonnummer (020/73452-45). Ihre E-Mail-Adresse lautet: HannaBeus@kielberg.de.

Mit freundlichen Grüßen
Ute Schmitz

3. Betreff:

Sehr geehrte Damen und Herren,

leider müssen wir Ihnen mitteilen, dass wir mit dem von Ihnen heute gelieferten Kaffeevollautomaten nicht zufrieden sind. Der Schalter für die Stufeneinstellung der Kaffeestärke funktioniert nicht, genauso wenig wie die Aufschäumdüse zum Zubereiten von Milchschaum. Wir bitten um unverzügliche Mitteilung über das weitere Vorgehen, Umtausch oder Reparatur.

Mit freundlichen Grüßen
Nicola Häuser
Pöschel & Partner KG

4. Betreff:

Bitte liefern Sie uns:

Bestell-nummer	Menge	Verpa-ckungs-einheit	Bezeich-nung	Preis pro Mengen-einheit	Ge-samt-preis
50367711	3	Stück	Magnettafeln 90 × 60 cm	41,99	125,97
50347895	5	Pack	Whiteboard Marker	13,99	69,95
50349911	10	Pack	Whiteboard Magnete	2,69	26,90

Da wir bis zum 31. August Betriebsferien haben, hat die Lieferung bis Anfang September Zeit.

5. Betreff:

Sehr geehrte Damen und Herren,

seit dem Wochenende werden von Unbekannten in großer Anzahl E-Mails verschickt, die sich als Rechnungen von Network mit einem Rechnungsbetrag von 49,99 EUR oder 69,99 EUR ausgeben.

Bitte beachten Sie: Diese E-Mails stammen nicht von Network. Sie tragen einen gefälschten Absender (info@network.de, support@network.de oder rechnungsstelle@network.de).
Im Anhang befindet sich die Datei Rechnung.pdf.exe, die mit dem Virus „Backdoor.Win32.agent.akf" infiziert ist.
Bitte öffnen Sie auf keinen Fall den Anhang, sondern löschen Sie die E-Mail.

Modelltest 2
Leseverstehen Teil 1

a Bestellung

b Eillieferung

c Getränke am Arbeitsplatz

d Zahlungserinnerung

e Neue Zuständigkeit

f Rechnung

g Reklamation

h Vertretung

i Warnung

j Zahlungseingang

Modelltest 2

Leseverstehen Teil 2

Lesen Sie die E-Mails und die Aufgaben 6–10. Welche Lösung (a, b oder c) ist jeweils richtig?
Markieren Sie Ihre Lösungen für die Aufgaben 6–10 auf dem Antwortbogen.

Von: h.steinmetz@indu-mitte.de
An: gerhard.kohl@werktech.com
Betreff: AW: Besuch am 20.11.20…

Datum: 12.11.20…

Sehr geehrter Herr Kohl,

gerne bestätigen wir den gestern am Telefon besprochenen Termin am 20.11. in unserem Hause. Ich freue mich auf Ihren Besuch. Leider muss ich Ihnen mitteilen, dass das Prospektmaterial immer noch nicht bei uns eingetroffen ist.
Vielleicht könnten Sie bei der Post oder Ihrem Kurierdienst nachfragen, wie das möglich ist.
Könnten Sie das Material bei Ihrem Besuch mitbringen?
Danke.

Dann treffen wir uns am 20.11. um 9:30 an unserer Firmenadresse Kruppstraße 12a. Ich werde Sie am Empfang erwarten.

Mit freundlichen Grüßen
Hans Steinmetz, Industriebau Mitte GmbH

Gerhard Kohl schrieb:
> Sehr geehrter Herr Steinmetz,
> auf diesem Weg noch einmal vielen Dank für Ihren Besuch unseres Messestandes auf der
> Industriemesse.
> Die gewünschten Prospekte wurden letzten Freitag mit der Post zu Ihren Händen verschickt.
> Sie müssten bereits bei Ihnen eingetroffen sein. Wir haben uns erlaubt, Ihnen auch
> Produktbeschreibungen weiterer Artikel zu schicken, die Sie bestimmt interessieren werden.
> Was Fragen und Probleme mit Altmaschinen betrifft, so finden wir bestimmt eine Lösung. Unser
> Unternehmen verfügt über ein Archiv, in dem Altmaschinenunterlagen aus den letzten 50 Jahren
> aufbewahrt werden. Zum Besuchstermin: Ich könnte Sie in Vertretung von Frau Löffler kurzfristig
> besuchen und werde mich mit Ihnen diesbezüglich im Laufe des morgigen Tages telefonisch in
> Verbindung setzen. Sie haben recht: Viele Problemlösungen lassen sich erst in einem persönlichen
> Gespräch vor Ort richtig besprechen.
> Mit freundlichen Grüßen
> Gerhard Kohl, Fachberater/Kundenservice, WerkTech GmbH

Hans Steinmetz schrieb:
>> Sehr geehrte Damen und Herren,
>> nach meinem Besuch Ihres Messestands auf der EMO 2012, bei dem ich sehr freundlich
>> empfangen wurde, beabsichtigen wir in Zukunft bei Ihrem Unternehmen Werkzeugmaschinen
>> und Ersatzteile zu beziehen. Ihre Fachberaterin Frau Löffler hatte ich auf der Messe gebeten, mir
>> Prospektmaterial zu den Dreh- und Bohrmaschinen SX 45 und XT 66 zu schicken. Leider ist
>> dieses noch nicht eingetroffen. Mit Frau Löffler habe ich auch über Probleme mit unseren
>> Altmaschinen gesprochen.
>> Wir hatten abgesprochen, dass wir nach ihrem Urlaub Anfang Dezember einen Besuchstermin
>> telefonisch vereinbaren, da sich die Probleme nur konkret darstellen lassen. Da die Probleme mit
>> den Altmaschinen inzwischen zugenommen haben, würden wir uns über den Besuch eines
>> Mitarbeiters/einer Mitarbeiterin Ihres Hauses bereits im laufenden Monat sehr freuen.
>> Vielen Dank.
>> Mit freundlichen Grüßen
>> Hans Steinmetz, Industriebau Mitte GmbH

Modelltest 2

Leseverstehen Teil 2

Achtung!
Die Aufgaben stehen nicht immer in derselben Reihenfolge wie die Informationen im Text.

6. Herr Steinmetz war auf der Messe EMO 2012,
   a um alte Maschinen zu verkaufen.
   b um einen Zulieferer zu finden.
   c um Prospektmaterial zu präsentieren.

7. Herr Steinmetz möchte, dass ein Mitarbeiter von WerkTech
   a Anfang Dezember bei ihm vorbeikommt.
   b ihn schnellstmöglich besucht.
   c in seiner Firma neue Dreh- und Bohrmaschinen erklärt.

8. Herr Kohl
   a liefert Herrn Steinmetz die gewünschten Produkte.
   b hat Herrn Steinmetz auch zusätzliches Material geschickt.
   c gibt die Bestellung an Frau Löffler weiter.

9. Herr Steinmetz wundert sich,
   a dass die Prospekte immer noch nicht angekommen sind.
   b dass der Kurierdienst ihm keine Mitteilung geschickt hat, wo die Prospekte sind.
   c dass Herr Kohl nicht an die Prospekte gedacht hat.

10. Herr Kohl teilt Herrn Steinmetz mit,
    a dass die Firma WerkTech GmbH bereits seit über 50 Jahren auf die Reparatur von Altmaschinen spezialisiert ist.
    b dass sich Mängel an Altmaschinen nur schwer lösen lassen.
    c dass sich Probleme mit Altmaschinen am besten im direkten Kontakt lösen lassen.

Modelltest 2
Leseverstehen Teil 3

Leseverstehen Teil 3

ca. 15'

Lesen Sie die Situationen 11–20 und die Anzeigen a–l. Finden Sie für jede Situation die passende Anzeige. Sie können jede Anzeige nur einmal benutzen.
Markieren Sie Ihre Lösungen für die Aufgaben 11–20 auf dem Antwortbogen.
Wenn Sie zu einer Situation keine Anzeige finden, markieren Sie x.

11. Die Lichtwerbung Ihres Unternehmens ist verschmutzt und Sie suchen Hilfe.

12. Sie erwarten eine größere Gruppe von Geschäftspartnern und wollen ein Geschäftsessen organisieren.

13. Sie möchten Ihre Firmenfahrzeuge günstig reinigen lassen.

14. Sie suchen eine günstige Gebäudereinigung für Ihre Firma.

15. Sie suchen für eine kleinere Arbeitsgruppe unter 10 Personen einen zentral gelegenen Tagungsraum.

16. Sie suchen für das Wochenende Tagungsräume mit Übernachtungsmöglichkeit.

17. Sie suchen für einen Geschäftsfreund eine verkehrsgünstig gelegene kleine Wohnung für Januar und Februar.

18. Sie suchen für Ihre Firma neue Geschäftsräume mit Laden.

19. Sie sollen auf einer Tagung ein Produkt Ihres Unternehmens vorstellen und suchen Hilfsmittel.

20. Sie wollen sich selbstständig machen und suchen Lagerräume in guter Lage.

Modelltest 2
Leseverstehen Teil 3

a) Schloss Hohenberg

Schloss Hohenberg, herrlich auf dem Land gelegen, eignet sich hervorragend für *Tagungen*, *Seminare* und *Feiern*. Auch Einzelpersonen können hier übernachten und sich erholen. Günstige Zimmer für Einzelpersonen sowie Gruppen bis zu maximal 60 Personen.

Schloss Hohenberg,
Hohenberger Straße, Tel.: +49 2232 245532

b) Vortragsfolien und Präsentationsmaterial

Beamer – Overhead-Projektoren
Flip-Chart – Moderationskoffer
zu Sonderpreisen

Rufen Sie uns an: 0221 – 234 55 626 oder www.mercato.com

c) Mietangebot Kölner Innenstadt

Konferenz-/Seminar- oder Schulungsraum für Gruppen bis 10 Personen zu buchen.

Der Raum hat ca. 30 qm und eignet sich auch für kleinere Ausstellungen.

Lage: direkt am Kölner Hauptbahnhof, Hotels in direkter Nähe.

d) Zwei *Büroräume* + 170qm *Ladenfläche*, *Schaufenster*.
Schicker Laden, schöne Werbemöglichkeit.
Warmmiete 1.250,-
inkl. MwSt. und Nebenkosten.
Parkplätze vorhanden.

büro@immo.de

e) Blitzsauber KG pflegt und reinigt Ihre Geschäftsräume professionell.

Saubere Räume tragen zum Erfolg Ihres Unternehmens bei.

Angebote für Neukunden unter www.blitzsauber-kg.de

f) MITWOHNSERVICE

Suchen Sie ein Zimmer oder eine Wohnung auf Zeit – möbliert oder leer?
Möchten Sie Ihre Wohnung untervermieten? Bei uns gibt es täglich zahlreiche neue Angebote.

Kontakt: 0221 2834557 oder mitwohnservice@köln.de

g) Köln-Nippes, direkt über der Ladengalerie H&S:

1-Zi-App, möbliert für **drei bis sechs Monate** zu vermieten.
Dusche/WC, Einbauküche, Miete 440 € + 100 € NK,
U- und S-Bahn in der Nähe

Gersch Immobilien, Tel. 0162 5217777

h) Suche ab sofort repräsentative Bürofläche in zentraler Lage:

60–80m² + Parkplatz, gern direkt vom Eigentümer.

Angebote bitte an
0172 3345666 oder
gelix@webmail.de

i) Wartung und Reinigung Ihrer Werbeanlagen

Eine verschmutzte oder defekte Werbung, eine nicht funktionierende Leuchtreklame macht auf Ihre Kunden keinen guten Eindruck.
Das Reinigen und Instandsetzen Ihrer Werbung ist einfacher, als Sie denken.
Wir unterbreiten Ihnen dazu gerne ein Angebot:
www.licht-und-co.de

j) Catering-Service Mitte

Für Ihre **Feiern**, ob als **Geschäftsessen** in Ihrer Firma oder zu **privaten Anlässen**, liefern wir Speisen und Getränke aus unserem Standard-Angebot mit 12 Prozent Preisnachlass. Service-Personal kann ebenfalls von uns gestellt werden.

Kontakt: www.catering-mitte.de

**k) Sauberkeit hat einen Namen
Blitz & Blank**

Bei uns finden Sie alles zu unschlagbaren Preisen: Bodenpflege, Hautschutz, Handtuchspender, Seifenspender – Produkte für die Sauberkeit!
Schnelle und kostenfreie Lieferung.

Tel.: 06026/98 435 222

l) An unsere Mitarbeiter:

Bitte beachten Sie, dass Firmenfahrzeuge in gereinigtem Zustand zurückgegeben werden müssen. Rückgabe bitte mit komplettem Zubehör (Zulassungsschein, Winter- und Sommerreifen, Zweitschlüssel, letztgültiger Prüfbericht usw.).

Die Geschäftsführung

Sprachbausteine Teil 1

ca. 10'

Lesen Sie den Text und schließen Sie die Lücken 21–30. Welche Lösung (a, b oder c) ist jeweils richtig? Markieren Sie Ihre Lösungen für die Aufgaben 21–30 auf dem Antwortbogen.

Sehr geehrte Frau Scheer,

erinnern Sie sich noch __21__ Ihren ersten Besuch bei uns? Wir arbeiten nun schon __22__ Jahre zusammen und dafür möchten wir uns herzlich mit dieser Einladung __23__ unserem 25-jährigen Firmenjubiläum bedanken.

Wir __24__ uns freuen, wenn Sie am Freitag, den 20. April (Anreise 19. April, Abreise 21. April), unser Gast sein könnten. Bitte sagen Sie uns Bescheid, ob Sie kommen können, __25__ wir für Sie ein Hotelzimmer reservieren können.

Das Programm __26__ Jubiläumsveranstaltung finden Sie in der Anlage. Im Rahmen der Veranstaltung soll auch eine Werksbesichtigung stattfinden, auf __27__ wir Ihnen gerne unsere neuen Produkte vorstellen. Für Freitagabend __28__ wir uns eine besondere Überraschung ausgedacht. Für weitere Auskünfte stehen wir __29__ natürlich gerne zur Verfügung.

Wir hoffen, __30__ Sie am 20. April unser Gast sein können. Über Ihren Besuch würden wir uns sehr freuen.

Mit freundlichen Grüßen

H. Bäunker

Hans Bäunker
i. A.
Holzberg KG

21
a an
b über
c von

22
a viele
b vielen
c vieler

23
a für
b auf
c zu

24
a wären
b werden
c würden

25
a damit
b dass
c weil

26
a unser
b unsere
c unserer

27
a dem
b der
c die

28
a haben
b sind
c werden

29
a Euch
b Ihnen
c Sie

30
a dass
b ob
c wenn

Modelltest 2
Sprachbausteine Teil 2

Sprachbausteine Teil 2 ca. 10'

Lesen Sie den Text und schließen Sie die Lücken 31–40. Benutzen Sie die Wörter a–o. Jedes Wort passt nur einmal.
Markieren Sie Ihre Lösungen für die Aufgaben 31–40 auf dem Antwortbogen.

Sicherheitshinweise der Gasova AG

▶ Sie sind __31__, auf dem gesamten Werksgelände Sicherheitsschuhe zu tragen.
Bitte achten Sie darauf, den __32__ zu den Maschinen und Anlagen einzuhalten.
Transportfahrzeuge, z. B. Stapler, haben auf unserem __33__ Vorrang.

▶ Im gesamten Werksbereich besteht absolutes Alkoholverbot!
In den Büros ist das Rauchen nur in besonders gekennzeichneten Bereichen erlaubt.
Speisen dürfen nur in den dafür vorgesehenen __34__ zu sich genommen werden.

▶ In den Montagehallen muss eng anliegende __35__ getragen werden, Schmuck und Ringe sind nicht erlaubt.

▶ Bei __36__ müssen Sie das Werksgelände unverzüglich auf einem sicheren Weg verlassen (siehe Flucht- und Rettungswegeplan). __37__ Sie nur die angegebenen Wege!

▶ Im gesamten Werksbereich gibt es Erste-Hilfe-Koffer. Wo sich die Erste-Hilfe-Kästen __38__, können Sie auf dem Flucht- und Rettungswegeplan sehen. Haben Sie Verbandsmaterial aus den Koffern genommen, sagen Sie bitte unverzüglich dem __39__ Bescheid, damit die Koffer wieder aufgefüllt werden können. Jede __40__ muss im Erste-Hilfe-Buch dokumentiert werden.

a	anwenden	f	gezwungen	k	Sicherheitsabstand
b	befinden	g	Schutzkleidung	l	Sicherheitsbeauftragten
c	benutzen	h	vorsichtig	m	Verletzung
d	Feuer	i	Räumen	n	verpflichtet
e	finden	j	Sicherheit	o	Werksgelände

Modelltest 2

Hörverstehen Teil 1

ca. 30'

21 Sie hören die Aussagen von fünf Personen. Sie hören die Aussagen nur einmal. Entscheiden Sie beim Hören, ob die Aussagen 41–45 richtig (+) oder falsch (–) sind.
Markieren Sie Ihre Lösungen für die Aufgaben 41–45 auf dem Antwortbogen.

Lesen Sie jetzt die Aufgaben 41–45. Sie haben dazu 30 Sekunden Zeit.

41. Herr Baumann sieht in der Selbstständigkeit keine Nachteile.

42. Frau Özdemir sagt, dass man auch als Selbstständige nicht über alles selbst entscheiden kann.

43. Frau Pflug kann die Beiträge zur Sozialversicherung nicht mehr zahlen.

44. Der Betrieb von Herrn Gonzalez arbeitet erfolgreich.

45. Frau Stankovska plant, ihre Selbstständigkeit aufzugeben.

Modelltest 2

Hörverstehen Teil 2

22–23 Sie hören ein Gespräch. Sie hören das Gespräch zweimal. Entscheiden Sie beim Hören, ob die Aussagen 46–55 richtig (+) oder falsch (–) sind.
Markieren Sie Ihre Lösungen für die Aufgaben 46–55 auf dem Antwortbogen.

Lesen Sie jetzt die Aufgaben 46–55. Sie haben dazu eine Minute Zeit.

46. Frau Schmidtbauer kommt pünktlich zum Termin.

47. Der Vertriebsleiter hat erst am Nachmittag Zeit.

48. Herr Brecht betont, dass seine Firma flexibel produzieren kann.

49. Frau Schmidtbauer möchte der Firma eine neue Lagerverwaltungssoftware anbieten.

50. Beim Mittagessen besteht die Möglichkeit, über die Software zu diskutieren.

51. Auf dem Programm steht auch ein längerer Besuch in der Rechtsabteilung.

52. Frau Schmidtbauer ist zum ersten Mal in Leipzig.

53. Die Firma reserviert einen Tisch für 20 Uhr.

54. Frau Schmidtbauer ist sehr zufrieden damit, wie sie empfangen wird.

55. Am Abend soll ein Firmenvideo gezeigt werden.

Modelltest 2

Hörverstehen Teil 3

Hörverstehen Teil 3

24–33 Sie hören fünf kurze Texte. Sie hören die Texte zweimal. Entscheiden Sie beim Hören, ob die Aussagen 56–60 richtig (+) oder falsch (–) sind.

Lesen Sie jetzt die Aufgabe 56.

56. Sie sollen zu dem Gespräch bei der Spedition Meister Ihre Bewerbungsunterlagen mitbringen.

57. Die Mitarbeiter sollen sich nicht im Freien aufhalten.

58. Eine Kundin beschwert sich über eine nicht erhaltene Lieferung.

59. Bei der Präsentation des Films werden auch Produkte verkauft.

60. Eine Hotelbuchung wird bestätigt.

Modelltest 2
Schriftlicher Ausdruck

Schriftlicher Ausdruck   30'

In einer Zeitschrift finden Sie folgende Annonce:

Reinigungsservice plus Objektschutz:
Rapido – die optimalen Dienstleister für Ihr Unternehmen

Sie suchen ein kompetentes, zuverlässiges und flexibles Unternehmen für die Reinigung und den Schutz Ihres Gebäudes? Dann sind wir die richtige Anschrift für Sie.

- Büro- und Gebäudereinigung
- Außen- und Grünflächenpflege
- Fassaden- und Fensterreinigung
- Objektschutz

Wir pflegen, reinigen und schützen Ihr Objekt, damit Sie und Ihre Kunden sich wohlfühlen.

Und auch die Umwelt wird Ihnen danken: Unser qualifiziertes Reinigungspersonal arbeitet mit den modernsten und umweltfreundlichsten Technologien.

Reinigungsservice Rapido • Parkallee 5 • Bochum

Sie arbeiten in einem Großhandelsbetrieb. Die Geschäftsführung sucht einen zuverlässigen Reinigungsdienst und einen Objektschutz. Da in Ihrer Firma bis spät abends gearbeitet wird, müssten die Innenreinigungsarbeiten (3 Stockwerke, Fläche ca. 1200 qm) früh am Morgen stattfinden. Ihre Aufgabe ist es, einen Reinigungsdienst zu finden.

Fordern Sie ein Angebot vom Reinigungsservice Rapido an und berücksichtigen Sie dabei die folgenden vier Punkte:

- erläutern Sie die Situation
- Reinigungsarbeiten auch am Wochenende notwendig
- Objektschutz (wie oft pro Nacht, allein oder zu zweit)
- Preise, Vertragslaufzeit

Bevor Sie den Brief schreiben, überlegen Sie sich die passende **Reihenfolge der Punkte,** eine passende **Einleitung** und einen passenden **Schluss.** Vergessen Sie auch nicht **Datum** und **Anrede.**

Mündliche Prüfung

ca. 3'

Teilnehmer/in A und B

Teil 1: Kontaktaufnahme

Unterhalten Sie sich mit Ihrer Partnerin bzw. Ihrem Partner über folgende Themen:

- Name
- woher sie oder er kommt
- wie sie oder er wohnt (Wohnung, Haus, Garten …)
- Familie
- wo sie oder er Deutsch gelernt hat
- was sie oder er macht (Beruf, Arbeit, Ausbildung …)
- welche beruflichen Pläne er oder sie für die Zukunft hat
- Sprachen (welche? wie lange? warum?)

Die Prüfenden können außerdem noch weitere Fragen stellen, z. B.:

- wie Sie das Wochenende verbringen
- welche Hobbys Sie haben

Modelltest 2

Mündliche Prüfung Teil 2

Teilnehmer/in A

 ca. 6'

Teil 2: Gespräch über ein Thema

Sie haben in einer Zeitschrift etwas zum Thema „Typische Männerberufe – typische Frauenberufe?" gelesen.

Berichten Sie Ihrer Partnerin bzw. Ihrem Partner, welche Informationen Sie haben.

Ihre Partnerin bzw. Ihr Partner hat zum selben Thema andere Informationen und berichtet auch darüber. Unterhalten Sie sich danach über das Thema. Erzählen Sie von persönlichen Erfahrungen, stellen Sie Fragen und reagieren Sie auf die Fragen Ihrer Partnerin bzw. Ihres Partners.

Immer mehr Frauen wählen typische Männerberufe. So hat es auch die 32-jährige Aysche Yilmaz aus Köln gemacht, die sich für ein Studium als Bauingenieurin entschieden hat und nun erfolgreich in diesem Beruf arbeitet. Ihre Entscheidung hat sie nie bereut. Sie ist sich sicher, dass sie den richtigen Beruf gewählt hat: „Zuerst haben mich die Kollegen auf der Baustelle nicht richtig ernst genommen oder gedacht, ich bin die Praktikantin. Als sie aber verstanden haben, dass ich die Bauleiterin bin, haben sie große Augen gemacht.", erzählt Aysche Yilmaz. Sie hat noch heute manchmal das Problem, dass die Männer ihr nichts zutrauen. Das ändert sich aber meistens schnell, wenn sie merken, wie gut Frau Yilmaz in ihrem Fachgebiet ist.

Modelltest 2
Mündliche Prüfung Teil 2

Teilnehmer/in B

ca. 6'

Teil 2: Gespräch über ein Thema

Sie haben in einer Zeitschrift etwas zum Thema „Typische Männerberufe – typische Frauenberufe?" gelesen.

Berichten Sie Ihrer Partnerin bzw. Ihrem Partner, welche Informationen Sie haben.

Ihre Partnerin bzw. Ihr Partner hat zum selben Thema andere Informationen und berichtet auch darüber. Unterhalten Sie sich danach über das Thema. Erzählen Sie von persönlichen Erfahrungen, stellen Sie Fragen und reagieren Sie auf die Fragen Ihrer Partnerin bzw. Ihres Partners.

Ich arbeite als Erzieher. Das ist noch ein typischer Frauenberuf, in ganz Deutschland sind nur ungefähr drei Prozent aller Erzieher männlich. Wieso ich das mache? Zuerst einmal macht mir die Arbeit Spaß. Ich habe vorher in einem technischen Beruf gearbeitet, irgendwann hat mich das gelangweilt. Jeder Tag war gleich und ich hatte kaum Kontakt mit anderen Menschen. Und heute freuen sich die Kinder, wenn ich komme. Ich werde akzeptiert, auch von den Kolleginnen. Das war zwar am Anfang nicht ganz leicht, aber sie haben bald verstanden, dass mir mein Wunsch, mit Kindern zu arbeiten, ernst ist. Ich glaube, es lohnt sich, bei der Berufswahl auch mal neue Wege auszuprobieren!

Andreas Groß (30 Jahre, Erzieher)

Modelltest 2

Mündliche Prüfung Teil 3

Teilnehmer/in A und B

ca. 6′

Teil 3: Gemeinsam eine Aufgabe lösen

Sie arbeiten im Schlosshotel Saalstein. Saalstein ist ein mittelalterliches Schloss, in dem man viel über vergangene Zeiten erfahren kann. Das Hotel erwartet am Wochenende eine Besuchergruppe mit mehreren Familien mit vielen Kindern. Einige Gäste aus der Gruppe haben mitgeteilt, dass sie am Wochenende einen Kindergeburtstag auf dem Schloss feiern wollen.

Sie sollen das Wochenende organisieren.

Hier einige Punkte, die Ihnen bei Ihrer Planung helfen:

- Wer empfängt die Gruppe?
- Führung durch das mittelalterliche Schloss
- Spiele für Kinder
- Kindergeburtstag
- Essen und Trinken
- …
- …

Entscheiden Sie zuerst, was Sie machen möchten und warum.

Tragen Sie Ihrem Partner bzw. Ihrer Partnerin Ihre Ideen vor und begründen Sie sie.

Reagieren Sie auf die Ideen Ihres Partners bzw. Ihrer Partnerin und die Begründungen.

Einigen Sie sich auf gemeinsame Vorschläge.

Modelltest 3

Leseverstehen Teil 1

Leseverstehen Teil 1

ca. 20'

Lesen Sie die folgenden fünf Texte. Es fehlt jeweils der Betreff. Entscheiden Sie, welcher Betreff (a–j) am besten zu welcher Betreffzeile (1–5) passt.
Tragen Sie Ihre Lösungen für die Aufgaben 1–5 in den Antwortbogen ein.

1. Betreff:

Liebe Kolleginnen und Kollegen,
Montag, der 3. September, ist der nächste Termin für unsere Betriebsversammlung. Folgende Tagesordnungspunkte sollen besprochen werden:
– Pausenregelungen,
– Vorschläge für den nächsten Betriebsausflug,
– Sicherheit am Arbeitsplatz.
Die Versammlung findet wie immer in der Kantine statt. Für einen kleinen Imbiss ist gesorgt.

Der Betriebsrat

2. Betreff:

Betriebsausflug nach Salzburg am 7. August:

7:30 Uhr Abfahrt Marienplatz München,
ca. 10 Uhr Ankunft in Salzburg,
ab 10:45 Uhr zweistündige Stadtführung,
17 Uhr Abfahrt in Salzburg.

Preise: für die Busfahrt 15,00 Euro pro Person, für die Stadtführung 4,00 Euro pro Person.
Falls Sie teilnehmen möchten, bitten wir um Mitteilung in Raum 303 unbedingt noch in dieser Woche.

Die Geschäftsleitung

3. Betreff:

Liebe Frau Geißler,
Sie wollten an unserer innerbetrieblichen Fortbildung zum Thema Schmerzmanagement teilnehmen. Leider sind im Moment keine Plätze mehr frei. Wir haben Sie aber vorgemerkt. Wir bitten Sie, von Nachfragen abzusehen. Sobald ein Platz frei ist, werden wir Sie umgehend informieren.
Rebecca Groß
Pflegedienstleitung
Albertus-Krankenhaus

4. Betreff:

Sehr geehrte Damen und Herren,
gerne möchten wir Sie darüber informieren, dass unsere Service- und Vertriebsabteilung ab sofort eine neue E-Mail-Adresse hat.
Wir sind jetzt unter vertrieb@electronics24.de zu erreichen.
Wir möchten es nicht versäumen, Ihnen auf diesem Weg für die gute Zusammenarbeit in der Vergangenheit zu danken. Wir hoffen, dass wir weiter zu Ihrer Zufriedenheit tätig werden können.

Vielen Dank und beste Grüße
Bianca van Mierlo
Electronics 24

5. Betreff:

Sehr geehrte Frau Bauer,
vielen Dank für Ihre Bestellung.
Nach Zahlungseingang haben die von Ihnen bestellten Waren heute unser Lager verlassen und sind auf dem Weg zu Ihnen.
Zur Nachverfolgung der Lieferung gehen Sie bitte auf die Seite www.kurier-int.com und geben Sie Ihre Bestellnummer ein.
Diese lautet XC34522781.

Peter Eisner
Vertrieb Stichling KG

Modelltest 3

Leseverstehen Teil 1

a Adressänderung

b Betriebsferien

c Bitte schnell anmelden!

d Kantinenservice

e Kursabsage

f Mitteilung der Arbeitnehmervertretung

g Neuer Vertriebspartner

h Versandbestätigung

i Wareneingang

j Kurs: Warteliste

Modelltest 3

Leseverstehen Teil 2

Leseverstehen Teil 2   ca. 35'

Lesen Sie die E-Mails und die Aufgaben 6–10. Welche Lösung (a, b oder c) ist jeweils richtig?
Markieren Sie Ihre Lösungen für die Aufgaben 6–10 auf dem Antwortbogen.

Von: kundenservice@sales.de   Datum: 20.07.20…
An: Gabi_Baumeister@Kaltex.com
Betreff: Ihre E-Mail vom 16. Juli: Rücksendung/Neubestellung

Sehr geehrte Frau Baumeister,

vielen Dank für Ihre E-Mail vom 16. Juli. Zu Ihren Fragen:

1) Rücksendung
Nach § 5 unserer Allgemeinen Geschäftsbedingungen können Sie alle bei uns bestellten Artikel innerhalb von 30 Tagen zurückgeben. Dazu muss die Ware unbenutzt und originalverpackt sein. Wir holen die Ware dann kostenlos ab. Warenrücksendungen werden nur akzeptiert, wenn sie vorher bei Sales gemeldet wurden (telefonisch: 0160-2335644 oder per E-Mail: kundenservice@sales.de). Rücksendungen ohne vorherige Anzeige bei uns werden weder akzeptiert noch übernimmt Sales die Ihnen dadurch entstandenen Kosten.
Im konkreten Fall haben Sie die Waren zurückgesendet, ohne sich mit uns in Verbindung zu setzen. Da die Ware originalverpackt und unbenutzt ist, kommen wir Ihnen gerne entgegen und werden die Rücksendung trotz der Bestimmungen in unseren AGB akzeptieren. Allerdings können wir Ihnen nach § 5 unserer AGB die entstandenen Transportkosten nicht ersetzen. Es ist möglich, dass bei unserer Hotline Wartezeiten entstehen, Sie hätten die Rückgabe aber auch online melden können.

2) Neubestellung
Der von Ihnen gewünschte Kaffeevollautomat wird am Mittwoch, den 22. Juli, bei Ihnen eintreffen.

Zum Schluss noch eine Bitte:
Sollten Sie Ware umtauschen wollen, bitten wir Sie, Ihr Bestellformular nicht der Rücksendung beizulegen, sondern immer separat zu bestellen, telefonisch oder online über kundenservice@sales.de.

Mit freundlichen Grüßen

Gert Oberbaum
Sales GmbH – Großhandel für Industrie, Handwerk und Gewerbe

Gabi Baumeister schrieb:
> Sehr geehrte Damen und Herren,

> vielen Dank für Ihre Lieferung des Kaffeevollautomaten Solo vom 10. Juli.
> Gemäß Ihrer AGB haben wir von unserem Umtauschrecht Gebrauch gemacht und uns doch für das
> größere Modell, den Kaffeevollautomaten Bistro entschieden.
> Wir haben der Rücksendung ein neues Bestellformular für den Automaten Bistro beigelegt.

> Zur Rücksendung:
> Da Ihre Hotline besetzt war und wir Sie nicht erreichen konnten, haben wir den Automaten Solo auf
> unsere Kosten mit dem Kurierdienst GKS zurückgeschickt (abgeholt am 14. Juli, 12:15).
> Wir bitten Sie, die Kosten für die Rücksendung unserem Kundenkonto gutzuschreiben. Für eine kurze
> Nachricht, wann mit der neuen Lieferung zu rechnen ist, wären wir Ihnen dankbar.

> Mit freundlichen Grüßen
> Gabi Baumeister – Kaltex KG

Modelltest 3

Leseverstehen Teil 2

Achtung!
Die Aufgaben stehen nicht immer in derselben Reihenfolge wie die Informationen im Text.

6. Frau Baumeister von der Kaltex KG teilt der Firma Sales mit,
   a dass ihre Firma ein anderes Modell bestellt hat.
   b dass ihre Firma kein Interesse mehr an Kaffeevollautomaten hat.
   c dass sie neue Bestellformulare braucht.

7. Sie bittet die Firma Sales,
   a ihr zu schreiben, wie teuer die Ersatzlieferung ist.
   b die Kosten für die Rücksendung der ersten Lieferung zu übernehmen.
   c die Ware abzuholen.

8. In den Allgemeinen Geschäftsbedingungen der Sales KG steht, dass
   a alle Waren innerhalb von 30 Tagen bezahlt werden müssen.
   b alle Waren kostenlos abgeholt werden.
   c Rücksendungen vorher angemeldet werden müssen.

9. Herr Oberbaum gibt den Rat,
   a bei Umtausch immer telefonisch oder im Internet zu bestellen.
   b dem Umtausch ein besonderes Formular beizulegen.
   c mit dem Umtausch bis zum 22. Juli zu warten.

10. Herr Oberbaum
    a akzeptiert die Rücksendung nicht.
    b entschuldigt sich für Wartezeiten bei der Rücksendung.
    c kann die Kosten für die Rücksendung nicht übernehmen.

Modelltest 3

Leseverstehen Teil 3

Leseverstehen Teil 3

ca. 15'

Lesen Sie die Situationen 11–20 und die Anzeigen a–l. Finden Sie für jede Situation die passende Anzeige. Sie können jede Anzeige nur einmal benutzen.
Markieren Sie Ihre Lösungen für die Aufgaben 11–20 auf dem Antwortbogen.
Wenn Sie zu einer Situation keine Anzeige finden, markieren Sie x.

11. Für die Ausstattung Ihrer neuen Geschäftsräume brauchen Sie Kapital.

12. Für eine Dienstreise möchten Sie ein geeignetes Fahrzeug mieten.

13. Für eine Fortbildung suchen Sie ein geeignetes Tagungshotel mit Übernachtungsmöglichkeiten.

14. Sie sind gelernter Maler und suchen eine Stelle.

15. Sie möchten ein zentral gelegenes Übersetzerbüro eröffnen und suchen Geschäftsräume.

16. Sie möchten sich selbstständig machen und suchen Informationen.

17. Sie möchten sich über die gesetzlichen Regelungen zum Urlaub informieren.

18. Sie suchen dringend einen Dolmetscher für Chinesisch.

19. Sie suchen Tipps für die Gestaltung Ihrer Geschäftsräume.

20. Viele Ihrer Kunden zahlen schlecht oder überhaupt nicht. Sie suchen Hilfe.

Modelltest 3
Leseverstehen Teil 3

a
Maler- und Lackierermeister Groß
- Anstrich • Verputz
- Wandgestaltung
- alle Renovierungsarbeiten
- Ausbildungsbetrieb

Tel.: 040/2034577

b
Baudekoration Color-Plus
Wir suchen zum nächstmöglichen Zeitpunkt eine Fachkraft
Maler und Verputzer/in

Ihr Aufgabengebiet:
- Renovierungsarbeiten
- Innen- und Außenputz

Zuschriften an info@color-plus.de

c
Existenzgründerportal
Beratung und Begleitung für alle, die einen eigenen Betrieb gründen wollen. Qualifizierte Ansprechpartner unterstützen Sie bei der Gründung Ihres Unternehmens.
Info: www.existenzgründung.de

d
Für Selbstständige
Kiosk mit Laden am Stadtrand von Essen aus gesundheitlichen Gründen gegen geringe Ablösesumme ab sofort abzugeben.
» 50 qm + ca. 100 qm Lager
» Kontakt: 0160-2345562

e
profi-translations
Ab sofort bietet profi-translations seinen Service rund um Sprachen und Übersetzungen in seinen neuen Geschäftsräumen in der City-Galerie, Düsseldorf.

Übersetzungsbüro für alle Fachgebiete, spezialisiert auf asiatische Sprachen. www.profi-translations.de

f
GESCHÄFTSREISEN- / URLAUBSPLANER
Bei uns bekommen Sie Tipps und Hinweise für Geschäfts- und Urlaubsreisen:
- Wir stellen Ihnen Angebote für Flug, Mietwagen oder Bahnfahrt für Ihre nächste Geschäfts- oder Urlaubsreise übersichtlich zusammen.
- Wir bieten Ihrem Unternehmen individuelle, maßgeschneiderte Lösungen.

www.geschäftsreisen-planer.de

g
Ratgeber für Arbeitnehmer von A bis Z

Von Abfindung bis zur Zweitarbeit – in unserer Broschüre finden Sie wichtige Informationen für Ihr Berufsleben, zum Beispiel:

☞ Unterschiede zwischen Tarifvertrag und Arbeitsvertrag

☞ Unterschiede zwischen Urlaubsgeld und Urlaubsentgelt

Der Ratgeber für Arbeitnehmer von A bis Z

In jeder guten Buchhandlung!

h
www.zimmervermittlung-online.com
Privatunterkünfte – günstige Angebote auch zu Messezeiten ohne Vermittlungsgebühr!

Unsere Daten werden ⇨ täglich aktualisiert. ⇦

i
Repräsentative Räumlichkeiten sind die beste Visitenkarte für Ihre Veranstaltung! Mit dem Tagungszentrum im Haus der Berliner Wirtschaft bieten wir einen der attraktivsten Veranstaltungsorte mitten in der Hauptstadt.

Haus der Berliner Wirtschaft
Am Alexanderplatz 3
10234 Berlin

j
Probleme mit der Finanzierung?
• Kredite für Baufinanzierung
• Autofinanzierung • Projekte aller Art zu besonders günstigen Zinsen!

Antwerpener Investbank
Zentrale: Schlossstraße 20
51061 Köln

k
Anwaltskanzlei Schröder
Wir betreuen seit 1990 Unternehmen und Gewerbetreibende in allen Fragen des Forderungsmanagements (Inkasso).

Wir übernehmen für Sie:
✦ Überwachung von Zahlungseingängen
✦ Kundenkorrespondenz
✦ Mahn- und Klageverfahren

info@anwalt-schroeder.de

l
Ihre Innenarchitekten
Wir sorgen dafür, dass Sie, Ihre Mitarbeiter, Kunden und Geschäftspartner sich in Ihren Räumen wohlfühlen.

Rufen Sie an und vereinbaren Sie eine individuelle Beratung: ☎ 020 33 44 55

Wir freuen uns auf Sie und Ihre Räume!

Modelltest 3

Sprachbausteine Teil 1

Lesen Sie den Text und schließen Sie die Lücken 21–30. Welche Lösung (a, b oder c) ist jeweils richtig? Markieren Sie Ihre Lösungen für die Aufgaben 21–30 auf dem Antwortbogen.

Discount.direkt   Postfach 2020   53115 Bonn

Schlosserei Diehl
Habsburger Allee 5
52064 Aachen

Unsere Rechnung Nr. 102/12 vom 02.10.20… – letzte Mahnung   04.12.20…

Sehr geehrter Herr Diehl,

Sie haben bei uns am 24. September fünf Geräteschränke S 3000 bestellt, __21__ wir Ihnen am 2. Oktober geliefert haben.

Leider haben Sie auf unsere Mahnungen vom 22. Oktober und 19. November nicht __22__. Wir konnten __23__ mehrfacher Mahnung bis heute keinen Zahlungseingang feststellen. Bitte überprüfen Sie, __24__ die Zahlung inzwischen veranlasst wurde. __25__ das nicht der Fall sein, bitten wir Sie, unserer Forderung bis zum 12. Dezember nachzukommen.

5 Geräteschränke S 2000 à € 565,50	€ 2827,50
MwSt. 19 %	€ 537,23
Mahngebühr	€ 7,50
__26__ Betrag	**€ 3372,23**

Aufgrund __27__ langjährigen Geschäftsbeziehungen wären wir bereit, __28__ eine Zahlung in Raten zu verhandeln. Bitte setzen Sie sich diesbezüglich mit uns __29__ Verbindung.

Wenn wir bis zum 12. Dezember nichts von Ihnen hören bzw. der oben genannte Betrag nicht überwiesen __30__, sehen wir uns leider gezwungen, die Angelegenheit an unseren Rechtsanwalt zu übergeben.

Mit freundlichen Grüßen

Gert Neukirch

21
a den
b denen
c die

22
a reagiert
b reagierte
c reagierten

23
a obwohl
b trotz
c trotzdem

24
a damit
b ob
c wenn

25
a Könnte
b Müsste
c Sollte

26
a Fällige
b Fälliger
c Fälliges

27
a unsere
b unseren
c unserer

28
a auf
b für
c über

29
a an
b in
c zu

30
a werde
b wurde
c worden

Modelltest 3

Sprachbausteine Teil 2

ca. 10'

Lesen Sie den Text und schließen Sie die Lücken 31–40. Benutzen Sie die Wörter a–o. Jedes Wort passt nur einmal.
Markieren Sie Ihre Lösungen für die Aufgaben 31–40 auf dem Antwortbogen.

MAG Reet auf Erfolgskurs

Der in Bayern angesiedelte Automobilzulieferer MAG Reet meldet beachtliche Erfolge. Im Vergleich zum letzten Jahr ist der __31__ um 35 Prozent und somit auf 214 Millionen Euro gestiegen.

Das traditionsreiche Familienunternehmen wurde bereits vor rund 100 Jahren __32__. Es __33__ hauptsächlich Innenraumteile aus Kunststoff für Verkleidungsteile, Belüftungsdüsen und Ablagesysteme in Autos. Dabei spielt neben Funktionalität und Haltbarkeit auch die Optik eine wichtige Rolle.

Derzeit beschäftigt MAG Reet in Passau 740 __34__, in Erlangen, am __35__ der Firma, 440. Bis 2014 plant der Automobilzulieferer, 300 weitere __36__ zu schaffen. Der Großteil davon wird an einem neuen Standort in Ingolstadt __37__.

Die geplanten Investitionen liegen für das laufende __38__ bei 67 Millionen Euro. Dabei plant MAG Reet für 2013 auch den Ausbau seiner Produktionsflächen um 33 000 Quadratmeter. Die Produktion in der neuen __39__ in Landshut startet wahrscheinlich schon im September 2013. Seit 2009 baut das __40__, das sich stärker auf den asiatischen Märkten engagieren will, einen zweiten Standort in Japan auf.

a	Arbeitgeber	f	gegründet	k	produziert
b	Arbeitsplätze	g	gekündigt	l	schafft
c	Ausbildung	h	Geschäftsjahr	m	Umsatz
d	entstehen	i	Hauptsitz	n	Unternehmen
e	Fertigungshalle	j	Mitarbeiter	o	Verlust

Modelltest 3

Hörverstehen Teil 1

Hörverstehen Teil 1

ca. 30'

34 Sie hören die Aussagen von fünf Personen. Sie hören die Aussagen nur einmal. Entscheiden Sie beim Hören, ob die Aussagen 41–45 richtig (+) oder falsch (-) sind.
Markieren Sie Ihre Lösungen für die Aufgaben 41–45 auf dem Antwortbogen.

Lesen Sie jetzt die Aufgaben 41–45. Sie haben dazu 30 Sekunden Zeit.

41. Frau Bauer ist gern auf Geschäftsreise.

42. Herr Hagenbusch ist zufrieden, weil sein Arbeitgeber alle Kosten einer Dienstreise übernimmt.

43. Frau Lunkewitz hat keine große Lust, an Dienstreisen teilzunehmen.

44. Frau Maurer findet, dass es keine Alternative zu Geschäftsreisen gibt.

45. Herr Grimbach zweifelt daran, dass Videokonferenzen Geschäftsreisen ersetzen werden.

5 Modelltest 3

Hörverstehen Teil 2

Hörverstehen Teil 2

35–36 Sie hören ein Gespräch. Sie hören das Gespräch zweimal. Entscheiden Sie beim Hören, ob die Aussagen 46–55 richtig (+) oder falsch (-) sind.
Markieren Sie Ihre Lösungen für die Aufgaben 46–55 auf dem Antwortbogen.

Lesen Sie jetzt die Aufgaben 46–55. Sie haben dazu eine Minute Zeit.

46. Frau Khan arbeitet als Erzieherin.

47. Viele Erzieherinnen klagen über gesundheitliche Probleme.

48. Die Erzieherinnen arbeiten gern in ihrem Beruf, obwohl die Arbeitssituation schwierig ist.

49. Neben der Kinderbetreuung haben Erzieherinnen noch andere Aufgaben.

50. Frau Khan findet, dass die schlechte Bezahlung kein Problem ist.

51. Frau Khan glaubt, dass man mit den Gesundheitszirkeln viele Probleme lösen kann.

52. An den Gesundheitszirkeln sollten auch Eltern teilnehmen.

53. Erzieherinnen werden nicht gut dafür ausgebildet, auf problematische Eltern zu reagieren.

54. Erzieherinnen sollten den Eltern zeigen, dass sie qualifiziert sind.

55. Die Erzieherinnen sollten Kurse in Familienzentren besuchen.

Modelltest 3

Hörverstehen Teil 3

37–46 Sie hören fünf kurze Texte. Sie hören die Texte zweimal. Entscheiden Sie beim Hören, ob die Aussagen 56–60 richtig (+) oder falsch (–) sind.
Markieren Sie Ihre Lösungen für die Aufgaben 56–60 auf dem Antwortbogen.

Lesen Sie jetzt die Aufgabe 56.

56. Ein Kunde beschwert sich über eine verspätete Lieferung.

57. Am Sitz/Steh-Tisch ergo können persönliche Einstellungen gespeichert werden.

58. Die Uhrzeiten für die Tagung haben sich geändert.

59. Sie kommen pünktlich zu Ihrer Besprechung in Essen.

60. Die Firma Arona GmbH hat Betriebsferien.

Schriftlicher Ausdruck 30'

Sie lesen die folgende Anzeige:

Messe- und Tagungshotel

Zum Taunus

› 15 km vom Messegelände Frankfurt entfernt, ruhig und doch verkehrsgünstig gelegen, sehr gute Verkehrsanbindungen, nur wenige Fahrminuten zum Messegelände (A 661 oder öffentliche Verkehrsmittel).

› 12 Einzelzimmer, 22 Doppelzimmer, 4 Dreibettzimmer und 2 Appartements
› Restaurant mit Spezialitäten aus der Region
› beheiztes Hallenschwimmbad, Sauna
› kostenloses W-LAN in allen Zimmern

› spezialisiert auf Tagungen, Seminare und Meetings
› 7 Veranstaltungsräume für bis zu 300 Personen

Wir beraten Sie gern, damit Ihre Tagungen erfolgreich verlaufen!
Wir freuen uns auf Ihren Besuch.

Messe- und Tagungshotel Zum Taunus
61348 Bad Homburg . info@zum-taunus.de

Sie arbeiten in einer mittelgroßen Import-/Exportfirma. Sie suchen ein Tagungshotel mit einem Veranstaltungsraum für fünf Personen für den Zeitraum vom 2. bis 6. Oktober.

Schreiben Sie an das Hotel und berücksichtigen Sie die folgenden vier Punkte:

- erläutern Sie die Situation
- Freizeitangebote
- Wünsche an den Veranstaltungsraum
- Preise

Bevor Sie den Brief schreiben, überlegen Sie sich die passende **Reihenfolge der Punkte,** eine passende **Einleitung** und einen passenden **Schluss.** Vergessen Sie auch nicht **Datum** und **Anrede.**

Mündliche Prüfung

ca. 3′

Teilnehmer/in A und B

Teil 1: Kontaktaufnahme

Unterhalten Sie sich mit Ihrer Partnerin bzw. Ihrem Partner über folgende Themen:

- Name
- woher sie oder er kommt
- wie sie oder er wohnt (Wohnung, Haus, Garten …)
- Familie
- wo sie oder er Deutsch gelernt hat
- was sie oder er macht (Beruf, Arbeit, Ausbildung …)
- ob ihr/ihm der Beruf Spaß macht
- was ihr/sein Traumberuf ist
- Sprachen (welche? wie lange? warum?)

Die Prüfenden können außerdem noch weitere Fragen stellen, z. B.:

- wie Sie das Wochenende verbringen
- wie Sie den Feierabend verbringen
- welche Hobbys Sie haben

Modelltest 3

Mündliche Prüfung Teil 2

Teilnehmer/in A  ca. 6'

Teil 2: Gespräch über ein Thema

Sie haben in einer Zeitschrift etwas zum Thema „Sicherer Arbeitsplatz oder höhere Löhne" gelesen.

Berichten Sie Ihrer Partnerin bzw. Ihrem Partner, welche Informationen Sie haben.

Ihre Partnerin bzw. Ihr Partner hat zum selben Thema andere Informationen und berichtet auch darüber. Unterhalten Sie sich danach über das Thema. Erzählen Sie von persönlichen Erfahrungen, stellen Sie Fragen und reagieren Sie auf die Fragen Ihrer Partnerin bzw. Ihres Partners.

Ich arbeite in einem großen Metallunternehmen. Bei den letzten Tarifverhandlungen hat die Gewerkschaft mit großer Mehrheit zugestimmt, dass die Arbeitnehmer in den nächsten zwei Jahren auf Urlaubs- und Weihnachtsgeld verzichten und die Gehälter nur sehr gering steigen werden. Als Gegenleistung wird es keine Betriebsschließungen geben. Natürlich bin ich nicht glücklich darüber, dass mein Lohn nicht steigt, aber ein sicherer Arbeitsplatz ist mir wichtiger.

Hanna Aygen (39 Jahre, Schweißerin)

Modelltest 3
Mündliche Prüfung Teil 2

Teilnehmer/in B

Teil 2: Gespräch über ein Thema

Sie haben in einer Zeitschrift etwas zum Thema „Sicherer Arbeitsplatz oder höhere Löhne" gelesen.

Berichten Sie Ihrer Partnerin bzw. Ihrem Partner, welche Informationen Sie haben.

Ihre Partnerin bzw. Ihr Partner hat zum selben Thema andere Informationen und berichtet auch darüber. Unterhalten Sie sich danach über das Thema. Erzählen Sie von persönlichen Erfahrungen, stellen Sie Fragen und reagieren Sie auf die Fragen Ihrer Partnerin bzw. Ihres Partners.

In meinem Betrieb hat die Gewerkschaft deutlich höhere Löhne gefordert. Das finde ich richtig. Man darf nicht vergessen, dass die Löhne in Deutschland in den letzten Jahren kaum noch gestiegen sind, und wenn, dann nicht so viel, dass die Preissteigerung ausgeglichen wurde.

Auf der anderen Seite haben die Unternehmen große Gewinne gemacht. Mir reicht mein Lohn kaum noch zum Leben. Außerdem ist es auch wichtig, dass die Leute mehr Geld bekommen, dann können sie mehr ausgeben und das hilft der Wirtschaft.

Martin Enders (44 Jahre, Kundenberater in einem Telefonunternehmen)

Modelltest 3

Mündliche Prüfung Teil 3

Teilnehmer/in A und B

ca. 6'

Teil 3: Gemeinsam eine Aufgabe lösen

Ihre Firma ist gerade in neue Geschäftsräume gezogen. Alles ist fertig renoviert und die Geschäftsführung möchte das mit Kunden und Geschäftspartnern am Samstag, dem 8. Dezember, feiern. Ungefähr 20 bis 25 Gäste sollen eingeladen werden.

Sie sollen diese Einweihungsfeier organisieren.

Hier einige Punkte, die Ihnen bei der Planung helfen:

- Einrichtung der Geschäftsräume, Dekoration
- Essen und Trinken
- Musik
- Reden
- einladen: wie? (Brief, E-Mail …), wann?
- …
- …

Entscheiden Sie zuerst, was Sie machen möchten und warum.

Tragen Sie Ihrem Partner bzw. Ihrer Partnerin Ihre Ideen vor und begründen Sie sie.

Reagieren Sie auf die Ideen Ihres Partners bzw. Ihrer Partnerin und die Begründungen.

Einigen Sie sich auf gemeinsame Vorschläge.

Leseverstehen Teil 1

Lesen Sie die folgenden fünf Texte. Es fehlt jeweils der Betreff. Entscheiden Sie, welcher Betreff (a–j) am besten zu welcher Betreffzeile (1–5) passt.
Tragen Sie Ihre Lösungen für die Aufgaben 1–5 in den Antwortbogen ein.

1. Betreff:

Sehr geehrter Herr Schneider,

Sie haben im letzten Jahr über unseren Messeservice Zimmer für die Messe heizen+bauen Rosenheim gebucht. Gerne teilen wir Ihnen mit, dass noch Zimmer für die diesjährige heizen+bauen verfügbar sind. Bei Interesse wenden Sie sich bitte per Fax an 08031-6522347.

Vielen Dank.
Mit freundlichen Grüßen
Herbert Obermark
Messeservice Rosenheim

2. Betreff:

Sehr geehrte Damen und Herren,

vielen Dank für Ihre Nachricht. Ich bin im Urlaub und werde am Montag, den 17.12., wieder am Schreibtisch sein und Ihre E-Mails dann möglichst schnell bearbeiten. E-Mails werden in der Zwischenzeit nicht weitergeleitet. Bitte wenden Sie sich in dringenden Fällen an meine Kollegin Dagmar Hentschel (d.hentschel@wfk.de).

Vielen Dank.
Mit freundlichen Grüßen
René Vauban, Projektleiter wfk

3. Betreff:

Liebe Frau Groß,

das Zimmer im Hotel Best-in-Town in Mannheim wurde verbindlich für Sie gebucht. Die Buchungsmitteilung erhält das Hotel automatisch. Wir wünschen Ihnen einen angenehmen Aufenthalt! Bei weiteren Wünschen oder Fragen zu Ihrem Hotelaufenthalt setzen Sie sich bitte direkt mit dem Hotel in Verbindung:

Hotel Best-in-Town – Alte Frankfurter Straße 12
68305 Mannheim – Tel.: 0621 66 73 29

Viele Grüße
Peter Bachmann

4. Betreff:

Liebe Kolleginnen und Kollegen,

um die Sicherheit unserer Firewall auf den neusten Stand zu bringen und neue Software einzuspielen, müssen wir am Montag, den 6. August, in der Zeit von 18 bis 24 Uhr Arbeiten an der gesamten EDV-Anlage durchführen. Bitte haben Sie Verständnis dafür, wenn es am genannten Abend zu Problemen mit der Internetverbindung kommt. Am Dienstag, den 7. August, werden Sie ab Arbeitsbeginn wieder eine stabile Arbeitsumgebung vorfinden.

Mit freundlichen Grüßen
Ihre Systemadministration

5. Betreff:

Liebe Kolleginnen und Kollegen,

wir möchten Sie darüber informieren, dass die Büros in Zukunft nicht mehr am späten Nachmittag, sondern früh morgens, ab 5:00 Uhr, saubergemacht werden. Ausgenommen sind die Sanitärräume und Teeküchen, die wie bisher abends geputzt werden. Die Firma „blitz und blank", die die Arbeiten durchführt, besitzt einen Generalschlüssel.

Mit freundlichen Grüßen
Jessica von Hohl

Modelltest 4

Leseverstehen Teil 1

a Abwesenheitsnotiz

b Buchungsangebot

c Bitte um Zimmerbuchung

d Ordnung in der Teeküche

e Reservierungsbestätigung

f Reinigungsarbeiten

g Rechnung Zimmerbuchung

h Sicherheitshinweise EDV

i Urlaubsregelung

j Wartungsarbeiten

Modelltest 4

Leseverstehen Teil 2

Leseverstehen Teil 2

ca. 35'

Lesen Sie die E-Mails und die Aufgaben 6–10. Welche Lösung (a, b oder c) ist jeweils richtig?
Markieren Sie Ihre Lösungen für die Aufgaben 6–10 auf dem Antwortbogen.

Von: Yvonne-Koch@schreiner.de
An: peter.loschka@design&co.de
Betreff: Ihre E-Mail vom 20. September

Sehr geehrter Herr Loschka,

vielen Dank für Ihre E-Mail.

Wir würden gern einige Werbeartikel aus Ihrem Onlinekatalog bestellen, haben außerdem aber noch eine konkrete Frage: Wären Sie auch in der Lage, Textildruck durchzuführen? In Ihrem Onlinekatalog haben wir dazu keine Informationen gefunden. Wir würden gern als Firmenwerbung Arbeitskleidung mit unserem Firmenlogo bedrucken. Hierzu haben wir einige Ideen entwickelt, die wir gerne mit Ihnen persönlich in unserem Hause besprechen würden. Wir haben auch daran gedacht, unsere Sicherheitswesten mit einem Firmenaufdruck zu versehen, wobei wir hier nur wenige Exemplare (5-10 Stück) benötigen würden. Gäbe es für ein solches Produkt eine Mindestbestellmenge?

Mit freundlichen Grüßen
Yvonne Koch

Peter Loschka schrieb:

> Sehr geehrte Damen und Herren,

> haben Sie auch schon mal daran gedacht, Ihr Unternehmen Ihren Kunden neu zu präsentieren?
> Suchen Sie hierfür Werbe- und Geschenkartikel, durch die Ihre Kunden direkt angesprochen
> werden? Dann sind Sie bei uns an der richtigen Adresse.

> Sie finden bei uns über 500 Werbeartikel für alle Altersgruppen. Vom klassischen Kugelschreiber
> und Schlüsselanhänger bis zum USB-Stick – alle Produkte mit Ihrem individuellen Firmenlogo
> versehen. Klicken Sie einfach auf „Produkte" und stöbern Sie in unserem Online-Katalog.

> Wir entwickeln auch gerne mit Ihnen gemeinsam Ideen für Ihre Kundenwerbung. Als Spezialist für
> Sonderanfertigungen arbeiten wir mit Werbeexperten und Produktdesignern zusammen. Außerdem
> verfügen wir über eine eigene Druckproduktion und Partner in zahlreichen Handwerksbereichen.
> Wenn Ihre Vorstellungen von Ihrem Werbeartikel noch nicht ganz konkret sind, entwickeln wir gern
> mit Ihnen gemeinsam ein Konzept. Setzen Sie sich mit uns in Verbindung und vereinbaren Sie
> einen persönlichen Besprechungstermin.

> Wir arbeiten besonders kostengünstig. Überzeugen Sie sich selbst. Blättern Sie in unserem Online-
> Katalog. Auf alle Preise geben wir bei Onlinebestellungen noch in diesem Monat außerdem einen
> Rabatt von 10%. Dieses Angebot gilt nicht für bereits reduzierte Waren. Unsere Preise für
> Sonderanfertigungen und Konzeptentwicklung teilen wir Ihnen auf Anfrage gern mit. Unsere Artikel
> richten sich nur an Handwerk, Industrie, Handel und sonstige Gewerbebetriebe, nicht an
> Privatkunden.

> Wir hoffen, dass wir Ihr Interesse wecken konnten, und freuen uns auf Ihre Anfrage.

> Mit freundlichen Grüßen
> Peter Loschka
> Kundenservice Design&co

Modelltest 4

Leseverstehen Teil 2

Achtung!
Die Aufgaben stehen nicht immer in derselben Reihenfolge wie die Informationen im Text.

6. Die Firma Design & Co
   a möchte USB-Sticks bestellen.
   b sucht einen Partner für die Entwicklung von Firmenlogos.
   c sucht Kunden.

7. Herr Loschka von der Firma Design & Co bietet an,
   a Druckereien und Handwerksbetriebe zu beraten.
   b Ideen zu entwickeln.
   c Kunden bei der Produktion zu unterstützen.

8. Herr Loschka weist darauf hin,
   a dass der aktuelle Preisnachlass von 10% für alle Produkte gilt.
   b dass man als Privatkunde leider keinen Rabatt bekommen kann.
   c dass man im Moment bei Onlinebestellungen Geld sparen kann.

9. Frau Koch schreibt Herrn Loschka,
   a dass sie Interesse an seinem Angebot hat.
   b dass sie Kontakt mit der Textildruckerei von Design & Co aufnehmen möchte.
   c dass sie mit den Angeboten im Online-Katalog nicht zufrieden ist.

10. Sie bittet außerdem
    a um ein Angebot für sichere Arbeitskleidung.
    b um den Besuch eines Mitarbeiters von Design & Co.
    c um einen Rabatt bei größeren Bestellungen.

Modelltest 4

Leseverstehen Teil 3

Leseverstehen Teil 3

ca. 15'

Lesen Sie die Situationen 11–20 und die Anzeigen a–l. Finden Sie für jede Situation die passende Anzeige. Sie können jede Anzeige nur einmal benutzen.
Markieren Sie Ihre Lösungen für die Aufgaben 11–20 auf dem Antwortbogen.
Wenn Sie zu einer Situation keine Anzeige finden, markieren Sie x.

11. Sie arbeiten in einer Speditionsfirma und suchen neue Kunden.

12. Ihr Sohn möchte gern im Hotel arbeiten. Er hat noch keine Berufserfahrung. Sie suchen für ihn eine Stelle.

13. Ihre Baufirma sucht einen Dienstleister, der Abfälle abholt.

14. Sie interessieren sich für einen Sportberuf.

15. Sie möchten Messepartner zum Abendessen in ein Restaurant einladen.

16. Sie möchten sich gemeinsam mit Ihren Kollegen aus dem Krankenhaus sportlich betätigen.

17. Sie sollen auf einer Messe Produkte Ihrer Firma vorstellen und brauchen Hilfe.

18. Sie suchen eine Stelle als LKW-Fahrer. Sie haben den Führerschein C1.

19. Sie suchen eine Stelle als Restaurantfachkraft in Vollzeit.

20. Sie suchen für Ihre Firma umweltfreundliches Baumaterial.

Modelltest 4
Leseverstehen Teil 3

a) Berufsinformation der Bundesagentur für Arbeit:
Fitnesstrainer/innen vermitteln die richtigen Trainingsmethoden an Fitnessgeräten zur Steigerung der körperlichen Ausdauer, zur Prävention und Rehabilitation.
www.berufenet.arbeitsagentur.de

b) Containerdienst Oechsler
Ihr Partner bei umweltfreundlicher Entsorgung und Verwertung von Abfall und Reststoffen. Bestellen Sie Container in den Größen 1–40 m³.
✓ Abfall-, Metall- und Altpapierverwertung
✓ Holz- und Bauschuttrecycling
www.containerdienst-oechsler.de

c) Gesucht
Servicekräfte für die Gastronomie (m/w)
Für die verschiedensten Aufgabengebiete suchen wir ab sofort flexible Servicekräfte mit Berufserfahrung. Festanstellung, auf Wunsch auch auf 400-Euro-Basis (Minijob).
Maier-Personalvermittlung
info@maier-pv.de

d) Einladung zum Betriebssport:
Immer freitags von 17 bis 19 Uhr:
Konditionstraining, Kraftaufbau und Spaß dabei!
Alle Mitarbeiter sind herzlich eingeladen. Wir freuen uns über alle, die mitmachen möchten.
Verwaltung St.-Josef Krankenhaus

e) Weiterbildungsseminare Berufskraftfahrer
Seit September 2009 müssen Inhaber der Fahrerlaubnisklassen C1/C1E und C/CE (ab 3,5 Tonnen) alle 5 Jahre eine Weiterbildung absolvieren. Unsere Seminare gelten als Weiterbildungsnachweis.
Fahrschule Berger
Tel.: 0161 2366182

f) Wir bilden aus:
• Koch/Köchin
• Restaurantfachfrau/-fachmann
• Hotelkaufmann/-kauffrau
Ausbildungsbeginn im November
Bewerbungen an:
Hotel Vier Jahreszeiten
Postfach 2300
60312 Frankfurt am Main

g) Fachhandel Öko-Baustoffe
✿ Naturbaustoffe ✿ Energieberatung
✿ Wassertechnik
✿ Vertrieb von Naturwerkstoffen aller Art
Alsfelder Straße 15 – 64289 Darmstadt

h) innovativa GmbH
Wir sorgen dafür, dass Ihr Messeauftritt, Ihre Veranstaltung oder Ihre Ausstellung zu einem Erlebnis wird.
Schicken Sie uns Ihr Material (Texte, Grafiken, Fotos, Videos) und wir erstellen für Sie interaktive Präsentationen.
→ www.innovativa.de

i) Fit und gesund am Arbeitsplatz
Mit der neuen Büro-Diät von Dr. Paul können Sie kinderleicht abnehmen.
Tipps für eine gesündere Ernährung kostenlos unter www.fit-bei-der-arbeit.de
Ihr Körper wird es Ihnen danken.

j) Messe Catering
✻ Rund-um-die-Uhr-Service ✻
von Fingerfood bis zum Sterne-Menü:
Wir liefern alles, damit Ihre Gäste und Sie verwöhnt werden.
Besuchen Sie unsere Website:
www.messe-catering-leipzig.de

k) Schober Messeservice
Komplette Logistiklösungen für Ihren Messeauftritt.
Verpackung und Transport, Lagern und Sichern.
♦ Abholung und Rücktransport Ihres Messegutes
♦ Lagerung nach Ende der Messe
♦ Bereitstellung von Arbeitskräften und Ladegeräten

l) Für unsere **Transporte nach England und in die Beneluxstaaten** suchen wir kostengünstige Firmen mit EU-Lizenz.
Wir freuen uns auf Ihren Anruf unter **Tel. 0151-4456788.**

Modelltest 4

Sprachbausteine Teil 1

Lesen Sie den Text und schließen Sie die Lücken 21–30. Welche Lösung (a, b oder c) ist jeweils richtig? Markieren Sie Ihre Lösungen für die Aufgaben 21–30 auf dem Antwortbogen.

Einladung zur Betriebsversammlung

Liebe Kolleginnen und Kollegen,

hiermit laden wir als Betriebsrat alle Kolleginnen und Kollegen zu __21__ Betriebsversammlung am Dienstag, den 6. Dezember, um 14 Uhr in Saal 120, Hauptgebäude ein.

Wir teilen __22__ folgende Tagesordnung mit:

1. Begrüßung durch den Betriebsrat
2. Tätigkeitsbericht des Betriebsrats
3. Einführung __23__ Maschinen im Betrieb
4. Diskussion über Sicherheit am Arbeitsplatz
5. Bericht der Geschäftsführung __24__ die wirtschaftliche Lage und Personalplanung

Vorschläge zur Diskussion weiterer Punkte können schriftlich oder mündlich beim Betriebsrat __25__ werden.

Wir möchten __26__ hinweisen, dass die Teilnahme an der Betriebsversammlung gemäß § 44 Abs.1 BetrVG als Arbeitszeit gerechnet wird. Dies __27__ auch für Kollegen und Kolleginnen, die sich in Erholungsurlaub oder Elternzeit befinden __28__ für Teilzeitbeschäftigte.

Kolleginnen und Kollegen, die __29__ Dienst haben und an der Versammlung teilnehmen, haben Anspruch auf Freizeitentschädigung.

Wir hoffen, dass Sie __30__ zahlreich erscheinen und verbleiben mit kollegialem Gruß

Petra Braun
Betriebsratsvorsitzende

21
a eine
b einem
c einer

22
a Ihnen
b Ihr
c Sie

23
a neue
b neuen
c neuer

24
a auf
b über
c von

25
a gemeldet
b melden
c meldet

26
a daran
b darauf
c damit

27
a gelten
b gegolten
c gilt

28
a sodass
b sowie
c sowohl

29
a kein
b keine
c keinen

30
a alle
b allen
c alles

Modelltest 4

Sprachbausteine Teil 2

Lesen Sie den Text und schließen Sie die Lücken 31–40. Benutzen Sie die Wörter a–o. Jedes Wort passt nur einmal.
Markieren Sie Ihre Lösungen für die Aufgaben 31–40 auf dem Antwortbogen.

Sehr geehrte Frau Reinders,

bezugnehmend auf Ihre __31__ vom 27. August freuen wir uns, Ihre Reservierung __32__ zu können: 4 Einzelzimmer vom 3.–7. September, also 4 Nächte für je 85 Euro pro Person.

Im Preis __33__ sind: Frühstück, Internet, Kabelfernsehen. Alle Zimmer sind __34__ mit Dusche/Bad, WC, Telefon, TV, W-LAN. Das Hotel __35__ über einen bewachten Parkplatz für unsere Hotelgäste. Einfahrtickets erhalten Sie an der Rezeption.

Pro Zimmer muss bis zum 1. September eine __36__ in Höhe von 170 Euro (also 50% der Gesamtsumme pro Zimmer) gezahlt werden. Wir bitten Sie also, für alle Zimmer zusammen 680 Euro zu überweisen.

Ihre Reservierung ist mit dieser Bestätigung __37__. Sie können die Reservierung bis 3 Tage vor der Anreise __38__ stornieren. Danach müssen wir 80% des vereinbarten Zimmerpreises in Rechnung __39__.

Wir __40__ Ihnen einen angenehmen Aufenthalt in unserem Haus.

Mit freundlichen Grüßen

Laura Mol

Direktion

Hotel Zur Sonne

a	Anfrage	f	befestigen	k	setzen
b	Anzahlung	g	bestätigen	l	stellen
c	Anzeige	h	enthalten	m	verbindlich
d	ausgestattet	i	kostenlos	n	verfügt
e	Auszahlung	j	möchten	o	wünschen

Hörverstehen Teil 1

47 Sie hören die Aussagen von fünf Personen. Sie hören die Aussagen nur einmal. Entscheiden Sie beim Hören, ob die Aussagen 41–45 richtig (+) oder falsch (-) sind.
Markieren Sie Ihre Lösungen für die Aufgaben 41–45 auf dem Antwortbogen.

Lesen Sie jetzt die Aufgaben 41–45. Sie haben dazu 30 Sekunden Zeit.

41. Jens Hübner fährt mit dem Auto und mit öffentlichen Verkehrsmitteln zur Arbeit.

42. Frau Roth fährt nicht gern mit dem Zug.

43. Heinz Sittin hat mit seinem Chef eine Lösung gefunden.

44. Frau Lorenzo hat die Stelle gewechselt, um nicht mehr so einen weiten Arbeitsweg zu haben.

45. Karsten Baumbergers Situation hat sich nicht verbessert, seit er sich mit anderen ein Auto teilt.

Modelltest 4

Hörverstehen Teil 2

48–49 Sie hören ein Gespräch. Sie hören das Gespräch zweimal. Entscheiden Sie beim Hören, ob die Aussagen 46–55 richtig (+) oder falsch (-) sind.
Markieren Sie Ihre Lösungen für die Aufgaben 46–55 auf dem Antwortbogen.

Lesen Sie jetzt die Aufgaben 46–55. Sie haben dazu eine Minute Zeit.

46. Frau Groß und Herr Heine haben schon öfter für Öko-Tourista gearbeitet.

47. Öko-Tourista möchte auf der Messe vor allem freundliche Lichteffekte haben.

48. Herr Heine schlägt vor, dass man den Messestand aufteilt.

49. Die Schreinerei ist momentan im Urlaub.

50. Die Messebaufirma kann dem Kunden erst später mitteilen, wie teuer die Arbeiten werden.

51. Frau Groß kümmert sich um die Kontakte zum Kunden und zum Elektriker.

52. Herr Heine ist auch gelernter Elektriker.

53. Frau Groß sagt, dass auf der Tourismusmesse keine Objekte an die Decke gehängt werden dürfen.

54. Herr Heine hat die Idee, älteres Material noch einmal zu verwenden.

55. Die Firma Öko-Tourista arbeitet in ihrer Werbung mit einer bestimmten Farbe.

Modelltest 4
Hörverstehen Teil 3

Hörverstehen Teil 3

50–59 Sie hören fünf kurze Texte. Sie hören die Texte zweimal. Entscheiden Sie beim Hören, ob die Aussagen 56–60 richtig (+) oder falsch (-) sind.
Markieren Sie Ihre Lösungen für die Aufgaben 56–60 auf dem Antwortbogen.

Lesen Sie jetzt die Aufgabe 56.

56. Der Anrufer bittet Sie, Arbeit für ihn zu übernehmen.

57. Herr Stein wartet auf einen Rückruf.

58. Frau Remscheid hört bald auf zu arbeiten.

59. Frau Gerber fliegt nach Berlin.

60. Ab sofort verdienen Gebäudereiniger in Ost- und Westdeutschland gleich viel.

Schriftlicher Ausdruck

In einer Zeitschrift finden Sie folgende Anzeige:

> **NI HAO! CHINESISCH FÜR DEN BERUF**
>
> - speziell für Geschäftsleute
> - für Anfänger und Fortgeschrittene
> - kleine Gruppen
> - Erwerb von Grundkenntnissen für Beruf und Alltag
> - Kurse in den Räumen Ihrer Firma
> - interkulturelles Training
>
> Auch als Anfänger können Sie bei uns schnell nützliche Kenntnisse der chinesischen Sprache erwerben.
>
> Neben der perfekten Begrüßung Ihrer Geschäftskunden trainieren wir wichtige Situationen aus dem Berufsleben und informieren Sie auch über interkulturelle Stolpersteine.
>
> **Ni hao – Institut für chinesische Sprache und Kultur**
> **Fahrgasse 15 – 60311 Frankfurt**

Sie arbeiten in einer Import-/Exportfirma, die seit einiger Zeit Geschäfte mit chinesischen Firmen macht. Sie haben gemerkt, dass Kenntnisse der chinesischen Sprache und Kultur dafür sehr hilfreich wären. Ihre Verkaufsleiter (4 Personen) sollen nun in kurzer Zeit Grundkenntnisse der chinesischen Sprache erwerben.

Schreiben Sie an die Sprachschule Ni hao und berücksichtigen Sie die folgenden Punkte:

- erläutern Sie die Situation
- Kurse in Ihrer Firma: am liebsten früh morgens oder am Wochenende
- interkulturelles Training: Preis, Methoden
- Fachvokabular für Verkaufsgespräche gewünscht

Bevor Sie den Brief schreiben, überlegen Sie sich die passende **Reihenfolge der Punkte,** eine passende **Einleitung** und einen passenden **Schluss.** Vergessen Sie auch nicht **Datum** und **Anrede.**

Modelltest 4
Mündliche Prüfung Teil 1

Mündliche Prüfung

ca. 3'

Teilnehmer/in A und B

Teil 1: Kontaktaufnahme

Unterhalten Sie sich mit Ihrer Partnerin bzw. Ihrem Partner über folgende Themen:

- Name
- woher sie oder er kommt
- wie sie oder er wohnt (Wohnung, Haus, Garten …)
- Familie
- wo sie oder er Deutsch gelernt hat
- was sie oder er macht (Beruf, Arbeit, Ausbildung …)
- welche beruflichen Pläne er/sie für die Zukunft hat
- Sprachen (welche? wie lange? warum?)

Die Prüfenden können außerdem noch weitere Fragen stellen, z. B.:

- wie Sie das Wochenende verbringen
- welche Hobbys Sie haben
- wie Sie den Urlaub verbringen
- welche Interessen Sie haben

Modelltest 4
Mündliche Prüfung Teil 2

Teilnehmer/in A   ca. 6'

Teil 2: Gespräch über ein Thema

Sie haben in einer Zeitschrift etwas zum Thema „Berufe, über die man selten spricht" gelesen.

Berichten Sie Ihrer Partnerin bzw. Ihrem Partner, welche Informationen Sie haben.

Ihre Partnerin bzw. Ihr Partner hat zum selben Thema andere Informationen und berichtet auch darüber. Unterhalten Sie sich danach über das Thema. Erzählen Sie von persönlichen Erfahrungen, stellen Sie Fragen und reagieren Sie auf die Fragen Ihrer Partnerin bzw. Ihres Partners.

Früher hatte ich einen Beruf in der Stadtverwaltung. Irgendwann gab mir meine Arbeit nicht mehr viel Sinn, ich wollte unbedingt etwas mit den Händen machen. Da bin ich auf die Idee gekommen, eine Lehre als Bootsbauerin zu machen. Diese Entscheidung habe ich wirklich nicht eine Sekunde bereut! Mein Beruf ist sehr abwechslungsreich: Ich übernehme alles von der Projektierung bis zum Bau der Boote selber und ich arbeite mit ganz verschiedenen Materialien. Am liebsten arbeite ich natürlich mit Holz, das ist einfach der schönste Baustoff!

Obwohl mein Handwerk schon sehr alt ist, sind viele Leute erstaunt, wenn ich von meinem Beruf erzähle. Aber dann sind sie meistens ganz begeistert und bekommen leuchtende Augen. Ich finde es toll, einen so seltenen und schönen Beruf zu haben!

Alice Schwarz (31 Jahre)

Modelltest 4

Mündliche Prüfung Teil 2

Teilnehmer/in B

ca. 6′

Teil 2: Gespräch über ein Thema

Sie haben in einer Zeitschrift etwas zum Thema „Berufe, über die man selten spricht" gelesen.

Berichten Sie Ihrer Partnerin bzw. Ihrem Partner, welche Informationen Sie haben.

Ihre Partnerin bzw. Ihr Partner hat zum selben Thema andere Informationen und berichtet auch darüber. Unterhalten Sie sich danach über das Thema. Erzählen Sie von persönlichen Erfahrungen, stellen Sie Fragen und reagieren Sie auf die Fragen Ihrer Partnerin bzw. Ihres Partners.

Ich bin Milchtechnologe von Beruf und bevor Sie jetzt fragen, was das sein soll, erkläre ich es lieber selbst: Als Milchtechnologe ist man dafür zuständig, Rohmilch zu Milchprodukten zu verarbeiten. Außerdem führen wir Qualitätskontrollen durch und kümmern uns um Verpackung und Lagerung von Milchprodukten. Ich liebe meinen Beruf! Ich liebe Milch und alle Milchprodukte, vor allem guten Käse. Aber es stört mich oft, dass ich allen anderen immer lang und breit erklären muss, was ich eigentlich mache. Einige Leute lachen mich dann sogar aus! Dann wünsche ich mir manchmal, ich hätte einen ganz normalen Beruf.

Rainer Siegloch (25 Jahre)

Modelltest 4

Mündliche Prüfung Teil 3

Teilnehmer/in A und B   ca. 6′

Teil 3: Gemeinsam eine Aufgabe lösen

Sie arbeiten in einer Firma, die Fruchtsäfte herstellt. Ihre Firma hat Geschäftspartner zu einer Betriebsbesichtigung eingeladen. In Ihrer Firma gibt es ein eigenes Besucherzentrum.

Ihre Aufgabe ist es, diesen Besuch zu organisieren.

Hier einige Punkte, die Ihnen bei der Planung helfen.

- Ausstattung des Besucherzentrums?
- Werbematerial, Filme …?
- Führung durch Produktionsabteilung und Labor: Wer? Wie lange? Vor oder nach dem Essen?
- Gemeinsame Mahlzeit?
- Werbegeschenke?
- …
- …

Entscheiden Sie zuerst, was Sie machen möchten und warum.

Tragen Sie Ihrem Partner bzw. Ihrer Partnerin Ihre Ideen vor und begründen Sie sie.

Reagieren Sie auf die Ideen Ihres Partners bzw. Ihrer Partnerin und die Begründungen.

Einigen Sie sich auf gemeinsame Vorschläge.

Bewertung

Übersicht

Bewertung der Prüfung telc Deutsch B1+ Beruf

Schriftliche Prüfung

Leseverstehen	Teil 1	25 Punkte		
	Teil 2	25 Punkte		
	Teil 3	25 Punkte		
			Insgesamt	75 Punkte
Sprachbausteine	Teil 1	15 Punkte		
	Teil 2	15 Punkte		
			Insgesamt	30 Punkte
Hörverstehen	Teil 1	25 Punkte		
	Teil 2	25 Punkte		
	Teil 3	25 Punkte		
			Insgesamt	75 Punkte
Schriftlicher Ausdruck				45 Punkte
Schriftliche Prüfung				**225 Punkte**

Mündliche Prüfung

	Teil 1	15 Punkte	
	Teil 2	30 Punkte	
	Teil 3	30 Punkte	
Mündliche Prüfung			**75 Punkte**

Gesamtpunktzahl			**300 Punkte**

Um die Prüfung zu bestehen, müssen Sie sowohl in der schriftlichen als auch in der mündlichen Prüfung mindestens 60 % der Punkte erreichen (135 und 45 Punkte, insgesamt also 180 Punkte).

Für die erreichten Punkte können Sie folgende Noten bekommen:
300 – 270 Punkte   sehr gut
269,5 – 240 Punkte   gut
239,5 – 210 Punkte   befriedigend
209,5 – 180 Punkte   ausreichend

7 Bewertung

Schriftlicher Ausdruck

Schriftlicher Ausdruck

Dieser Prüfungsteil (Brief) wird nach den folgenden drei Kriterien bewertet:
1. Berücksichtigung der Leitpunkte (maximal 5 Punkte)
2. Kommunikative Gestaltung (maximal 5 Punkte)
3. Formale Richtigkeit (maximal 5 Punkte)

Die Gesamtpunktzahl (maximal 15 Punkte) wird am Ende mit 3 multipliziert, sodass man höchstens 45 Punkte erhalten kann.

1. Berücksichtigung der Leitpunkte

Es ist wichtig, dass Sie alle vier Themenpunkte behandeln und keinen Punkt vergessen. Versuchen Sie, zu jedem Punkt zwei Sätze zu schreiben.

Lesen Sie vorher die Situation genau durch. Wenn Sie die Situation falsch verstanden haben, kann es sein, dass Sie keinen Punkt richtig behandelt haben. Auch wenn Ihr Brief gut geschrieben ist, ist es möglich, dass Sie das Thema verfehlt haben und für dieses Kriterium 0 Punkte bekommen.

2. Kommunikative Gestaltung

Bewertet wird, ob die thematischen Punkte und die Sätze des Briefes sinnvoll und richtig verknüpft sind: Ist der Brief logisch aufgebaut? Gibt es eine passende Einleitung, einen passenden Schlusssatz? Stimmt die Datumsangabe? Stimmt der Adressatenbezug (Anrede „du" oder „Sie")?

3. Formale Richtigkeit

Bewertet werden Syntax, Morphologie und Orthografie/Interpunktion.
Fehler in der Syntax sind Fehler im Satzbau, z. B. Stellung des Verbs in Haupt- und Nebensätzen.
Fehler in der Morphologie sind Fehler bei den Wortformen, z. B. bei den Verbformen.
Fehler in der Orthografie sind Schreibfehler, z. B. Groß- und Kleinschreibung.
Fehler in der Interpunktion sind falsche Satzzeichen, z. B. fehlende Fragezeichen oder fehlende Kommas.

Wir möchten Ihnen jetzt zwei Antworten zum Prüfungsbeispiel auf Seite 46 zeigen und Ihnen einige Beispiele für die Bewertung geben.

Bewertung
Schriftlicher Ausdruck

Brief: Beispiel 1

Themenpunkte

Ihre Reklamation vom 27.4.20...   Bonn

Sehr geehrte Frau Selig,

1 Bitte entschuldigen Sie die Falschlieferung durch unser <u>u</u>nternehmen. Es tut uns sehr leid, da<u>s</u> wir Ihnen Unannehmlichkeiten gemacht haben.

2 Der Grund für die Falschlieferung war ein Fehler in unsere<u>n</u> Computerprogramm. Wir arbeiten erst seit einem Monat mit dem neuen Programm, deshalb passieren uns leider noch manchmal Fehler.

3 Natürlich werden wir unseren Fehler korrigieren und Ihnen sofort die bestellten Wäschewagen schicken. Sie sind sicher spätestens Ende der Woche bei Ihnen.

4 Außerdem möchten wir uns gerne mit eine<u>n</u> kleinen Geschenk bei Ihnen entschuldigen. Bitte suchen Sie sich aus unserem Katalog etwas im Wert von bis zu 100 Euro aus. Glauben Sie, dass Sie etwas Nützliches finden<u>.</u> Wir hoffen es.

Mit freundlichen Grüßen

Anja Ranitzki

Brief 1 korrigiert:

Ihre Reklamation vom 27.4.20...   Bonn, 30.4.20...

Sehr geehrte Frau Selig,

bitte entschuldigen Sie die Falschlieferung durch unser Unternehmen. Es tut uns sehr leid, das**s** wir Ihnen Unannehmlichkeiten gemacht haben.

Der Grund für die Falschlieferung war ein Fehler in unsere**m** Computerprogramm. Wir arbeiten erst seit einem Monat mit dem neuen Programm, deshalb passieren uns leider noch manchmal Fehler.

Natürlich werden wir unseren Fehler korrigieren und Ihnen sofort die bestellten Wäschewagen schicken. Sie sind sicher spätestens Ende der Woche bei Ihnen.

Außerdem möchten wir uns gerne mit eine**m** kleinen Geschenk bei Ihnen entschuldigen. Bitte suchen Sie sich aus unserem Katalog etwas im Wert von bis zu 100 Euro aus. Glauben Sie, dass Sie etwas Nützliches finden**?** Wir hoffen es.

Mit freundlichen Grüßen

Anja Ranitzki

Dieser Brief ist ein Beispiel für eine sehr gute Leistung. Alle Punkte, links markiert, sind behandelt, Punkt 2 und 4 sehr ausführlich.
Bewertungskriterium 1: *Berücksichtigung der Leitpunkte*   5 Punkte

Die Punkte und die einzelnen Sätze sind sinnvoll verknüpft. Der Brief ist logisch und klar aufgebaut. Der Brief enthält einen Betreff, eine passende Einleitung und einen passenden Schluss. Punktabzug gibt es für das fehlende Datum.
Bewertungskriterium 2: *Kommunikative Gestaltung*   4 Punkte

7 Bewertung
Schriftlicher Ausdruck

Der Brief enthält wenige Fehler in der Groß- und Kleinschreibung, Zeichensetzung und in der Morphologie (Kasus).
Bewertungskriterium 3: *Formale Richtigkeit*   4 Punkte

Insgesamt 13 x 3 = 39 Punkte

Brief: Beispiel 2

Themenpunkte

Eure Reklamation vom 27.4.20…   Bonn, 30.4.20…

Sehr geehrte Frau Selig,

1   Bitte entschuldigen Sie Falschlieferung durch unseren unternemen. Es tut uns sehr leid, wir haben gemacht Probleme.

2   Der Grund für die Falschlieferung war Probleme mit Spedition. Wir haben eine neue Spedition. Wir kennen uns noch nicht lange. Es gibt Probleme mit Kommunikation.

3   Natürlich wir werden unseren Fehler korrigieren und Ihnen die bestellten Wäschewagen schicken. Sie werden sein bei Euch Ende der Woche.

Mit freundlich Grüßen

David Gonzalez

Brief 2 korrigiert:

Ihre Reklamation vom 27.4.20…   Bonn, 30.4.20…

Sehr geehrte Frau Selig,

bitte entschuldigen Sie **die** Falschlieferung durch unser Unternehmen. Es tut uns sehr leid, **dass wir Ihnen** Probleme gemacht haben.

Der Grund für die Falschlieferung **waren** Probleme mit **der** Spedition. Wir haben eine neue Spedition **und da wir uns** noch nicht lange **kennen, gibt es** Probleme mit **der** Kommunikation.

Natürlich **werden wir** unseren Fehler korrigieren und Ihnen die bestellten Wäschewagen schicken. Sie **werden** Ende der Woche bei Ihnen sein.

Mit freundlichen Grüßen

David Gonzalez

Dieser Brief ist ein Beispiel für eine befriedigende Leistung. Es werden nur drei Themenpunkte bearbeitet, Punkt 4 „als Entgegenkommen für den Kunden: ein kleines Geschenk" fehlt.
Bewertungskriterium 1: *Berücksichtigung der Leitpunkte*   4 Punkte

Der Brief ist logisch und klar aufgebaut. Der Brief enthält einen Betreff, eine passende Einleitung und einen passenden Schluss. Die einzelnen Punkte sind sinnvoll verknüpft. Oft werden Wörter wiederholt („Probleme"), eine Variation wäre besser gewesen. Im Abschnitt über die Gründe für die Falschlieferung stehen kurze Sätze unverbunden

Bewertung

Mündliche Prüfung

hintereinander. Hier hätte der Kandidat versuchen können, besser zu verknüpfen (siehe Korrektur). Im Betreff und am Ende gibt es einen Fehler im Adressatenbezug: „Euch" statt „Ihre"/„Ihnen".

Bewertungskriterium 2: *Kommunikative Gestaltung*   3 Punkte

Der Brief hat Fehler in der Groß- und Kleinschreibung, in Orthografie, im Satzbau („Es tut uns sehr leid, wir haben gemacht ..."/„Natürlich wir werden ...") und weitere grammatische Fehler (siehe Korrektur). Man versteht den Brief trotzdem.

Bewertungskriterium 3: *Formale Richtigkeit*   3 Punkte

Insgesamt 10 x 3 = 30 Punkte

Mündliche Prüfung

Dieser Prüfungsteil wird nach den folgenden vier Kriterien bewertet:

1. Ausdrucksfähigkeit (maximal 4 Punkte)
2. Aufgabenbewältigung (maximal 4 Punkte)
3. Formale Richtigkeit (maximal 4 Punkte)
4. Aussprache und Intonation (maximal 3 Punkte)

Das Ergebnis aus dem Prüfungsteil 1 (Kontaktaufnahme) wird einfach gewertet.

Die Ergebnisse aus den Prüfungsteilen 2 und 3 (Gespräch über ein Thema / Lösen einer Aufgabe) werden mit 2 multipliziert.

Die Gesamtpunktzahl beträgt also 75 Punkte: Teil 1: maximal 15 Punkte
                                                    Teil 2: maximal 30 Punkte
                                                    Teil 3: maximal 30 Punkte

1. Ausdrucksfähigkeit

Dieses Kriterium bewertet, ob Sie Situationen aus dem alltäglichen Leben und aus dem Berufsalltag sprachlich bewältigen können, ob Sie in der Lage sind, einfache Informationen zu verstehen und weiterzugeben. Beispiele sind: sich vorstellen, etwas erzählen, etwas beschreiben, über etwas berichten, jemanden informieren oder um Informationen bitten, etwas erklären, zusammenfassen, diskutieren, Vorschläge machen, ablehnen und begründen, Interesse und Desinteresse ausdrücken usw.

Bewertet wird die inhalts- und adressatenbezogene Ausdrucksweise. Das bedeutet: Haben Sie die vorgegebene Situation verstanden (= inhaltsbezogen)? Sprechen Sie Ihre Gesprächspartnerin / Ihren Gesprächspartner passend an: „du" oder „Sie" (= adressatenbezogen)?

Außerdem wird bewertet, ob Sie auf Deutsch das sagen können, was Sie gerne sagen möchten, das heißt, ob Sie Ihre Sprechabsicht realisieren können.

Ein wichtiges Bewertungskriterium ist, ob Sie sich genau ausdrücken können und ein Muttersprachler Sie ohne Probleme verstehen kann.

7 Bewertung

Mündliche Prüfung

2. Aufgabenbewältigung

Bewertet wird Ihre Fähigkeit, mit unbekannten Gesprächspartnerinnen und Gesprächspartnern in der jeweiligen Situation angemessen zu sprechen.

Ein weiteres Kriterium ist, wie Sie sich am Gespräch beteiligen: Übernehmen Sie eine aktive Rolle, d. h. machen Sie Vorschläge und stellen Sie Fragen? Können Sie sich in einem Gespräch flüssig äußern und in das Gespräch eingreifen?

Sie sollten auch in der Lage sein, Umschreibungen und Synonyme zu verwenden, wenn Sie ein Wort nicht kennen.

3. Formale Richtigkeit

Bewertet werden Syntax und Morphologie.
Fehler in der Syntax sind Fehler im Satzbau, z. B. Stellung des Verbs in Haupt- und Nebensätzen.
Fehler in der Morphologie sind Fehler bei den Wortformen, z. B. bei den Verbformen.

Die Prüferinnen und Prüfer bewerten, ob Sie bei geläufigen Strukturen wie z. B. Konjugation, Deklination, Tempusformen und Wortstellung im Satz sicher sind. Wenn Sie kompliziertere Formen wie Konjunktiv II, Nebensätze und Infinitivkonstruktionen verwenden, wird es bei der Bewertung positiv berücksichtigt.

Sie dürfen Fehler machen. Ein Muttersprachler muss Sie aber ohne Probleme verstehen können.
Ihre Fehler dürfen nicht so zahlreich sein, dass die Kommunikation nicht funktioniert.

4. Aussprache und Intonation

Bewertet werden Aussprache und Satzmelodie. Natürlich müssen Sie nicht akzentfrei sprechen.
Auch hier ist ein wichtiges Bewertungskriterium, ob ein Muttersprachler Sie problemlos verstehen kann.

Wegweiser zum Modelltest telc Deutsch B1+ Beruf

Nachdem Sie alle Aufgaben und Modelltests in diesem Buch durchgearbeitet haben, sind Sie gut auf die Prüfung telc Deutsch B1+ Beruf vorbereitet.

Zusätzlich empfehlen wir Ihnen, sich den Modelltest der telc GmbH anzusehen und ihn bearbeiten. Rufen Sie die Internetseite unter www.telc.net auf und gehen Sie dann den folgenden Weg:

➡ Unser Angebot
   ➡ Deutsch
      ➡ telc Deutsch B1+ Beruf
         ➡ Übungsmaterial

Hier finden Sie einen Übungstest mit Hörtexten als Audiodateien.

Bildquellen

S. 55	© iStockphoto / Frances Twitty
S. 56	© Hermes Europe GmbH (links), © Shutterstock.com / Marcin Balcerzak (rechts)
S. 57	© Fotolia/guy (links oben), © Fotolia (links unten), © Colourbox (rechts)
S. 93	Wikimedia Commons / gemeinfrei (alle)
S. 134	© 123RF / Andres Rodriguez (oben), © Fotolia / ArTo (unten)
S. 135	© Shutterstock.com / oliveromg (links oben, rechts), © Fotolia / Jürgen Fälchle (links unten)
S. 150	© Fotolia / Franz Pfluegl (oben), © Shutterstock.com / Dmitriy Shironosov (unten links), © Shutterstock.com / riekephotos (unten rechts)
S. 151	© Shutterstock.com / ojka (oben), © Shutterstock.com / riekephotos (unten links), © Shutterstock.com / Losevsky Pavel (unten rechts)
S. 166	© Shutterstock.com / robcocquyt (links), © dreamstime.com / James Menges (rechts)
S. 167	© Shutterstock.com / Elena Schweitzer (links), © Shutterstock.com / Alliance (rechts oben), © Shutterstock.com / Leonid Shcheglov (rechts unten)

Textquellen

Hörtexte (Einleger)

S. 7   © Aus: Silke Baumgarten: Was Erzieherinnen brauchen: Interview mit Attiya Khan, BRIGITTE / Picture Press, www.brigitte.de, 12.01.2012.

7 Inhalt der Audio-CD

Inhalt der Audio-CD

Auf der CD finden Sie alle Hörtexte zu den Modelltests.

Die Hörtexte, die Sie zweimal hören sollen, wurden nicht zweimal aufgenommen. Spielen Sie bitte die entsprechende Tracknummer zweimal ab.

Nr.		Seite
1	Nutzerhinweis	
	Modelltest 1	
2	Teil 1, Aufgabe 2	32
3	Teil 1, Aufgabe 3, Aufgabenstellung	33
4	Teil 1, Aufgabe 3, Einleitung	33/34
5	Teil 1, Aufgabe 3, Text 1	33/34
6	Teil 1, Aufgabe 3, Text 2–5	33/34
7	Teil 2, Aufgaben 1 und 2	36
8	Teil 2, Aufgabe 3, Aufgabenstellung	37
9	Teil 2, Aufgabe 3, Gespräch	37/38
10	Teil 3, Aufgabe 2	41
11	Teil 3, Aufgabe 3, Aufgabenstellung	42
12	Teil 3, Aufgabe 3, Aufgabe 56	42/43
13/14	Teil 3, Aufgabe 3, Aufgabe 57	42/43
15/16	Teil 3, Aufgabe 3, Aufgabe 58	42/43
17/18	Teil 3, Aufgabe 3, Aufgabe 59	42/43
19/20	Teil 3, Aufgabe 3, Aufgabe 60	42/43
	Modelltest 2	
21	Teil 1	129
22	Teil 2, Aufgabenstellung	130
23	Teil 2, Gespräch	130
24	Teil 3, Aufgabenstellung	131
25	Teil 3, Aufgabe 56	131
26/27	Teil 3, Aufgabe 57	131
28/29	Teil 3, Aufgabe 58	131
30/31	Teil 3, Aufgabe 59	131
32/33	Teil 3, Aufgabe 60	131

Nr.		Seite
	Modelltest 3	
34	Teil 1	145
35	Teil 2, Aufgabenstellung	146
36	Teil 2, Gespräch	146
37	Teil 3, Aufgabenstellung	147
38	Teil 3, Aufgabe 56	147
39/40	Teil 3, Aufgabe 57	147
41/42	Teil 3, Aufgabe 58	147
43/44	Teil 3, Aufgabe 59	147
45/46	Teil 3, Aufgabe 60	147
	Modelltest 4	
47	Teil 1	161
48	Teil 2, Aufgabenstellung	162
49	Teil 2, Gespräch	162
50	Teil 3, Aufgabenstellung	163
51	Teil 3, Aufgabe 56	163
52/53	Teil 3, Aufgabe 57	163
54/55	Teil 3, Aufgabe 58	163
56/57	Teil 3, Aufgabe 59	163
58/59	Teil 3, Aufgabe 60	163

Sprecherinnen und Sprecher: Denis Abrahams, Iris Boss, Marianne Graffam, Martin Klemrath, Susanne Kreutzer, Kim Pfeiffer, Christian Schmitz

Tonstudio: Clarity Studio Berlin

Regie und Aufnahmeleitung: Christian Schmitz und Katrin Rebitzki

Toningenieur: Christian Marx